法秩序の効力根拠

竹下 賢

新基礎法学叢書

成文堂

はしがき

　古代ギリシア三大悲劇詩人の一人であるソフォクレスの作品において、アンティゴネは、王位を奪還しようとして戦死した弟の埋葬を禁じる王の命令に背いたことについて、つぎのようにのべる。「あなたのお布令に、そんな力があるとも思えませんでしたもの、書き記されてはいなくても揺るぎない神さま方がお定めの掟を、人間の身で破りすてができようなどと」。しかしながらこれには強力な反対意見があり、その悲劇でも王に対してある家臣は、「まったくどういう掟でも、まあお建てになる権限はお持ちですから、死人へなり、またまだ生きている私らへなり」とのべている[①]。
　こうしたふたつの意見は一般化され、その後の西欧法思想史において、自然本性の法である自然法と人為の法である実定法のうち、いずれが優位にあるかについての対立として理解されてきた。しかし、法制度の現実は別として、西欧法思想史の伝統的な動向は自然法の優位にあった。こうした思想からすれば、実定法の法的な妥当性は自然法によって根拠づけられることになり、西欧法思想史を構成してきた、自然法の究明を目指す法理論は、法の効力根拠論から成り立っていたといっても過言ではない。それらは古代では宇宙理性のロゴスに、中世では神の摂理に導かれた自然法を説き、近代になると社会契約論が自然権思想の自然法によって、実定法秩序を根拠づけたのであった。
　そのような思想史の伝統においては、自然本性の法を究明するという課題が自明の出発点となり、ことさらに実定法の妥当根拠を問うことはなかったといえる。しかしながら、19世紀の実証主義の時代に入ると、自然法という思想上の前提は説得力を失い始める。承認説の効力根拠論の原典ともされるテオドール・ヴェルカーの学説は、当時の国家権力の実力支配を牽制する理論であったが、それは同時に現代の妥当根拠論の端緒でもあった[②]。とはいえ、それ以前の法思想史上にも、それも古代から権力的支配の妥当根拠を明示的に問う多くの思想があった。

その古典的な原型ともいえる、しかもアンティゴネの思想とは対極的に権力支配を可能にもする思想が、紀元前5世紀半ば、ソフォクレスの同時代人のソクラテスによって語られている。アンティゴネーは実定法を超えるより高次の神の法を認めたが、その戯曲の上演当時に活躍した哲学者であるソフィスト達が主張したのは、神の法ではなく自然本性の法であり、この法思想の影響のもとにとりわけ古代ローマにおいてロゴスに立脚する自然法論が確立する。この思想史的展開の源流に位置するソクラテスの思想は、ソフィストにとっては実定法を批判する論拠であった自然本性の法をもって、逆に実定法秩序を正当化するものであった。

ソクラテスの見解は、みずからに死刑を宣告した判決の依拠する実定法秩序の効力を認め、その判決を受け容れるべきとするものであったが、その論拠として3つの事実が挙げられる[3]。それは、その国法が支配している国で生まれたこと、そしてそこで養育されたということであり、さらに、そこで任意に居住していることによって国法への服従に同意しているとみなしうることである。この見解によれば、これら前2者のコミュニタリアン的論拠とともに、近代の社会契約説の理論的核心でもある承認説に通じる論拠がともに示されているのである。

[1] ソフォクレス、呉茂一訳「アンティゴネー」、1966年、321頁、327頁。
[2] H. Welzel, Die Frage nach der Rechtsgeltung — An den Grenzen des Rechts —, 1966, S. 8ff.
[3] プラトン、田中美知太郎訳「クリトン」、1975年、142頁以下参照。

───────── ▲ ▲ ▲ ─────────

このように法の効力根拠への問いかけは、絶えることのない悪法問題にも対処すべく、西欧法思想史におけるひとつの重要な問題領域を伝統的に形成してきている。だが今日、このような問題設定は、それ自体すでに学問論あるいは方法論の根本に関わる、ひとつの重要な問題を孕んでいる。というのは、この問題設定に対しては、哲学的な実証主義の立場に立脚する研究者によって、つぎのような疑問が提出されてきているからである[1)]。効力ないし

妥当性、つまり規範的拘束力の概念は、事実の領域を超えた当為あるいは義務の領域に属する概念であるが、このような規範的拘束力の根拠を問うという問題が、そもそも学問的に有意味に提出されうるのか否か、という疑問である。この立場によれば、法の妥当根拠を伝統的な仕方で問うことは、もはや仮象問題として学問的領域から排除されねばならないとされるのである。

このような見解に対して、私は根本的な疑問を抱かざるをえず、それに対しては前著において、妥当概念を吟味することによって反論を加えた[4]。そのことを通じて明らかになるのが、法の時空的妥当という本書で取り上げる事態である。法が効力をもっているという事態は、法が法共同体成員を義務づけているということを意味する。これは、実証可能な事実の領域を超越した、何らかの価値的な事態である。私は、このような事態が法的現実にとって本質的なものであると考える。法が義務として法共同体成員に対峙することがなければ、法は単なる実力と化して、法共同体成員を強制するだけの裸の力にすぎないことになろう。そして、義務づけることのない法は、法たる資格に欠けるといいうるように思える。このような観点からすれば、客観的事実的な実効性のみで法的妥当を語りつくそうとすることは、価値的性格を有する法的現実を適切に把握することを不可能にしてしまい、また、法的効力を事実的な義務意識が存することと同義に考えることは、法的現実の客観的価値的性格を見失わせることになろう[2]。

以上要するに、法哲学の対象が法的現実であり、法哲学の課題がこの現実

---

1) たとえば、Karl Olivecrona, Law as fact, 2. ed., 1971, p. 112, 〔安部浜男訳、153頁〕は、つぎのようにのべている。「あるルールに拘束力を帰属せしめることは、客観的に言ってそのルールは従われるべきである、ということを宣言することである。これは価値判断である。それは、そのルールに内在する性質についての命題という言語形式を有する。しかし、『当為性〔あるいはべし〕(oughtness)』というのは、心に思い描くことの出来ない性質である。従って、一定のルールが当為性を持つか否かを議論することは無益である。これは科学的な問題ではないのである」。さらに、Rupert Schreiber, Die Geltung von Rechtsnormen, 1966, S. 140 もまた、拘束力 (Verbindlichkeit) の概念が「学問的に使用不可能な」ものである、とのべている。
2) なお、義務づける力をもたない法はもはや法ではない、というのが私の基本的な見解であるが、本書は、法の妥当が法の概念メルクマールか否かという問題を、正面から取り上げらことはない。

を十全に把握することにあるとすれば、法哲学は、この現実にとって本質的で、しかも単なる事実の領域を超えた法の義務づける力を無視しえず、事実の領域に留まってはいられないはずである。このように考える時、法哲学の領域から妥当根拠論の成立の可能性を、学問の名のもとに否定し去ることは、けっして適当とは思えないのである[3]。

――――――――――――― ▼ ▼ ▼ ―――――――――――――

　このような西欧法思想史の伝統的な問題を、わが国が明治期の西欧の法継受とともに受け取ったことはたしかである。しかし、その受け止めは伝統的な法文化との関係で、いわゆる近代化のディレンマをもたらしたといえる。そのことをより切実に体験した国であるロシアにおいて、ドストエフスキーの『カラマーゾフの兄弟』は意志自由を標榜するキリスト教にこのディレンマを関連づけて、ドラマチックに描いている。そこでは、政教一致の為政者である大審問官はキリストの化身とされる囚人に対して、お前は人間に「地上のパン」を拒否して「天上のパン」と「自由」を約束したと非難する。人間にとって「良心の自由ほど魅惑的なものはないけれど、またこれほど苦しいものはない」し、人間は「選択の自由というような恐ろしい重荷」よりも「幸福」や「平安」を望むものであると[4]。

　キリスト教との関連に関わらず自由の思想へのこうした反対論は、わが国を超えて東洋の伝統的支配において支持されるものといえよう。自由主義のグローバル化した世界にあって、たしかにこの伝統的支配の問題性は周知のものになっている。しかし、動乱の国々での平和への希求や、幸福それも宗教的な幸福の追求が自由の思想を圧倒する状況が、世界の各地で生じてもいる。こうした事実に鑑みれば、法秩序の効力根拠を問うことを通じて、法的支配の正当性を究明することの意義を確認することができる。

　最後に本書の書名について、注意を促しておきたい。法の効力根拠を問うわが国の論文の多くは、効力に相当するドイツ語の Geltung あるいは英語

---

[3]　加藤新平『法哲学概論』、1976 年、152 頁は、法の妥当根拠についての思索が、「法の存立基盤たる社会、人間の共同生活の意味、人間存在そのものの意味についての哲学的考察に大きな寄与をなすであろう」とのべている。

のvalidityにしても、「妥当」あるいは「妥当性」という言葉をあて、「妥当」根拠を問うと表記してきた。そして、本書に所収の私の論文も、それら諸論文に検討を加えることにもなる関係で、「妥当」根拠という表記を使用した。したがって、本書の本文ではほとんどの場合、「効力」ではなく、「妥当」という表記が使用されている。しかし、私の適当と考える法の存在論的な時空的妥当概念にとっては、法の妥当というよりも法の効力と表記した方が、日本語の語感からして適切だと思われ、書名には「効力」の用語を使用することにした。

　また、本書の序章は法が体系的な秩序を成していることを解明するものであるが、それは法秩序の効力根拠を問うための煩瑣な前提問題を取り上げている。したがって、効力根拠論に直ちに向かおうとする読者には、第1章から読み始めることが推奨されよう。

④　ドストェーフスキイ、米川正夫訳『カラマーゾフの兄弟』第2巻、改版 1957年、90頁以下参照。

―――――――▲▲▲―――――――

目　次

はしがき
初出一覧
凡例

序章　法秩序と体系構造 …………………………………… 1
　はじめに　　　　　　　　　　　　　　　　　　　　　　　　1
　序節　法規範と法体系　　　　　　　　　　　　　　　　　　1
　第1節　法規範の重層構造（その1）　　　　　　　　　　　　3
　　1　2種類の法規範　　　　　　　　　　　　　　　　　　　3
　　2　第1次的ルールと第2次的ルール　　　　　　　　　　　6
　　3　規範的体系と制度的体系　　　　　　　　　　　　　　10
　第2節　法規範の重層構造（その2）　　　　　　　　　　　14
　　1　裁決規範と組織規範　　　　　　　　　　　　　　　　14
　　2　重層構造の規範構成　　　　　　　　　　　　　　　　17
　第3節　法規範の段階構造　　　　　　　　　　　　　　　　20
　おわりに　　　　　　　　　　　　　　　　　　　　　　　　27

第Ⅰ部　規範的法体系の存在構造

第1章　美濃部・横田論争とケルゼンの法体系論 ………… 35
　はじめに　　　　　　　　　　　　　　　　　　　　　　　　35
　第1節　「当為」としての法　　　　　　　　　　　　　　　36
　　1　範疇としての「存在」と「当為」　　　　　　　　　　37
　　2　峻別論の徹底　　　　　　　　　　　　　　　　　　　39
　　3　動態的法秩序　　　　　　　　　　　　　　　　　　　44

第2節　「存在」としての法　　　　　　　　　　　　　　　46
　　　1　「内容」としての「可能」　　　　　　　　　　　47
　　　2　「内容」としての「当為」　　　　　　　　　　　52
　　　3　法の「内容」と「実体」　　　　　　　　　　　　54
　第3節　法における「存在」と「妥当」　　　　　　　　　58
　　　1　法の「存在」　　　　　　　　　　　　　　　　　59
　　　2　法の「妥当」　　　　　　　　　　　　　　　　　69
　おわりに　　　　　　　　　　　　　　　　　　　　　　　75

第2章　根本規範の実質的解釈 …………………………77
　　　——エンギッシュのケルゼン批判——

　はじめに　　　　　　　　　　　　　　　　　　　　　　　77
　第1節　法概念をめぐる対立と法の妥当　　　　　　　　　79
　第2節　ケルゼン学説における妥当と実効性　　　　　　　82
　　　1　客観的当為としての規範　　　　　　　　　　　　82
　　　2　法規範の段階構造と根本規範　　　　　　　　　　84
　　　3　妥当の条件としての実効性　　　　　　　　　　　88
　第3節　エンギッシュによるケルゼン批判　　　　　　　　90
　　　1　妥当根拠としての実効性　　　　　　　　　　　　90
　　　2　実質的憲法の理論　　　　　　　　　　　　　　　92
　　　3　ケルゼンとの立場の差　　　　　　　　　　　　　95
　おわりに　　　　　　　　　　　　　　　　　　　　　　　97

第3章　精神的存在としての法 ……………………………101
　　　——妥当概念とニコライ・ハルトマン——

　はじめに　　　　　　　　　　　　　　　　　　　　　　101
　第1節　現代哲学における存在論の位置　　　　　　　　101
　　　1　法哲学と哲学の一般的動向　　　　　　　　　　101
　　　2　観念論と経験論　　　　　　　　　　　　　　　102

3　存在論の復興　　　　　　　　　　　　　　　　　　　　*104*

第2節　実在的なものの哲学　　　　　　　　　　　　　　　　*105*

　　　1　実在論としての存在論　　　　　　　　　　　　　　*105*

　　　2　実在的存在と観念的存在　　　　　　　　　　　　　*107*

　　　3　実在的存在の層構造　　　　　　　　　　　　　　　*110*

第3節　精神的存在　　　　　　　　　　　　　　　　　　　　*112*

　　　1　精神の実在性　　　　　　　　　　　　　　　　　　*112*

　　　2　精神的存在の3形態　　　　　　　　　　　　　　　*113*

　　　3　精神とより低次の層　　　　　　　　　　　　　　　*116*

　　　4　精神の相互関係　　　　　　　　　　　　　　　　　*118*

第4節　存在論的妥当概念　　　　　　　　　　　　　　　　　*120*

　　　1　精神的存在論の問題点と展望　　　　　　　　　　　*120*

　　　2　時空的妥当の概念　　　　　　　　　　　　　　　　*121*

おわりに　　　　　　　　　　　　　　　　　　　　　　　　　*123*

第4章　法の存在論的構造と歴史性 …………………………125
　　　——三島淑臣論文に即して——

はじめに　　　　　　　　　　　　　　　　　　　　　　　　　*125*

第1節　法意識のディレンマ　　　　　　　　　　　　　　　*126*
　　　　——三島「〈自然法論〉と法実証主義の彼方」の問題意識——

第2節　法の認識　　　　　　　　　　　　　　　　　　　　*129*
　　　　——三島「自然法と法の歴史性の問題」の理論展開——

　　　1　法の認識論の問題次元　　　　　　　　　　　　　　*130*

　　　2　法の客観性　　　　　　　　　　　　　　　　　　　*132*

　　　3　法の絶対性　　　　　　　　　　　　　　　　　　　*134*

第3節　法の存在論的構造　　　　　　　　　　　　　　　　*136*

おわりに　　　　　　　　　　　　　　　　　　　　　　　　　*139*

第Ⅱ部　法の規範秩序の効力根拠

第5章　規範的妥当概念と妥当根拠論 …………………………… 145
　　　　――ラートブルフの法哲学――

はじめに　145

第1節　法的安定性の妥当根拠論　147
　　1　法的安定性の概念　148
　　2　法的安定性の実現された秩序について　152
　　3　法的安定性の理念と正義の理念との連関　155

第2節　妥当根拠と道徳的義務　158

おわりに　161

第6章　法の理念と政治の理念 ………………………………… 163
　　　　――尾高朝雄「法の『窮極に在るもの』」との関連で――

はじめに　163

第1節　問題提起の意義　164
　　1　「窮極に在るもの」と「根底にあるもの」　164
　　2　問題意識からみた法と政治の関係　166
　　3　「法の窮極に在るもの」と「法の本質」　168

第2節　理念と実力としての政治　170

第3節　政治の理念の諸類型　174
　　1　政治の理念と法の目的理念　174
　　2　『窮極論』の政治の理念　176
　　3　価値理念としての「国民」　178

第4節　政治の理念の類型区別　179
　　1　「自由」と「国民」　179
　　2　「国民」と「国家」　182
　　3　政治の理念の類型区別　184

おわりに　187

第7章　法の妥当根拠論と哲学的人間学 …………………… 189
　　　——恒藤恭の法哲学——

　はじめに　189
　第1節　法哲学の課題　190
　第2節　法的世界観の考察態度　191
　　1　形而上学の疑念　191
　　2　自然法論の拒否　192
　　3　方法二元論の価値論的側面　193
　第3節　新カント主義からの脱却　194
　第4節　法の本質論　196
　　1　法の歴史性と強制的機能　196
　　2　社会的実在への注目　197
　第4節　法の妥当根拠論　198
　　1　本質論の考察前提　198
　　2　本質論から根拠論へ　199
　　3　法の妥当根拠　200
　おわりに　201

第8章　承認説の妥当根拠論 ……………………………………… 203
　　　——エンギッシュの法哲学——

　はじめに　203
　第1節　妥当の識別基準としての承認　205
　第2節　承認説の内容　208
　第3節　理論的基礎について　211
　第4節　承認と法理念との関連　213
　おわりに　217

第9章　人格主義の妥当根拠論 …………………………………… *221*
　　　　――ヴェルツェルの法哲学――

　はじめに　*221*

　第1節　妥当根拠としての平和と義務づける力　*222*

　第2節　客観的超越的当為について　*224*

　第3節　責任ある人格について　*228*

　第4節　当為内容について　*232*

　第5節　承認説の再検討　*233*

　むすび　*238*

あとがき ………………………………………………………………… *243*

文献一覧 ………………………………………………………………… *246*

人名索引 ………………………………………………………………… *251*

事項索引 ………………………………………………………………… *253*

初 出 一 覧

序　章　「法の体系構造」沢井裕・清水睦・鈴木重勝編『法学部生のための法律学概論』（有斐閣、1981年）14〜24頁
　　　　「法秩序の構造」大橋智之輔・三島淑臣・田中成明編『法哲学綱要』（青林書院、1990年）47〜68頁
　　　　以上の2論文の統合

第Ⅰ部
第1章　「法の規範的秩序とその『存在』　―美濃部・横田論争をてがかりとして―」『法と政治の理論と現実　―関大法学部百周年記念論文集』（有斐閣、1987年）175〜220頁
第2章　「根本規範の実質的解釈　―エンギッシュのケルゼン批判―」『兼子義人教授追悼論文集・立命館法学』223・224号（1993年）18〜38頁
　　　　「法の妥当根拠についての一考察（一）　―戦後西ドイツにおける理論をてがかりとして―」『法学論叢』99巻2号（1976年）97〜98頁、99頁
第3章　「精神的存在としての法」大橋智之輔・田中成明・深田三徳編『現代の法思想　―天野和夫先生・矢崎光圀先生・八木鉄男先生還暦記念』（有斐閣、1985年）155〜175頁
　　　　「法の妥当根拠についての一考察（一）　―戦後西ドイツにおける理論をてがかりとして―」『法学論叢』99巻2号（1976年）99〜104頁
第4章　「法の存在論的構造と歴史性　―三島淑臣論文に即して―」三島淑臣教授退官記念論集編集委員会編『法思想の伝統と現在』（九州大学出版会、1998年）156〜174頁

第Ⅱ部
第5章　「法の妥当根拠についての一考察（三）　―戦後西ドイツにおける理論をてがかりとして―」『法学論叢』99巻4号（1976年）89〜104頁
第6章　「法の理念と政治の理念　―法の『究極に在るもの』との関連で―」奥島孝康・田中成明編『法学の根底にあるもの』（有斐閣、1997年）31〜59頁
第7章　「法の妥当根拠論からみた哲学的人間学」竹下賢・角田猛之編『恒藤恭の学問風景　―その法思想の全体像―』（法律文化社、1999年）151〜167頁
第8章　「法の妥当根拠についての一考察（二）　―戦後西ドイツにおける理論をてがかりとして―」『法学論叢』99巻3号（1976年）81〜96頁
第9章　「法の妥当根拠についての一考察（四）　―戦後西ドイツにおける理論をてがかりとして―」『法学論叢』99巻5号（1976年）78〜96頁

凡　例

1　記号▼▼▼と▲▲▲で挟まれた部分は、本書の書き下ろし部分である。
2　引用文における〔　〕内の文章は、筆者による挿入である。
3　注（　）は初出論文に即した注である。
4　注　○　は本書で新たに追加した注である。

序章　法秩序と体系構造

はじめに

▼▼▼

　本章は、本書が扱う効力根拠論の立論の出発点をなす議論を扱う。法の効力根拠を問うといっても、その場合の法とは多義的であって、その意味するところは直接的に明らかというわけではない。以下の論述は、大きくいって法の意味には2つのものがあり、効力根拠の問題が個別的な法規範という一方の意味ではなく、他方の全体的な法秩序という意味に関わり、しかも、その法秩序は体系的な構造連関を構成している。そして、この構造連関も重層的構造と段階的構造の2種類に区別することができ、効力根拠は後者の段階構造に即して検討されるのである。

▲▲▲

序節　法規範と法体系

　日常生活で使われている言葉の多くが、改めてその意味を問い直してみると、多義的で曖昧であることは、いうまでもない。「法」という言葉にしても、こうした多義性を免れるものではない。しかしだからといって、「法」という言葉を日常の用法にお構いなしに科学的に定義することも、適当ではなかろう。というのは、「法」と呼ばれるものが、自然科学の対象である物のように人間の観念から離れてありえないからである。法を対象にする学問は、やはり日常生活で蓄積されてきた法の観念から、出発しなければならない。

　では、われわれは日常生活において、法というものをどのようなものとし

てとらえているであろうか。ここで、通常どのように「法」という言葉が使われているかに注目してみると、その中心的な意味あいとして大きく2つのものが区別されよう。ひとつは、「法」が刑法や民法の、さらには道路交通法や軽犯罪法の具体的な内容をともなった法規定を意味する場合であり、もうひとつは、たとえば日本やアメリカといった国々について、「法」があるといったときのように、全体としての法を意味する場合である。このように「法」は、日常の用法に即して考えてみると、個別的な前者の意味と全体的な後者の意味との両者があり、前者の意味では「法」を「法規範」と、後者の意味では「法秩序」と区別していい換えることができよう。そうだとすれば、全体としての法は法秩序であり、それは法規範の集まりだということになる。

しかし、このような法秩序としての法は、「秩序」の日常的な意味からみても、またそのような法が「ある」といわれるかぎりでも、単純に法規範の集まりだとするわけにはいかない。なぜなら、そのような法は現に通用している法だと考えられているからである。つまりそれは、法共同体成員によって遵守され、裁判および執行の国家機関によって適用されているという意味で、大体において実効的な法でなければならない。したがって厳密にいえば、法秩序とは実効的なものになっている法規範の集まりであって、このような観念的な意味内容としての法規範の集合はとくに法秩序から区別して、「法体系」と呼ぶことができよう。このような法体系は法秩序の主要な要素であり、この章ではこの意味での法体系の内容を問題にする。

法体系は法規範の集まりだとしても、その「体系」という言葉からも明らかなように、それらの雑然とした寄せ集めではない。それは諸々の法規範の意味連関であり、いわばそれらの有機的な統一体である。法規範はこのような法体系の構成部分であって、したがってその十分な意味内容は体系的な連関においてはじめて確定されるといえる。しかしこの場合、その「意味」をどのように理解するかに応じて法体系の構造が異なってくる。さしあたり、そのような視点の相違によって、複数の法体系が構成されうることが認められよう。

以下では典型的なものとして、異なった視点からみられた2つの体系構造

を示すことにするが、まず第1は、法規範の命令としての構造に注目して、その名宛人および規制対象を吟味することによって体系構成を行うものである。ここではより実質的に、法規範の機能的な意味が問題にされることになる。これに対して第2のものは、法規範のもつ「効力」ないし「妥当性」というメルクマールに注目して構成した構造連関である。この場合、効力ないし妥当性とは法規範が規範としての資格をもつということであって、それゆえここでは、法規範の論理的・形式的な意味連関が問題にされる。このような2つの類型の法体系について、第1のものを「重層構造」、第2のものを「段階構造」と名づけることとする。

第1節　法規範の重層構造（その1）

1　2種類の法規範

　法規範の重層構造においては、法規範の具体的な内容という実質的側面が問題となる。したがって、重層構造の構成要素としての法規範としては、実質内容を顧慮してその意味を再構成することが必要である。

（1）法規範の再構成

　ここでは法規範というものについて、言葉に表明された規程というレベルで、より明確にその意味をとらえることが問題となるが、さしあたり、法規範は刑法や民法など制定法の具体的な規程がもつ意味であると考えられる。そこで、刑法235条を取り上げてみると、その規程は「他人の財物を窃取した者は、窃盗の罪とし、十年以下の懲役に処する」というものである。これを文言通りに受けとるとなると、この規程は単なる記述文で、当為でも命令でもなく、規範としての内容をもたないことになってしまう。このことは刑法以外の法規程についてもいいうることである。したがって、法規範の一般的内容を明らかにするというのは、制定法上の規程をその文言に即しつつ、あくまでそれに再構成の作業を施すことになるのである。

　では、たとえば上記の刑法規程を法規範として、どのように再構成しうるのか。まず留意すべきことは、この規程には法共同体の成員一般にかかわる第1の部分と、それに違反した場合の公務員の制裁発動にかかわる第2の部

分とが含まれていることである。さらに、これら両部分の法規範はともに、意味の上から命令として、それも当為命令として理解されよう。

こうしたことを前提として、上の規程の第1の部分に注目するなら、窃盗の禁止という命令としての法規範を確認することができる。つまり、「他人の財物を窃取すべきではない」という法共同体の一般成員に対する行動についての指図が、刑法235条において表明された法規範なのである。したがって、ここでは名宛人は法共同体の一般成員である。これに対して、前述の第2の部分に注目して当為命令を構成することも可能である。これによれば、法規範は制裁にかかわり、その内容は「他人の財物を窃取した者は10年以下の懲役に処すべきである」という指図である。そしてこの命令の名宛人は、法的制裁を担当する国家機関の公務員だということになる。

(2) 行為規範と裁決規範

法規程の第2の部分は、第1の部分が法共同体成員を名宛人としているのに対して、法的制裁を担当する国家機関の公務員を名宛人としている。この国家機関のうち、中心的な役割を演じるのは、執行機関よりも具体的な制裁内容について決定を下す司法機関であり、ただ、行政機関もまたこの種の決定の任にあたることから、こうした決定の規準となる法規範を、裁判規範というよりも広く裁決規範と呼ぶことができる。もともと、この「裁決規範」の概念を導入したのは、オイゲン・エールリッヒであった[1]。その見解によれば、法規範と法規との中間に裁決規範が位置づけられて3分類されるが、このように位置づけられるのは、裁決に際して現実に適用されている規範が、規定された法規よりも「生きた法」としての法規範に近いと判断されるからである。このような法の3区分は法成立の源泉による法の区別にほかならず、この議論にはのちに立ち返るとして、ここではもう一度、議論の出発点である上記の刑法規程の第2の部分に戻ることにする。

第2の部分から構成される当為命令の内容は、「他人の財物を窃取した者は10年以下の懲役に処すべきである」というものであった。ハンス・ケル

---

[1] これに関連して、オイゲン・エールリッヒの学説の詳細については、竹下賢『法 その存在と効力』、1985年、32頁以下参照。

ゼンのいう「法規」はこのように規定された法規程に相当するが、エールリッヒとは異なり、ケルゼンはこの法規のレベルで、制裁にかかわる当為命令をとりわけ重視した[2]。たしかに専門的にみてこれに納得がいくのは、法秩序にとって強制の要素が概念的に不可欠であるからである。しかし、だからといって制裁を規定する法規範のみをケルゼンのように自立的だとする必要はなく、制裁を規定する法規範の一群が全体としての法体系の基礎的部分を成していれば、法体系の識別にとってそれで十分であろう。強制のメルクマールが必然的であるということの意味については、このように理解するのが妥当だと考えられる。

さて、このように法規程の名宛人は誰かという問題に対しては、前述の法規程の2つの部分に対応して2種類の解答があり、法的な制裁ないし強制を法規範にとって本質的なものとみるかどうかの問題とも関連しながら、法規範の一般的構造をどのように把握するかということで、両者の解答の適否が議論されてきた[3]。しかし、こうした解答を二者択一的にではなく総合的に捉えることによって、法体系の構成要素としての法規範に2種類のものを区別するのが適当であろう。つまり、法共同体の一般成員、すなわち一般私人の行動を規定する「行為規範」と、そのような行動類型を前提にして国家機関の公務員による制裁を規定する規範という2種類の規範である。そして、後者の法規範は法律を意識させられる一般生活の場面により密着したものといえ、それゆえこのような法規範を「裁決規範」と呼ぶことができよう。

こうして法体系には、行為規範と裁決規範という2種類の法規範があるということになる。前述の刑法規程との関連でいえば、その規程にその両者の法規範がともに含まれていて、法体系は、これら2種類の法規範が重層構造をなすものとして理解され、これによって、より実質的に法体系を捉える道が開かれるのである。だがここで当然、疑問としてでてくるのは、裁決を下す手続を規定する法規程をどう扱うのかということである。ここにいう「裁

---

2) これに関連して、ハンス・ケルゼンの学説の詳細については、竹下・前掲書『法 その存在と効力』、注(1)、47頁以下参照。

3) 法の概念メルクマールとしての強制の位置づけについては、さしあたり加藤新平『法哲学概論』、1976年、363頁以下参照。

決規範」は、裁決の内容にかかわるもので、その意味では司法公務員の「行為規範」だともいいうる。これに対して、裁決の手続にかかわる法規程は、別次元の規範世界への進入を余儀なくさせる。こうしてわれわれは、刑事訴訟法や民事訴訟法などの別次元の規定が、どのように法秩序の中に位置づけられるのかを、問うことが必要になる。

2 第1次的ルールと第2次的ルール

裁決の手続に関する法規範をどのように位置づけるかに関しては、イギリスの分析法学に属する研究者が有益な理論を提供している。以下では、H. L. A. ハートとジョセフ・ラズという二人の研究者の理論を取り上げ、これらの理論との関連で「行為規範」と「裁決規範」を中心に構成される法秩序の「重層構造」を検討することにする。

(1) 権能付与のルール

ハートは、どのように裁決が行われるべきかについてのルールをも視野に収めて、より現実に合った法秩序の構造論を展開している。それによれば、比較的単純な社会では、義務を課するルールだけがあって、それで十分であり、それは第1次的ルールと呼ばれる。このルールは、前述の「行為規範」に相当するといえる。しかし、このような第1次的ルールだけでは、社会の複雑化に対処できないのだが、それはそうしたルールが不確定で静態的で、その社会に効果的でないからである。

この欠点を除去してより複雑な社会を可能にするのが、権能を付与する第2次的ルールである。この第2次的ルールには3種類のものがあり、法としての資格を確定するために導入されるのが、共同体の第1次的ルールを確認するための規準を定める承認のルールである。そして、法の動態性を確保するためには、第1次的ルールを改廃する手続を定める変更のルールが、また、法を効果的なものにするために、第1次的ルールの違反者を処罰する手続を定める裁決のルールが必要となる。これら3種の第2次的ルールは、後述のように議論の余地はあるが、さしあたり立法権能、法改正権能、司法権能を与える権能付与のルールとみることができる。

ハートによれば、第2次的ルールの出現によって、法以前の世界は法の世

界へと移行し、関連のないままであった諸ルールは法体系へと統一される。この体系的な統一性に対して重要な役割を果たすのが承認のルールであって、このルールはそれゆえに3種の第2次的ルールのうちでもっとも重視される。この承認のルールが他のルールに対して、法体系内のルールであるかどうかについて確認させる規準を提供する以上、それは第1次的ルールのみならず、他の第2次的ルールに対しても識別規準を与えることになる。このように、現代社会の法体系は、義務賦課の第1次的ルールと権能付与の第2次的ルールとの結合として説明される[4]。

(2) 裁決のルール

第2次的ルールは義務を課す第1次的ルールに関するルールであるという意味で、第1次的ルールとは別の次元で存立しているといえるが、そのうち前述との関連で問題になるのは裁決のルールである。ハートによれば、裁決のルールは第1次的ルールが破られたかどうかを権威的に決定する司法的権能を個人に与えるが、その権能にはさらに科罰を他の公機関に命じることも含まれている。同時に、裁決のルールは誰が裁判をするのか、また、それをどのような手続でするのかを定めるともされる。

このようなハートの説明から、単純に、裁決のルールは裁判官の任命や訴訟の進行に関する手続的規程を指しているとみることもできよう。しかし、このルールによって与えられる権能が、第1次的ルールの課する一般的な義務への違反の有無についての決定、さらには違反の場合の量刑についての決定にかかわるとすれば、法規程に含まれている「行為規範」と「裁決規範」もまた、ともに裁決のルールとして機能しているようにもみえる。だが、やはり裁決のルールはあくまで司法権能を付与するとされる以上、「行為規範」も「裁決規範」も裁決のルールには入らないといわざるをえない。とりわけ「裁決規範」はいわば司法公務員の「行為規範」であり、裁判ないし決定にとって重要な意義をもつものではあるが、やはりそれは、そうした裁決にあたって適用される法規範であって、裁判官の地位や裁判の手続を定めること

---

4) Cf. Hart, H. L. A., The Concept of Law, 1961, p. 77 ff., [H. L. A. ハート、矢崎光圀監訳『法の概念』88頁以下参照].

によって司法権能を付与する裁決のルールとは、その性質を異にしている。

このように理解するとき、「行為規範」はもとより「裁決規範」もまた裁決のルールから除外されることになるのだが、この場合には、「裁決規範」はハートの法体系で占めるべき位置を失ってしまうことになり、そのことは問題として残る。さらに、ハートは、裁決のルールの付与する権能が第1次的ルールの義務違反にかかわることに関連して、裁決が同時に何が第1次的ルールであるかの決定をも含意しているとのべる。このことは、裁判管轄権を付与するルールが、裁判所の判決によって第1次的ルールを確認するという内容の承認のルールにもなる、と主張していることを意味する。これとの関連でハートはまた、裁決のルールのみを承認のルールであるとする法体系は、個々の判決が具体的であり、一般化のための推論が不確実であるだけに不完全であるとも指摘されている。ともあれ、このような裁決のルールと承認のルールとの関連は、さらに検討すべき余地を残しているのである[5]。

(3) 変更のルールと承認のルール

変更のルールは、義務を課する第1次的ルールを廃止したり、新しく導入したり、その内容を修正したりするためのルールである。これはさしあたり立法権能を付与するルールを意味するものであろう。そうしたルールは、裁決のルールと同様の構造をもち、誰が立法を行うのか、また、それをどのような手続で行うのかを定める。このように変更のルールが立法権能を付与するとすれば、ここでも当然それと承認のルールとの関係が問題となろう。

前述のように承認のルールは、第1次的ルールが共同体に帰属しているかどうかを判定するための規準となる、そのルールの特徴を規定している。この承認のルールは究極的であるとされるが、その意味を知ることによって、このルールが第1次的ルールのみならず、体系内の他のルールすべてにとっての識別規準を提供していることが分かる。その究極性とは、何らかのルールが法として妥当するための根拠を探っていくと、承認のルールが究極の位置にあるということを意味する。ハートの例によれば、一定の条例が妥当するのは、ある大臣が県議会にその種の条例制定権能を付与する命令によ

---

5) Cf. Hart, H. L. A., ob. cit., 注 (4), pp. 94 ff.［矢崎光圀監訳・前掲書106頁以下参照］。

て、条例が根拠づけられるからであり、この命令つまり政令の妥当性は、当該大臣に命令制定権能を付与する制定法に根拠づけられる。そして、この制定法の妥当性を根拠づけるのが、議会の制定するものが法であるという承認のルールであるが、しかし、このルールの妥当根拠を問うことはもはやできないのである。

　この例において、究極的には承認のルールによって体系内のルールであると確認されるのは、県議会に条例制定権能を付与するルールであり、大臣に命令制定権能を付与するルールであって、それらは変更のルールにほかならない。ここで問題は、議会の制定するものが法であるとする承認のルールであるが、これを変更のルールのうちで、制定法の制定権能を確定する部分に相当するルールだとみることもできよう。またハートは、前述のように裁決のルールが承認のルールになりうることも認めている。これらのことからすれば、多くの国家においては、議会、慣習、裁決に法定立の機関性が認められているので、承認のルールでもありうる裁決のルールと同様、法制定の権能をもつ機関を確定する変更のルールの一部も、承認のルールでありうることになる。このように承認のルールが複数ある場合には、そのうちのひとつが最高であると確定されることによって、法体系の統一性が確保されることになる。

　最後に、変更のルールに関して注目に値するのは、私人に対して一種の立法権能を付与するルールもこの変更のルールに属していることである。この権能は、たとえば遺言や契約や財産権の移転によって、権利義務の構造を任意に設定することにかかわるが、ハートはこれを、第1次的ルールのもとでの最初の地位の変更として捉えるのである[6]。このように、変更のルールに通常の立法権とともに法律行為に関する規程をも含めるのだが、このことについては、後述でさらに検討せねばならない。

---

6) Cf. Hart, H. L. A., 注（4）, ob. cit. pp. 90 ff.［矢崎監訳・前掲書102頁以下参照］。

3 規範的体系と制度的体系
(1) 3種類の規範

ハートの分析法学における法体系論を批判的に摂取し、独自の法体系論を展開しているのがラズである。ここで関心の対象となるのは、ラズがその法体系論で、どのようにハートの理論の問題点を処理しているかであるが、ラズの理論を概略的にみたうえで、その点について検討することにしたい。

ラズの法体系論によれば、法体系を構成する法は規範としての法と規範でない法とに区別されるが、法体系の中心をなすのはやはり規範としての法である。規範とは行為を導くものであり、行為のための理由であるとされる。この規範には3つの種類があり、まず指令的規範は、一定の状況で一定の行為をするように、あるいはしないように要請する規範である。このうちでもっとも重要なのは、無条件に行為を要求する義務賦課規範である。とりわけこの種の指令的規範は、ハートの第1次的ルール、また前述の「行為規範」にあたる。第2の種類の許容的規範は、指令的規範による要請を排除しうるとする規範であり、法の場合のその典型的な例としては、正当防衛を許容する規範が挙げられる。

第3の規範は権能付与規範であるが、これは規範的権能を付与することにより、規範的権能を行使する行為を導く規範である。この規範的権能の行使によって、個人は自己の願望を実現するための便宜を図るという規範的権能を享受する。こうした規範的権能は、さらに、規範を創設したり廃止したりする規範創設的権能と、既存の他の規範を適用可能な状態にする規範規制的権能とに区別される。前者の権能には、規則を定立する権能や契約を締結する権能などが、後者の権能には、裁判官の任命や所有権の移転や緊急事態の宣言にかかわる権能などが含まれている[7]。

(2) 制度的体系

以上の指令的規範、許容的規範、権能付与規範が統一的な体系をなして存

---

7) Cf. Josef Raz, Practical Reason and Norms, 1975, pp. 73 ff. これについては、深田三徳「法規範と法体系」、1978年、56頁以下参照。
8) Cf. Josef Raz, Practical Reason and Norms, 注 (7), pp. 73 ff. これについては、深田三徳「法規範と法体系」、注 (7)、56頁以下参照。

第1節　法規範の重層構造（その1）　　11

立しているとき、規範的体系が成立するとされる。法はさらに、規範的体系の一種である制度的体系として把握されるが、この制度的体系の統一性、そして存在を保障するのは、規範創設機関ではなく規範適用機関であるとされる。それはラズによれば、イギリス法において判例法、慣習法、制定法に共通する源を、規範適用機関に認めることができるからである。その際、規範適用機関としては、法の最終的な実行を担当する規範執行機関が考えられるのではなく、あくまで裁決機関が制度的体系に不可欠なものだとされる。法体系と他の制度的体系との相違は程度問題であるが、ただ法体系の特徴として、規制の包括性、他の制度的体系に対する最高性、諸規則の自由な定立にもとづく開放性の3点が挙げられている。

　ラズによれば、法体系を構成する法規程は、3種類の規範に対応して、義務賦課法、許容的法、権能付与法の3種に区別されるが、これにより、法体系では指令的規範が義務賦課的なものにのみ限定されていることが注目される。とにかくラズは、これらの法が法体系に属しているか否かを確認するための規準を、規範適用機関、それも裁決機関がその法を適用する義務があるかどうかに見出している。それゆえに、制度的法体系は裁決機関を設立する諸規範と、その裁決機関が適用する義務を負っている諸規範とから構成されるのだということになる。

　このように、後者の諸規範は裁決機関の司法慣習の中に探し求められることになる。この規範には、ハード・ケースにおいて裁決機関の裁量を導く法的諸原理も含まれているが、もっとも重要なのは、法として認知するための規準を定める承認のルールである。これはラズによれば、裁決機関に向けられた義務賦課規範だということになる。ラズにおいては、承認のルールは公務員の裁決行動を導く規範であって、ハートのように権能付与のルールではなく、司法公務員への義務賦課規範だとされる。というのは、公機関のすべての法的権能は変更のルールや裁決のルールによって付与されていて、承認のルールを権能付与のルールとみると、両者の相違を適切に捉えることができないからである。こうした承認のルールに関するラズの理論は、ハートにおいて承認のルールが変更のルールおよび裁決のルールと重複するという難点を、回避しうるものではある。

(3) 公務員への法

このようにラズによれば、承認のルールが義務賦課規範とされることによって、公機関のすべての法的権能はハートのいう変更のルールや裁決のルールでもって付与されているということになる。しかしラズの場合、この変更のルールや裁決のルールは、具体的にどのように把握されるのだろうか。これらのルールが与えるのは典型的には立法権能と司法権能であって、さしあたりそれらの権能は、ラズの分類では権能付与法によって規定されると考えられる。前述に関連させるなら、司法権能が規範創設的でもあるかぎりで、両権能はともに、さらに規範創設的権能と規範規制的権能とに二分され、前者は規則ないし規範を定立する権能を、後者は立法者や裁判官を任命する権能を中心にしているということになる。またラズは、規則定立や裁決に関する手続的ルールについては、法の管轄領域や立法権の範囲を定めるルールなどとともに、これらを規範でない法として分類している[9]。

ところで前述において、ハートの法体系論では「裁決規範」の占めるべき位置がないと指摘したが（前述8頁）、ラズはこの規範を制裁規定法として再構成している。この見解によれば、すべての法体系には義務賦課法とともに制裁規定法があるが、必ずしも両者がつねに結合しているわけではない。共同体の一般成員に対する義務賦課法は、なるほど制裁規定法によって裏打ちされているが、しかしたとえば公務員に向けられた義務賦課法はそうではない。制裁規定法は、裁決と執行とを含む規範適用機関を名宛人としている。そして、こうした法は前述の規範分類にもとづく法の種別からすれば独自のものではなく、制裁にかかわる義務賦課法であるか許容的法であるかのどちらかであるとされる[10]。

このようにラズの法体系論をみてくると、それはハートの第2次的ルールに混在していた諸要素を明確に区分する理論であることがわかる。ハートの承認のルールは、前述のように変更のルールと裁決のルールとに重複し、概

---

9) Cf. Josef Raz, The Concept of a Legal System, pp. 158 ff., これについては、深田三徳「法の個別化理論と法体系の構造論」、1978年、18頁以下参照。
10) Cf. Josef Raz, The Concept of a Legal System, 注（9）, pp. 156 f., これについては、深田三徳「法の個別化理論と法体系の構造論」、注（9）、21頁以下参照。

念上の明確性に欠けるものであったが、ラズはこれを公務員、それも法適用機関の公務員に対して、一定の要件を備えた法の適用を義務づける義務賦課法とみなす。これによって承認のルールは、体系の統一の場を立法ではなく裁決に設定すると同時に、いわば公務員の「行為規範」ともなる。また、変更のルールと裁決のルールとはともに、規範創設的権能と規範規制的権能に関する権能付与法と、規則定立と裁決の手続を定める規範でない法とに二分されるのである。

(4) 法律行為

最後に、法律行為をラズが法体系論の内部にどのように位置づけているかを、改めてみておくことが必要である。前述のように、ハートは遺言や契約や財産権の移転に関するルールを、法の制定権能を付与する変更のルールに属させていた。これに対して、ラズは公機関への法と同様、ここでもそれらの法に含まれる異質の諸要素を区別する。その主張の趣旨をとらえるなら、まず、遺言や契約を作成する権能、また、財産処分の権能は、規範創設的な権能付与法の規定対象となる。そして、所有権の移転や、遺言や契約そのものは既存の法を適用しうる状況を、新たに一定の人格にもたらすという意味で、規範規制的な権能付与法の規定対象となろう。さらに、遺言や契約などの手続は、公機関の場合と同様に規範でない法によって規定される[11]。

このようにラズは、ハートの私法的法律行為の位置づけにおける混同を改め、異質の要素を分離するのであるが、その仕方は公機関に向けられた変更のルールと裁決のルールとを明確化した仕方と基本的に変わるものではない。そのことは、法律行為を変更のルールにかかわるものとしたハートの基本姿勢は、ラズにそのまま受け継がれているということを意味している。この基本姿勢をどう評価するかは、のちに言及すべき問題である。

---

11) Cf. Josef Raz, The Concept of a Legal System, 注 (9), pp. 158 ff., これについては、深田三徳「法の個別化理論と法体系の構造論」、注 (9)、18頁以下参照。

第2節　法規範の重層構造（その2）

　以上のような第1次ルールと第2次ルールの結合理論の検討を踏まえて、前述で取り上げた行為規範と裁決規範の結合理論にふたたび立ち戻って、妥当な結合理論の形成に努めることにしたい。

1　裁決規範と組織規範
（1）公機関と私人

　ハートの権能付与の第2次的ルールは、義務を課する第1次的ルールを、法体系の中に組み入れることを可能にするものであった。このルールは主として公機関に、また部分的には私人に向けられた権能付与法である。これに対してラズは、指令的規範（主として義務賦課規範）、許容的規範、権能付与規範という3種の規範分類にもとづいて第1次的ルールの範囲を、義務賦課法のみならず許容的法および権能付与法にまで拡大し、さらにそれら規範としての法に連関した規範でない法をも、法体系の範囲内に包括したのである。そのことをハートの理論の修正と考えた場合、それは、権能付与の第2次的ルールがその実質的部分について、第1次的ルールに組み込まれたことを意味する。その一方で、第2次的ルールとして維持されるのは、いまや司法公務員に対する義務賦課法とされる承認のルールと裁決を導くための法的諸原理であり、さらに、権能付与法と規範でない法の両部分から成るであろう裁決機関を設立するルールなのである。

　こうした見解は、ハートのいう第2次的ルールの明確化と純粋化には寄与するものではあろうが、それによって第2次的ルールから排除された公機関への法が、私人に向けられた法と同列に論じられるという不明確さを招く。共同体の一般成員に義務を賦課する法が、司法機関や執行機関に向けられた制裁規定法と同様の義務賦課法になってしまう。しかし、窃盗行為に対して一定の刑を科することを義務づける法規範は、共同体の一般成員に窃盗をしないように義務づける法規範と同様の仕方で義務づけるものではなかろう。

　このような疑問は、一方で、第2次的ルールとして残存している承認のル

ールが公務員に対する義務賦課法である、とされている場合にもあてはまる。この義務賦課法を一般成員への義務賦課法と同一のカテゴリーのもとにおくことは、後者の法がめざすものが法という規範体系の現実化としての法秩序であることからして、法体系に対応した現実の把握にとって明確さに欠けるといえる。他方で、権能付与法が公機関についても私人についても、同様に論じられていることも疑問である。ただし、契約などの立法的機能をもつ法律行為への権能付与法については、とくに区別してのちに論じることにするが、いずれにしても、公機関としての行為主体は、つねに私人としても義務や権能を規定されているわけで、このような義務や権能の2重性を整理するためにも、ハートの理論のように、私人に対するのと公機関に対するのとを区別する捉え方を採用することが、明確性を確保するための有力な方法となる。

(2) 公機関への義務賦課

このように公機関に向けられた法の独自のグループが考えられるとしても、その前に、公機関に対する義務賦課ということが意味を成すのかどうかを検討せねばならない。このような義務賦課の法とされているのは、とりわけ司法機関に一定の規範の適用を義務づける承認のルールである。このルールは、法であるための資格要件を定めることによって、その要件を充足する規範の適用を義務づけるとされるが、承認のルールはあくまで一定の規範の、それも制裁規定規範の適用を義務づけるのであって、法秩序を構成する具体的行為を義務づけるわけではない。さらに重要なことは、そのルールの意味の中心はむしろ何らかの意思行為を法として資格づけることにあり、一定の規範の適用はそれに後続した意味にすぎない。

このようにみてくると、裁判という行為の諸側面をもう少し厳密に区別してみることが必要になる。判決は何らかの規範を適用して、ある事件について一定の法的効果を命じることである。承認のルールがこの適用されるべき制裁規定規範の法としての認定にとりわけ関与することは、ラズにおいても、承認のルールが法規範としての資格、法としての妥当性の規準を示すものとされていることからも明らかである[12]。承認のルールによって認定された法の適用は、権能付与法によって権能を与えられた裁判官により、裁決手

続に関するルールに従って行われる。そしてこのような法の適用は、適用そ
れ自体が問題なのではなく、それによって判決が下されるからこそ意味をも
つ。ということは、承認のルールは義務賦課規範というよりは妥当性の規準
を示すルールであり、制裁規定規範は、それを事件につき合わせることによ
って判決を導き出すための、ひとつの源泉であり、義務を課すわけではない。

(3) 公機関への法

このような制裁規定規範は、前述のように「裁決規範」という公機関に向
けられた法の1種類として挙示することが適切であろう。ここでいう制裁
は、ラズ自身も認めるように、罪に対する罰という狭い意味ではなく、一定
の要件事実がある場合に、与えられるところの一定の法的効果という意味
で、より広く理解せねばならない。たとえば、一定の要件を備えた国民に何
らかの給付が行われる際、それの準拠している法も「裁決規範」であって、
このように考えるなら、行政公務員に向けられた規範の多くも、この種の規
範に属しているということになる。

この「裁決規範」のほかに、さらに「組織規範」と呼ばれる法グループ
を、公機関に向けられた法の1種類として区別するのが適当である。この種
の規範については、ラズが立法権能と司法権能との関連でのべた、権能付与
法を中心とする法グループという概念が、この捉え方の基本を示している。
ラズは公機関の権能に関する法を、規範創設的と規範規制的という二種の権
能付与法と、手続や管轄領域を定めるところの規範でない法とのセットとみ
たのである。前述のように、ラズにとってこうしたグループ分けは二義的で
あって、個別的規範の論理分析に立脚した3種の規範分類が、公法や私法の
区別、さらに第1次的ルールと第2次的ルールの区別を越えて横断的に遂行
されているといえる。しかし、そうした論理的抽象的な規範体系の図式は、
一定の社会現実の中でのみ有意味である法を把握するには、十分なものとは
いえず、むしろここでは、ラズにとっては二義的な区分の方が注目に値す
る。

---

12) Cf. Josef Raz, The Authority of Law, 1979, pp. 158 ff., これについては、深田三徳
『法実証主義論争』、1983 年、93 頁以下参照。

そこで問題としうるのは、権能付与法の2区分である。たとえばラズは、判決に規範創設的権能を認め、裁判官の任命を規範規制的権能に帰属させる。だが、裁判官の任命とは、一定の公務員に判決行為を通じて規範を創設する権能を付与する授権行為であって、この2機能の階層的な結合を無視するわけにはいかない。一般的にいって、既存の法を適用して判決をくだす権能にかかわる規範規制的権能付与法とは、規範創設的権能を中心とする権能の授権法であろう。このように階層結合を理解するなら、それはハートが承認のルールの究極性との関連で例示していた、条例から政令をへて制定法に至り、さらに究極の承認のルールに帰着する妥当の連鎖と同様の構造をもつといえよう。このように「組織規範」の問題は、妥当性の規準を示すとされた承認のルールに関連する、授権法の階層結合の問題となる。

この階層結合への関心はラズではなくハートにみられるのであるが、この両者にともに欠けているのは、法制定と法適用の相互連関の指摘である。この相互連関の明快な考察はケルゼンによって提示されていて、「組織規範」の説明にとって重要であるが、その詳細はのちに段階構造として言及する。ここでさしあたり注意しておきたいのは、まず法制定と法適用、立法と司法とを限界づけることは困難であるにもかかわらず、その典型を考えるなら、両者は明確に区別できるということである。つまり、法制定とは何らかの規制される事項について、新たに法規範を制定することであり、法適用とは法規範に定められた要件事実の発生を確認するとともに、具体的な法的効果を確定することである。この場合の法的効果は前述のように給付的なものをも含むわけで、法適用は司法上の判決のみならず行政上の決定をも包括することになる。

2　重層構造の規範構成
(1) 行為規範とその種別

以上の検討の結果、機能的に現実の法秩序をもたらす法体系の構造は、行為規範と裁決規範、そして組織規範の3種から成るといえる。このような構造を改めて整理することにするが、まず行為規範からみていくことすると、前述において、法規範が命令の構造をなしていることを、議論の出発点とし

た。そして行為規範については、このような命令は法共同体の成員に対して、一定の行為についての作為あるいは不作為を命じる。これによって、共同体成員には一定の行動をとる義務が課せられるのである。

しかし、行為規範をこのような義務を負わせる命令の機能に限定するのは、不精確であり、ふつう規範の機能には、命令と禁止の他に、許容と授権とが挙げられる。前述でも指摘されていた正当防衛、わが国の場合では刑法36条の正当防衛の規定は、この許容的機能をもった法規範の顕著な例である。許容の法規範は、一般に命令あるいは禁止の法規範を前提にして、それによって命令あるいは禁止された行為に関して、例外的にその不履行あるいは履行を許容する規範である。その意味で、この種の法規範は命令と禁止の法規範に従属的であるといえる。

それでは、権能付与の法規範はどうであろうか。これについては、それがつねに、命令と禁止によって義務を課する法規範に対応して成立していることが、よく指摘される。たとえば、民法206条「所有者は、法令の制限内において、自由にその所有物の使用、収益及び処分をする権利を有する」という規定は、一般私人に対して所有権を付与する法規範に属する。これを例にとれば、その指摘は、たとえば所有者が所有物を自由に使用する権利が、他人がこの使用を妨害しない義務に対応しているように、所有権の法規範は他人の義務の法規範に対応しているという意味になる。そして、このような義務の不履行の場合には、すでにのべた裁決規範の発動のもとに強制的に妨害が排除される。したがって、この見解からすれば、たとえば所有権は妨害排除請求権に帰着してしまい、さらに一般的に法的権利とは、それが侵害された場合に国家の強制装置の発動のもとにそれを回復する権利、いわゆる「回復的権利」だということになる。

しかしながら、この見解では権利概念を十分にとらえることができない。やはり権利とは、一定の生活事態を価値あるものとして認め、一般私人に対してその保障を宣言することにおいて成立するのであって、このことからすれば、回復的権利はたとえその権利の実効にとって重要なひとつの側面であろうとも、あくまで二義的なものだとする見解に賛同すべきであろう。そしてこのような見解は、一定の価値ある事態をさらに自律的に形成していくた

めの端緒として、権利をとらえることにつながる。たとえば、契約あるいは遺言に関する法規範は回復的権利との結びつきが稀薄であって、むしろ価値ある生活事態を自律的に展開していくための権能を、一般私人に付与するものだといえる。

このように、行為規範のうちで自立的なものとしては、義務を課する命令あるいは禁止の規範のみを限定的に挙示して、それによって行為規範を統一的に理解しようとするのは無理であることがわかる。それと並んでやはり自立的な行為規範として、権能を与える規範をも含めて考えるべきである。行為規範とは、法共同体の成員、つまり一般私人に対して行動についての義務を課し、権能を与える法規範なのである。

(2) 裁決規範と組織規範

つぎに、裁決規範を取り上げよう。これは、裁決に際してその規準となる規範の意味で理解せねばならない。ここでいう裁決規範とは、すでにのべたことからして、さしあたり一定の行動類型に違反する行為に対して、裁決を下して制裁を課するための規準と手続とを定める規範だと考えるのが適切であろう。しかし、裁決規範のこのような理解は、行為規範の場合とまったく同様に、法規範における制裁ないし強制に重点をおき、それとの関連でのみ裁決を捉えるものだといえる。裁決規範についてもこの理解は一面的であって、その規範はより広く、権利義務の争い一般についての裁決に関与すると考えるべきであろう。したがって裁決規範とは、違反行為に制裁を加え権利義務についての争いを判決するための法規範なのである。

ところで、このような意味での裁決規範とすでにのべた行為規範とでもって、法体系を重層的に説明しようとしても、やはりその不十分さは免れえないものである。というのは、すでに言及されたもう1種類の規範群がたいていの法体系に必然的なものとして、また重要な構成部分として想定されうるからである。それは、立法・司法・行政などにかかわる公的機関の組織を構成するための規準となる「組織規範」である。このような組織規範は、より詳細に考えるなら、公的機関の組織の基本的な枠組みを純然として構成する規範だけを含むのではない。たとえば、この規範に属する内閣法や国会法に明らかなように、その組織のもつ権限責務について、その内容および行使基

準を定める規範もまたその種の規範に属するものと考えられる。そのような規範を伴うのでなければ、これら組織規範は複雑な現代社会におけるその実効性を失うことになりかねない。組織観範がめざすところは社会における法生活の円滑な運営にあり、そのための基本的な組織づくりにある。したがって、このような組織づくりのための規範は、社会の複雑化に応じてますますその必要性が高まり、またその規定の精密化が望まれることにもなる。

以上のように、法規範の実質的な内容に即してその機能に注目する時、それぞれ独自な種類の法規範として行為規範、裁決規範、それに組織規範を区別することができる。これら3種類の法規範の重層構造として法体系をとらえることは、機能的により詳細に法体系をみていくための出発点ともなりうるのである。

第3節　法規範の段階構造

授権法の階層結合については、法制定を上位に、法適用を下位におく段階構造を成しているということができる。以下ではこのような授権法の段階構造を検討して、「組織規範」の内容構成を明らかにしていくことにする。

(1) 法源としての法規範と諸形態

法体系の段階構造をより詳細にみていくためには、これの構成要素である法規範にまず言及することが必要である。ふつう解釈法学において法規範と考えられているのは、「法源」になりうるものである。この場合の法源とは、裁判所が事件の判決にあたって基準としなければならない規範を意味する。憲法の文言に即していえば、裁判官は「憲法及び法律にのみ拘束される」（憲法第76条第3項）のであるが、解釈上、これらにのみ限定されるわけではない。たとえば、行政機関の制定法である命令やその他の機関による規則もまた、法源としての法規範に含まれる。さらに不文法についても、慣習法の法源としての地位は制定法によって確認されており（法例第2条[①]、商法第1条）、また判例法も事実上の法源となっている。

とはいえ上記の文言からも明らかなように、わが国の法制度は制定法主義（成文法主義）を採用しており、したがって法規範を構成しているのは、とり

わけ国家制定法である。そして現行法制度や解釈法学において、これら制定法は憲法・法律などの用語を使用することによって、一般にその形態が区別されている。このように区別された法規範の諸形態は、ここで問題にする法体系の段階構造を反映するものといえ、つまり、それらの諸形態は、段階構造を示す妥当性の序列関係にほぼ対応しているのである。それゆえ、段階構造論は制定法主義の法体系に調和的であるといえ、段階構造の構成要素としての法規範は、わが国の現行法制度上と解釈法学上で一般に分類されている諸形態に即して、説明することができる。

　ここで取り上げるのは国家制定法であるが、そのうち憲法は国家の基本的な組織および理念を定め、国家制定法の根幹をなす。わが国では憲法の重要性のゆえに、その改正手続は法律の場合よりも厳格に制約されていて（憲法第96条）、その意味で「硬性憲法」と呼ばれるが、憲法に必然的な性質ではない。つぎに、国家制定法のもっとも一般的な形態として法律がある。これは、「国権の最高機関」であり「国の唯一の立法機関」である国会において（憲法第41条）、通常は衆参両議院においてそれぞれ出席議員の過半数の可決によって成立する（憲法第56条）。さらに命令があるが、これは行政機関によって制定される国家制定法である。わが国の場合、命令は執行命令と委任命令だけが認められている。前者は法律を現実に執行するために必要な細則を定める命令であり、後者はいわゆる法律の委任にもとづいて、国民の権利義務関係を定める命令である。これら憲法・法律・命令の3者が国家制定法の代表的なものだといえよう。

　さて、これら3つの形態の法規範はそれぞれ対等の地位にあるのではなく、すでにのべたように序列関係をなしている。この序列の最上位に位置するのが、憲法である。憲法が最高法規であり、これに反する一切の法規範が無効であることは、憲法それ自体において宣言されている（憲法第98条第1項）。また、この規定をより実効的なものにするために、法令審査権が裁判所に与えられていて、そこにおいて法規範の憲法適合性が審査される（憲法第81条）。したがって、法律は憲法に違反してはならず、その条件をみたす時にのみ法規範としての効力をもつ。これと同様のことが、命令についてもいえる。すでにのべたように、命令は法律の委任にもとづくか法律の規定の

枠内での細則を定めるかであって、そのかぎりで命令は、法律が設定する条件をみたさなければ無効であるといえる。このように制定法には、上位・下位の構造連関がみられるのである。

(2) 妥当の段階構造

制定法の構造連関におけるこのような序列関係を、理論的に精錬して法秩序の構造を明らかにするには、法規範の効力ないし妥当性に注目することが必要となる。ある法規範の妥当性は他の上位の法規範によって根拠づけられるのであって、法秩序はこのような妥当の根拠づけ関係で構成される妥当連関として考えられる。

たとえば、ある人が逮捕され、しかし不起訴であった場合、その人は被疑者補償規程により補償をうけるが、この規程は法務省訓令であり命令の一種である。この訓令はより上位の法律によって手続的にその妥当性が根拠づけられる。つまり、国家行政組織法第14条第2項は、各省大臣に対して、法規範としての命令を所管の諸機関および職員に発することを授権しており、これによって法務大臣の意思は法規範として根拠づけられることになる。そして、国家行政組織法という法律は、国会の表決にもとづき手続的に法規範として根拠づけられる（憲法第41条・第56条）。ここには、命令から法律をへて憲法に遡上る妥当連関がみられ、それを構成する法規範は、手続的要件を伴った規範制定のための授権法なのである。

このように法秩序内の「組織規範」の中心には授権法があるが、その授権法は前述のラズの規範創設的権能付与法に相当する部分と、創設機関としての地位を認定する規範規制的権能付与法に相当する部分とからなる。さらに、そうした授権法に付随して、上の2つの部分にそれぞれ対応して権能行使の手続を要件として定める手続法もまた、「組織規範」に属しているということができる。この「組織規範」によって形成される段階構造は、下方では「裁決規範」を適用して判決ないし決定を下す機関に対する授権法、さらにそうした判決ないし決定を執行する機関に対する授権法でもって完結する。上記の決定の例でいえば、それは被疑者補償規程による特定の人間への補償の決定であり、さらにその決定によって、その人間への補償給付という執行行為が法的なものとして資格づけられるということである。

(3) 承認のルール

　他方、段階構造の最上位に位置するのが、法制定を究極的に根拠づける組織規範であって、ハートのいう究極の承認のルールである。上の例の段階構造で最上位にあった憲法もまた、この究極の承認のルールによってその妥当が根拠づけられるのであって、ある一定の手続に従った意思表明を、このルールが憲法という制定法として資格づける。こうした究極の承認のルールは、どのような機関に法制定の権能を付与するかを規定する組織規範にほかならず、前述のように、その機関は多くの国において、前記の立法機関のみならず、裁決機関や慣習にも認められている。このように、究極の承認のルールには複数のものが存在しうる。

　しかし、複数の承認のルールがある場合、それによって生じる規範衝突を回避するための規範がなければ、法秩序は十分に現実化されえないことになってしまう。そのためにハートは、立法機関に規範衝突に際しての優先権を与えたのであるが、それはあくまでイギリスの法現実に照らしてということであって、わが国の法現実についても同様に立法権の優先をいうことができる。

　ところがここで問題になるのは、ラズの承認のルールであり、それによれば、同じイギリス法制度を顧慮しながらも、妥当性の基準は裁決機関の規範適用の慣習にもとめられていた[13]。ラズは制度的体系が、裁決機関を設立する諸規範と、その裁決機関が適用する義務を負っている諸規範とから構成されているとみた。この前者の規範に承認のルールも含まれているとすれば、それは規範創設的な、そして規範規制的な「組織規範」のみならず、手続を定める「組織規範」をも含んでいるとみることができ、このかぎりでは前述の「組織規範」と矛盾するところはない。

　しかし、この「組織規範」が究極の規範創設の場を裁決機関にもとめている点は疑問とせざるをえない。というのも、裁決機関の適用が法的妥当性の規準とされるなら、上記の裁決機関に適用されるべき諸規範は、「裁決規範」

---

[13] Cf. Josef Raz, The Authority of Law, 注 (12), pp. 92. これについては、深田三徳『法実証主義論争』、注 (12)、93頁、97頁参照。

にのみ限定されてしまう。前述のように、「裁決規範」は何らかの要件事実のもとに発生すべき法的効果を規定するもので、ラズ自身もこれについて認めるように、こうした「裁決規範」は法秩序につがる「行為規範」にただちに結びつくものではない。だとすれば、この見解は法秩序の形成に結びつく「行為規範」を排除することになり、法規範の範囲を不当に狭めることになろう。

さらに、裁決機関にもたしかに規範創設的な機能が認められ、新たに「裁決規範」を判例法として制定することもありうる。だが通常では、裁決機関は既存の法としての「裁決規範」を適用しているとみるのが、適切であろう。この場合に、イギリスなどの判例法国家では、「裁決規範」が判例によって構成される割合が高いので、裁決機関を法創設の場とみることに問題はないとされるかもしれない。しかしそれでも、判例法と制定法との衝突の際には、制定法が優先される以上、議会の制定行為に間接的にしか、つまり裁決機関の適用を通じてしか規範創設権能を認めないことは、やはり疑問とせざるをえまい。ただ、イギリスの法実証主義の見解は法の名宛人を法適用の公務員としていて、そのかぎりではこの疑問は解消させられる。この点についての結論をうるためには、法秩序について、制定法国家と判例法国家とにおける根本的な見方の相違を考慮する必要があり、本節の最後でふたたび検討することにしたい。

(4) 具体化の段階構造

以上のように、法秩序は法規範の妥当性を根拠づける「組織規範」によって、段階構造を形成している。すでに挙げた例に即して、制定法国家について典型的な段階構造を指摘することができよう。その「組織規範」の頂点には、一定の意思表明を法の定立とみなす究極の承認のルールがあり、さらに規範制定の授権法を憲法から法律にまで下降し、前例でいえば、被疑者補償規程の命令という「裁決規範」にまでたどり着く。そして、その連関は法適用の授権法、法的効果の執行の授権法へとつながる。このような妥当の段階構造は、規範創設の授権にとりわけ注目するものといえる。

ケルゼンはこのように妥当の段階構造を明確にしているが、一方で法制定の授権に焦点を合わせた妥当連関を動態的類型と呼び、他方の静態的類型の

妥当連関から区別している[14]。後者は、ある法規範がより上位の法規範の内容から論理的に導き出しうるものを内容とすることによって、成立する妥当連関を意味する。憲法第11条の基本的人権に関する一般的な保障規程を、最高次の法規範として考えるなら、その下位に、それを具体化する憲法第29条の財産権保障規程をおくことができる。ここからさらに、民法第206条の規定、「所有者は、法令の制限内において、自由にその所有物の使用、収益及び処分をする権利を有する」へと一定の規範系列がたどることができる。

このように、ケルゼンによって静態的と名づけられたこの妥当連関は、一般的にいえば、義務や権利に関して、より普遍的なものからより個別的なものへの具体化の系列だということができる。そして、この連関は義務や権利の規程をより具体的に継続形成していくための授権法を軸にしている。このように継続形成への授権は、公機関に対してだけではなく私人に対しても行われるのであって、そのことはすでに取り上げられた契約や遺言にみられる。これらの法律行為は、上の民法第206条の規程を踏まえながら、より具体的な権利・義務関係を設定するもので、この種の私人に対する規範創設的権能付与法、むしろ規範の継続形成のための権能付与法は、「組織規範」の中に位置づけられることになる。

(5) 妥当連関の2類型

国家制定法にみられる法規範の序列関係に依拠しながらも、法体系の構造を類型的に構成するにはこれを理論的に精練することが必要である。すでにのべたことからもわかるように、この構造連関において注目されているのは法規範の「効力」である。この場合、法規範が効力をもつとは、何らかのことをなすべしという当為命題が法規範としての資格をもつということである。この法規範については、それが「妥当する」とか「妥当性をもつ」とかともいわれる。この場合、効力ないし妥当性は他の法規範によって根拠づけられるのであり、法体系をこの根拠づけ関係で構成される妥当連関として考

---

14) Cf. Hans Kelzen, Die philosophischen Grundlagen der Naturrechtslehre und des Rechtspositivismus, p. ff.〔ハンス・ケルゼン、黒田覚訳「自然法論と法実証主義の哲学的基礎」、50頁以下参照〕

えることができる。

　一般的にいえば、この連関においては、ある法規範は他の法規範の規定を前提条件にして、その条件をみたすことによって法規範としての資格をもつ、すなわち妥当するということである。このように構成された法体系は、より上位の法規範がより下位の法規範の妥当を根拠づけるという、妥当の根拠づけの連関であって、いわゆる段階構造をなしている。すでにのべた法規範の諸形態を引きあいに出して大まかにいえば、国家制定法の体系の段階構造においては、最上位に憲法があり、その下位に法律が、さらに下位に命令がある。そしてこの法体系を根拠にして、より具体的に司法的な判決が下され、行政的な処分が行われるのである。

　このような連関において、より上位の法規範はより下位の法規範に対して、妥当のためのどのような条件を設定するのであろうか。これを前述のように動態的と静態的との2類型に分析するなら、そのことは一般的には、手続的と実体的という妥当連関の2類型をここに見出しうるであろう。それらをもう一度、整理するなら、以下の通りである。

　まず手続的な類型においては、法規範の制定作用との関連で妥当連関が構成される。つまりこの場合、ある法規範が制定されるための手続をより上位の法規範が定める。そして、ある法規範は、それが定められたその手続に従って制定されることを通じて、その上位の法規範によって妥当が根拠づけられる。ところで、ある人が逮捕されしかし不起訴であった場合、その人は被疑者補償規程によって補償をうけるが、この規程は法務省訓令であり、命令の一種である。これを例にとれば、この訓令はより上位の法律によって手続的にその妥当性が根拠づけられる。すなわち国家行政組織法14条2項は、各省大臣に対して、法規範としての命令を所管の諸機関および職員に発することを授権しており、これによって法務大臣の意思は法規範として根拠づけられる。そして国家行政組織法という法律は、すでに言及した憲法56条によって、国会の表決にもとづき手続的に法規範として根拠づけられる。ここには、命令から法律をへて憲法に遡上る手続的な妥当連関が成立する。

　つぎに実体的な類型においては、法規範の実質的な内容に即して妥当連関が構成される。大まかには、法律が憲法に違反してはならないということか

ら、憲法が法律の内容を否定的に条件づけ、法律は憲法に違反しないことによって妥当するという意味で、この妥当連関を理解することができる。しかし典型的なものとしては、ある法規範がより上位の法規範の内容から論理的に導き出しうるものを内容としている場合、そこに成立する妥当連関が考えられる。具体的な例をあげれば、憲法第11条における一般的な基本的人権の保障規程を、最高位の規範として考えることができる。そしてその下位に、それを具体化した憲法第13条を、すなわち国民の生命・自由などに対する権利を保障する規程をおくことができる。さらにこの連関は、憲法31条の適法手続の保障から憲法33条の刑事手続の保障をへて刑事訴訟法における逮捕状に関する諸規程にまで至る。ここでは、一定の内容の法規範が妥当なものとして前提され、その内容を具体化する命題が、その内容とともにその妥当性をも派生的に獲得する。

　以上のように、法体系の段階構造は、手続的と実体的という2つの類型の妥当連関によって構成される。これらの構造は憲法・法律・命令という序列にほぼ対応するものといえるが、理論的により精確に考察すれば、すでにのべたことからも明らかなように、必ずしもこの構造に対応するものではない。憲法・法律・命令のそれぞれの内部で段階構造が構成されうることはもとより、たとえば命令が憲法によって直接根拠づけられるような場合もありうる。いずれにしても、構成された段階構造は法律家による理論的な再構成の産物とみなければならず、現行の法制度はこれら2類型の妥当連関からなっているとしても、それらが複雑に交錯した法現実だといえる。

お わ り に

　以上のように、法秩序は「行為規範」「裁決規範」「組織規範」という三種の規範から構成されている。それらの規範の複合体、つまり重層構造として法体系を考えるとすれば、別の視点からも法体系を理論的に有意味に構成することができる。それは段階構造であって、それは法規範の妥当連関を動態的と静態的、つまり手続的と実体的といった2類型に分類することができる。以下では、この前者の重層構造について、前述の議論の整理をしておく

ことにする。ここでは、ラズやハートの見解は制定法主義の体系的観点から再構成されることになる。

(1) 重層構造の規範諸形態

前述において、ラズによって提唱された義務賦課規範と権能付与規範とが検討されたが、これらは、重層構造においてどのように位置づけられるべきか。さしあたり、「行為規範」には義務賦課規範が属するといえるが、ラズの場合のように、立法的ないし継続形成的な権能付与規範をこれに含ませることは、前述のように適当ではない。では、権能付与規範はどう考えるべきか。この授権規範を義務賦課規範に解消してしまい、その自立性を認めない見解によれば、たとえば、上記の所有物を自由に使用する権利は、他人による妨害の排除への請求権から、さらに自由使用を妨害しない他人の義務へと帰着させられる。こうした見解は、一定の生活事態を価値あるものとし、一般私人に対してその保障を宣言するところに成立する権利概念を、十分にとらえるものではない。やはり、妨害排除請求権や他人の義務は権利にとって二義的であり、権能付与規範の自立性を認めることが適当であるから、これを「行為規範」に算入することができる。さらにこの規範類型には、一定の義務賦課を免除する許容的規範、そして、とりわけ権能付与規範に結びついた手続規範もまた、付随的に含まれている。

つぎに「裁決規範」は、一定の要件事実のもとに発生すべき法的効果を定める規範であり、典型的には、ラズのいう制裁規定法のうちの制裁義務賦課法である。しかし、この法的効果は前述のように、強制執行を含む制裁のみならず、給付の意味をも包括するように広く理解されるべきである。また、上の要件事実は何らかの義務違反や権利侵害、あるいは権利の発生要件を表わしていることから、「裁決規範」はつねに「行為規範」に結びついているということができる。しかし逆に、「行為規範」は必ずしも義務違反や権利侵害に対処する制裁規定規範、あるいは行政給付規範に対応しているわけではない。

最後に「組織規範」は、法定立・法適用・法執行について、誰がどのように行うかを規定することを通じて授権する規範である。この「組織規範」の頂点には、ハートのいう承認のルールがあるが、これはケルゼンが根本規範

と呼ぶ法規範の妥当の究極的な根拠づけ規範に相当する。こうした根本規範は、人間の定立に依存する実定法秩序に関するかぎり、どのような機関に法定立の権能を与えるかを規定する規範創設の授権規範である。この根本規範は前述のようにさしあたり複数でありうるが、その場合には、法定立機関の優先順位を示して規範衝突を解決するための規範が含まれていなければならない。こうした根本規範を頂点にした授権規範の系列によって、法秩序の段階構造が形成されている。

　このように3種の法規範で構成される法体系の重層構造は、どちらかといえば法規範の実質内容に注目するものであろう。それに対して、前述の段階構造の見解は法規範の形式的側面を重視する。法の規範的な妥当あるいは効力を問題にする場合、この形式的側面の検討を欠かすことはできない。ハートやラズによる承認のルールに関する理論は、法体系の段階構造を問題にしているのであり、本書が以下で扱うのは、この妥当の根拠の問題である。

　ただ、法体系の構造論は、単なる規範的レベルの考察によって形成されるものではなく、具体的な法現実の全体的な考察をへて獲得されるのであって、そのことから、法現実の相違が、根本規範の確定に影響することにもなる。ということで、法現実に即して3種の法観を法体系論との関連でここでみておくことにしたい。

　(2) 法体系と法観

　以上では、法体系の構造を重層構造と段階構造というその主要類型について明らかにした。段階構造は法規範の妥当性を明確にする点で、法の理解にとって不可欠ではあっても、法体系の実質的機能を表現することはできない。これに対して重層構造は、法体系の実質的機能に即してそれを説明しうるが、法規範の妥当性、つまり法としての資格が問われないままに終わってしまう。このように両者の構造は、それぞれの視点に応じて法体系をとらえ、それぞれがともに必要だといえる。しかし、一般的にこれら法体系の構造論を考察する場合、構造論のうちどれを優先するか、あるいはその構造のどの構成部分を重視するかということは、どのように法をみるかという法観に関連しあっている。

　まず段階構造であるが、これが国家制定法の諸形態に対応していることに

ついては、すでにのべた。このうち制定作用にかかわる手続的な妥当連関が、国家制定法の序列関係においてみてとれることは明白である。また実体的な妥当連関についても、これを手続的な妥当連関から切り離して考えるとしても、何らかの価値原理を抽象的に定める規範を最上位におき、その下位にそれを漸次具体化していく規範系列が位置するという段階構造が、制定法の諸形態の序列関係に相応していることはいうまでもない。このように、段階構造を優先する思考は国家制定法本位の法観に結びつきやすい。いわゆる「制定法主義」とはこの法観にあたる。

制定法主義は法における国家の役割を重視するが、さらにそれは、ここでいう国家による制定の契機に注目することを越えて、国家による制裁ないし強制の契機を強調することにつながる。したがって、重層構造における行為規範に関連させていえば、制定法主義はそのうちの1類型である命令の義務賦課規範と、さらにそれに結びつく、違反に対する制裁の法規範とを本来的な法規範とみる。この法観によれば、法とは国家によって制定され、国家権力による強制にうらづけられた命令なのである。

これと対照的な法観はいわゆる「慣習法主義」である。これまで法規範の体系を問題にしてきたので、法秩序における1要素である法規範そのものが、どうしても前面に押し出されている。しかし最初にのべたように、法秩序のもうひとつの重要な要素は実効性であり、これはとりわけ法共同体の一般成員による事実上の法遵守を意味している。慣習法主義は法におけるこの法遵守の要素を重視し、むしろ法共同体の規則的な生活事実のなかで法規範が成立すると主張する。このような法観が法体系の行為規範との関連で重視するのは、一般私人に対して何らかの権能を与える授権の法規範である。すでにのべたように、一般私人はこの法規範によって、何らかの法的に価値ある事態を自律的に形成していくための基点を与えられるのである。

最後に第3の法観として、いわゆる「判例法主義」があげられる。これは法における司法機関による裁決の要素をとりわけ重視する見解である。第1の法観である制定法主義の立場からも司法行動についての説明がなされる。その立場であっても、司法行動の創造的機能をみとめ、それに法の具体化の任務を割りあてる見解をとることができよう。しかしこの立場にとって司法

行動は、あくまで制定法の適用であって、それだからこそ判決が法としての資格をもつとされる。判決は、段階構造の最下位に位置するともいえよう。

ところが判例法主義の立場からすれば、司法行動は法の産出される源泉である。したがって、この立場にとっては裁決の規準となる法規範という意味での「源泉」がまさに法そのものである。国家によって制定されたものとか、法共同体の一般成員によって自律的に形成されたものとか、そのようなメルクマールはこの立場にとって原則的に無意味である。裁判所によって裁決のための基準として選別されたもの、これが法である。したがって、この法観は制定法と慣習法、そのどちらを優位とみる見方にも結びつきうる。だがやはり、それに典型的なものとして考えられるのは、それら両者の法源との関連を顧慮しながらも、裁判所が伝統的に形成してきた判例法を優先する見解だといえ、構造論としては、重層構造に親和的である[2]。

[1]　現在は、法の適用に関する通則法第3条。
[2]　このような法観の相違は各国の法現実を反映するといえるが、そうした法現実の根幹には各国の法文化、さらには文化一般が横たわっているといえる。深田三徳『法実証主義論争』（注12）は、「承認のルール」や「基礎規範概念」をめぐる問題を司法的裁量論として発展的に把握し、ハートやラズ、さらにロナルド・ドゥオーキンなどの英米法哲学者の見解を検討している。この著書において、司法的裁量論の各見解が法文化に関連することが、随所で指摘されている（107頁、252頁など参照）。

第Ⅰ部
規範的法体系の存在構造

　序章「法秩序と体系構造」は法の妥当（効力）根拠を問うための前提となる議論を検討するものであった。そして、その結論としていえることは、とりわけ直接的な出発点となる議論として重要な理論は、ハンス・ケルゼンの法体系の段階構造論だということである。ただ、序章で取り上げたケルゼンの段階構造論は『純粋法学・第2版』(1960年) を中心とするものであり、その全体的な学説展開を問題にする場合、その著書にのみ注目することはできない。しかも、すでに日本の1930年代の公法学会において、ケルゼンをめぐる有名な論争が起こっており、その主たる対象は『国法学の主要問題』(第1版、1910年、第2版、1923年) と『一般国家学』(1925年) であった。本章はこの古典的な論争を取り上げて、法の体系構造を改めて検討することにしたい。
　これに続く第2章はケルゼン『純粋法学・第2版』における根本規範論に対するカール・エンギッシュの批判を取り上げる。この批判は、根本規範論の形式論理的な妥当根拠論を批判して、実質的な理論を展開している点で、美濃部達吉のケルゼン批判と共通している。このような実質的な妥当根拠論は存在論的妥当概念のもとで可能になるが、第3章はそのような妥当概念の哲学的な基礎を提供しうる、ニコライ・ハルトマンの精神的存在についての理論を検討することになる。そして第4章の「法の存在的構造と歴史性──三島淑臣論文に即して──」では、前章で解明した法の精神的構造について、とりわけその歴史性に焦点を合わせて、アルトゥール・カウフマンの見解を検討して自説を展開する三島論文を取り上げて究明することにしたい。

第1章　美濃部・横田論争とケルゼンの法体系論

はじめに

　1930年、東京帝国大学教授、美濃部達吉（1873-1948年）は、国家学会雑誌に「ケルゼン教授の国法及国際法理論の批評」[1]を公表し、ウィーン大学教授、ハンス・ケルゼン（1881-1973年）の理論を批判した。同論文は、「ケルゼンの思想の傾向を追うて、一層これを徹底せんとするものが輩出し、所謂新ヴィーン学派の名の下にオーストリア及ドイツの法律学界に於いて、相当の勢力を占むるに至つたのみならず、日本の学界に於いても、少壮新進の学者で此の派の思想に共鳴するものが尠くないやう」[2]だとして、当時の学界状況を伝えている。そして美濃部は、「此の派の学説が我が学界に於いて少からず共鳴者を出して居るのを以て、我が法律学の為に甚だ遺憾とする」といい、同論文をもって「少しくそれ等に付いての卑見を述べ」ようとしたのである[3]。

　そこに名を挙げられた「少壮新進の学者」の一人である東京帝国大学教授、横田喜三郎（1896-1993年）は、翌年になって「法律における当為と存在──美濃部教授のケルゼンの批評に対して──」[4]を著わし、これに反論を加えた。これを受けて美濃部は「法律は当為なりや存在なりや」[5]によって再批判を公表し、さらに横田は「法律の妥当性──美濃部教授に答えて

1）美濃部達吉「ケルゼン教授の国法及国際法理論の批評」。
2）美濃部達吉『ケルゼン学説の批判』、2頁。同書には　論争にかかわる美濃部の2論文（注（1）と注（5）の論文）が収められていて、本章ではこれを参照する。
3）美濃部前掲書、注（2）、3頁。
4）横田喜三郎「法律における当為と存在──美濃部教授のケルゼンの批評に対して──」。
5）美濃部達吉「法律は当為なりや存在なりや」。

——」[6] によってこれに再反論を加えるに至る。これら4篇の論文をもって、いわゆる美濃部・横田論争が画されることになる。

　この論争は政治史上の意義には乏しく、それだけに一般的な歴史の観点からは、注目される度合が少なかったといえよう。しかしながら、学問上の見地に立つ時、この論争の意義は大であり、法秩序の構造に関する国法学上の根本理論、またそれに境を接して法秩序とは何かを究明する法哲学理論に対して、その論争はいまなお有益な示唆を与えてくれるのである。

　本稿はこの論争を、国法学および法哲学の理論的見地からのみ取り上げることにする。その場合、関心の落ち着く先は、法の「存在」について、法の「在りよう」についてである。私はすでに前著『法その存在と効力』[7] においてこの問題を扱い、まず妥当（効力）概念の相違を類型的に検討し、そのうちの存在論的妥当概念に立脚して、妥当と存在の同義を主張した。そこでは、当為を存在に対立させ、それを妥当と同義とする規範的妥当概念を批判した[7]。とはいえ、規範理論による法秩序の構造論は、一定の限界に至るまでは是認されるべきものであり、その点をここでは美濃部・横田論争をてがかりとしてまず明らかにしたい。つぎに、この論争の赴くところである上記の限界問題、法の「存在」に焦点をあてることにしよう。

第1節　「当為」としての法

　ここではまずケルゼンの理論を明らかにしておき、それを前提にしてつぎに美濃部によるケルゼン批判をみていくことにする。この場合、わが国におけるケルゼン研究の盛況からみて、その理論をもはや詳説する必要はあるまい。ここでは論争にかかわりをもつかぎりで、その理論を要説し、その不十分な点は他の文献によって補われることを期待したい。

　しかし、ここであらかじめ注意しておきたいことは、美濃部・横田論争が

---

6)　横田喜三郎「法律の妥当性——美濃部教授に答えて——」。なお論争にかかわる横田の2論文は、横田『純粋法学論集Ｉ』に収められていて、本章ではこれを参照する。

7)　竹下賢『法　その存在と効力』、156頁以下、明示的にのべた部分として、とくに184頁以下参照。

1931年のことであり、そこで問題になっているのは、その年までのケルゼンの学説だということである。その学説の変遷については、すでにわが国でも多くの研究が明らかにしてきているところであり、そこでは、初期と後期という大きな時代区分でもって、変遷の指摘が一般に行なわれている[8]。だが『国法学の主要問題』(1910年)から、上の論争期にあたる「自然法論および法実証主義の哲学的基礎」(1928年)に至る短期間についても、なお学説の明白な変化を指摘することができる。

　もうひとつの注意点としては、美濃部がケルゼン学説を理解するのに依拠している文献が問題となる。美濃部は主として、上の『国法学の主要問題』それに『主権の問題と国際法の理論』(1920年)と『社会学的国家概念と法律学的国家概念』(1922年)とによっている。以下の論述では、これらの点に留意することが必要である。

1　範疇としての「存在」と「当為」

　美濃部は、『国法学の主要問題』と『社会学的国家概念と法律学的国家概念』とからそれぞれ一節を抜き出し、前者によって自然法則と規範の対立について、後者によって法規ないし法規範について、ケルゼンの見解を確定している。こうした簡単な確定は、美濃部自身の言によれば、ケルゼンが多くの著述で、これらについて同一の趣旨でもって論述していることによるという。

　しかし以下でみるように、少し詳細にみれば、ケルゼンの見解の統一性を指摘することは難しく、また、同一の論述について、必ずしも一致した理解が得られるわけでもない。このことは、横田による美濃部批判において、ケルゼンの理解について美濃部とは異なった確定がなされていることからも明白である。見解の統一性にしても、すでに上の二著作の間で、その学説の変化を指摘することができるのである。このように事態はそれほど単純ではない。したがってここでは、美濃部の引用した箇所を中心としながらも、学説

---

8)　たとえば、新正幸「ケルゼンに於けるRechtssatz概念の変遷」、および高橋広次『ケルゼン法学の方法と構造』、とくに97頁以下参照。

の変化をも顧慮して法の本質についてのケルゼンの見解をみておかねばならない。それは、横田による批判を理解するための前提でもある。

右にのべた美濃部の見解確定のうち、『国法学の主要問題』（以下『主要問題』と表記する、また本章で書名のないページ数は本書第2版による）[9]における自然法則と規範との対置をみていくことにする。この対置の基礎となるのは、「根源的範疇」(S. 7) あるいは「思考形式」(S. 8) としての「存在」と「当為」である。これら両範疇が2種類の科学を成立させる源であり、それぞれその一方の範疇をもって、「解明的」科学と「規範的」科学とが対象を考察する。前者は、「事物の事実上の行動を挙示し説明して、存在を把握する」のに対して、後者は、「ある行動を指図し、存在あるいは非存在を要求する規則、すなわち当為を制定する規則を樹立する」（傍点筆者、S. 7）。さらに、前者の存在の規則が自然法則であり、後者の当為の規則が規範である。「自然法則とは、ある出来事を別の出来事の必然的結果として一組の同種の連続に総括し、そのことで説明する判断である」(S. 7)。また規範は、「一定の行動を要求すること、ある存在あるいは非存在を命令すること、すなわち、ある当為を制定することによって、一定の出来事を指図する命題」(S. 6) である。

このような当為規則としての規範は、存在である事実上の遵守から峻別されねばならない。「規範は『効果をもつ』から、また『効果をもつ』かぎりで、妥当しているのではない。その妥当はその影響効果に、それが事実上遵守されていることにみられるのではなく、また、存在（出来事）にみられるのでもなく、その当為にみられる。規範は遵守されるべきであるかぎりで妥当する」(S. 14)。つぎに規範は、その適用からも区別される。規範が適用されるとは、それが評価規準として使用されることを意味する。そのような場合の規範は、「けっして当為を制定したり義務づけたりしないがゆえに、規範の性格を何らになうことのない別様の規則とまったく同様に機能する。規範は、その規則が測定や評価の基盤として使用されるのとまったく同様に、

---

9) Hans Kelsen, Hauptprobleme der Staatsrechtslehre, 2 Aufl. 本書には新しい序文 (Vorrede zur zweiten Auflage) が付されているのみで、本文は1910年の第1版と変わらない。

価値に無関係な比較の本体として機能する」(S. 15)。規範の適用としての「そうした判断は当為ではなく存在を主張しており、ある具体的な行為を悪とか規範違反と判断することは、この一定の行為があるべきではないと判断することと同じではない」(S. 18)。これによれば、な・さ・れ・た・行・為・は当為の範疇のもとには来ない。

このように規範それ自体は遵守や適用から区別され、まさに「規範の特・殊・的・本・質・(Wesen) は……当為の制定にある」(傍点筆者、S. 15)とされる[10]。

2 峻別論の徹底

『主要問題』における以上の主張は、その大要を美濃部が引き合いに出しているものである。美濃部の抄訳では明瞭ではないが、すでにみたように、たしかにケルゼンは、上の主張の趣旨で「規範の本質は当為にある」としている。この抄訳に続いて美濃部は、『社会学的国家概念と法律学的国家概念』(以下『国家概念』と表記する)の一節の抄訳を掲げて、これによって規範の一種である「法規 (Rechtssatz)」についての、ケルゼンの概念規定を明らかにしている。だが、『主要問題』(1910年)と『国家概念』(1922年)との間には、「法規」概念の相違がみられるのである。これら両著書の間の時期は、範疇としての「存在」と「当為」の二元論をより徹底していく方向にあり、これによって学説の変遷を特徴づけることができる。ここでの「法規」概念の変遷も、こうした峻別論の徹底の一環として考えられよう。本節では、この峻別論の徹底をみていくことにするが、まず問題は「法規」概念の変遷である。

(1) 因果法則と法規

『主要問題』は、「客観的法は国家の意思である」という原則から出発している。「法規は国家意思の表現である」(S. 189, なお S. 97 参照)とされるが、この「国家意思」はきわめて独特の意味で使用されている。「倫理的-法律学

---

10) 規範の「本質 (Wesen)」への言及は、のちの議論との関連で重要であるが、別の箇所ではつぎのようにものべられている。「規範の本質はその第一次的機能によれば、それに応じて行為されることではなく、行為されるべきであることのみにある」(S. 17)。

的意味における意思は、帰責（Zurechnung）のためにとられた概念構成とみなされ、とくに国家意思は、国家行為の資格が与えられる機関活動にとって、共通の帰責点とされる。この場合には、国家はそれ自身の行為以外には意欲しえない」（S. 189）。この帰責とは、国家と要件としての行為とが法規によって結合されることにほかならないが[11]、この結合が「当為」によってなされるとされる。このように国家意思の表現である法規は、同時に、ある一定の行動を当為として定立する規範である。このような説明は、すでにみたように、法規がそれに属する規範についての一般的規定に合致している（前述38頁参照）。

だが、規範のうちでも道徳法則が自律的で制裁を伴わないのに対して、法規は制裁を伴う。法規のこの本質的メルクマールは、その内容となる行動を規定し、その行動を刑罰あるいは強制執行としての強制作用、制裁行動に限定する（S. 205）[12]。こうして法規は、「もし君がそうした行動をとるなら、国家はそうした行為を意欲するであろう」という「仮言的判断」[13]であるとされ、より具体的には、たとえば「もし誰かが盗むとすれば、国家はその者を禁固刑に処することを意欲する」といった判断として現われる（S. 228）[14]。したがって、この「盗む」といった制約的要件事実は、国家意思の

---

11) ところで、厳密にはケルゼンは、こうした要件としての行為と国家人格との結合を「外的帰責」と呼び、要件としての行為と自然人格との結合である「内的帰責」からそれを区別している。この「内的帰責」は「外的帰責」に包括されることになるが、その点については、後出注（14）参照。
12) ケルゼンは、こうした制裁行動を規定する法規のほかに、貧民救済や道路建設などの行動を規定する法規をも広義のものとして認めていた（vgl. Hauptprobleme., S. 205）。しかし、『国法学の主要問題・第2版』の「序文」によれば、法律学の見地からの一貫性にもとづいて、この「広義の法規」は否定されるに至った。この種の法規は、「第1次的規範」と「第2次的規範」という対置図式の後者に関係づけられることになるが、この点については後出注（14）参照。
13) ケルゼンによれば、判断もまた当為を制定しうる（vgl. S. 211）。
14) このように法規は、制約要件としての前件を条件として、効果としての後件を国家人格に帰責する、ということである。このことから、前注（11）の「内的帰責」を説明するなら、それは、制約要件としての前件、すなわち「盗み」の不作為と、自然人格つまり人間との結合であり、その不作為への人間の義務づけを意味している。しかしこのような「内的帰責」は、制裁行為を当為として国家に結合する「外的帰責」たる法規

第1節 「当為」としての法　*41*

対象ではなく、「それに国家意思が結合される前提」(S. 228) にすぎず、法規の条件部分はこの前提の確定にすぎない。

　さて、このような『主要問題』での「法規」概念は、『国家概念』においては「存在」と「当為」の二元論を徹底させることによって、より明快に規定されることになるのである。この学説変化の理由を明らかにしているのは、『国法学の主要問題・第2版』(1923年) の「序文」である (以下のローマ数字は、「序文」のページ数を指す)[15]。これによれば『主要問題』における法規の概念規定は、国家意思が「法の全要件事実の本質的メルクマール」であるかのような印象を与えるものであった (S. X)。もともと国家意思は、心理学的意思とはまったく異なった、特殊法律学的認識の帰責点であり、「規範的-法律学的認織の単なる手段」(S. IX) として構想されていた。この構想を貫徹するためには、まず帰責をもっぱら法規における2つの要件事実間の結合としてのみとらえ、つぎに国家を法規の「擬人化」とみなさねばならない (SS. IX, XVIII f.)[16]。

　つまり、帰責あるいはそれを表現する「当為」は、2つの要件事実間の結合に限定され、『主要問題』に前面に出ていた、効果としての要件事実と国家意思との結合をもはや表現するものではなくなる。このような意味での「帰責」把握は、すでに『主要問題』のある箇所で示されてはいたが[17]、これを一貫して主張したのは『国家概念』においてであった。ここでは、法規が2つの要件事実間の「当為」による結合としてとらえられ、これに、2つの要件事実間の「存在」による結合としての因果法則が対置させられる。美濃部はケルゼンの「法規」概念を紹介するにあたって、このより明快になっ

　に、制裁行為の制約要件として包含されてしまう (vgl. S. 517)。『国法学の主要問題・第1版』ののち、この議論は「第1次的規範」と「第2次的規範」の対置図式として展開される。さらに、前注 (12) の広義の法規も第2次的規範の問題とされる (vgl. Hauptprobleme 2 Aufl., Vorrede S. XI f.)。以上の点については、新正幸前掲論文 (一)、注 (8)、16頁以下および29頁以下参照。

15) Hans Kelsen, Hauptprobleme der Staatsrechtsrehle, 2 Aufl., 注 (9), Vorrede zur zweiten Auflage, S. V ff.

16) 注 (11) の「内的帰責」にも関連づけていえば、国家人格への外的帰責も、自然人格への内的帰責も、いずれも法規のある側面を擬人化したものにほかならない。

17) Vgl. Hauptprobleme, 2 Aufl., 注 (9), S. 71.

た『国家概念』（1921年）の論述を引用している。

　その大要を示せば、つぎのとおりである。法規範は自然法則と同様に条件と条件づけられるもの（効果）との結合を表現している。自然法則は、たとえば物体は熱しられれば膨張するというものであり、法規範は、たとえば人は他人の物を盗めば罰せられるというものである。だが、前者では加熱と膨脹との結合が必然的であるのに対して、後者では処罰は盗みの必然的結果とはいえない。つまり、後者の結合は当為によるものであり、他人の物を盗めば罰せられるべし、ということである。法規範はこの「当為」によって自然法則とは異なっている[18]。

　こうした法規範と自然法則との対置は、ケルゼンにより『主要問題・第2版』「序文」において整理され、いっそう明快に論じられている。「自然法則の判断と同様に、法規においても一定の条件に一定の効果が結合される。ただし後者では、前者において効果を条件に結合する因果結合にかわって、別の結合原理が働く。法規は条件としての一方の要件事実と、法的効果としての他方の要件事実とを統一するが、その意味を表現しているのが当為なのである」（S. VI）。

　以上のように、自然法則と規範との対置図式に、因果法則と法規との対置図式が重ね合わされる。前述（38頁参照）の自然法則と規範との対置された概念規定では、前者が2つの要件事実の結合であるのに対して、後者がひとつの要件事実の当為確定であるといった形式的な不整合がみられたが、これは上の対置図式の重ね合わせによって除去される。そのことは「当為」概念の純化によるものと考えられ、またそれが「存在」概念に対立していることから、峻別論の徹底純化とみることができよう。

　(2)　「内容」と「形式」

　『主要問題』以降にみられる「存在」と「当為」の峻別論の徹底は、なお、「内容」と「形式」という対置図式との関連でも指摘できる。これはのちの議論にも関連するので、ここで取り上げることにしたい。「当為」と「存在」

---

[18]　Vgl. Kelsen, Der soziologische und der juristische Staatsbegriff, 2 Aufl., S. 75 f. これは、第1版を変更せずに再版したものである。

とはすでにみたように対立的な「思考形式」であるはずだが、『主要問題』では同時にそれらが、「形式」と「内容」として把握されていたのである。そのことは前述（38頁参照）の引用に現われていて、そこでは、規範は「存在あるいは非存在を要求する」とか、「ある存在あるいは非存在を命令する」とされている。つまり、「存在」が「形式」としての「当為」の「内容」になっているということである[19]。さらに法規範との関連でも、それが因果法則によって決定された存在事象を内容としている、というように説かれていた[20]。

このような「存在」と「当為」の峻別の不徹底は、修正されるべきであり、両者ともに厳密に「形式」として保持されねばならない。この場合に問題となるのは、当為の内容をどのように理解すべきかということである。その点については、「形式」と「内容」の区別を「形式」によって一元的に解消しようとする、新カント学派のマールブルク派の哲学者、ヘルマン・コーエンの根本見解に沿って理解されるが、そのことは『主要問題・第2版』「序文」でつぎのようにのべられている。「認識方向は認識対象を規定し、認識対象はひとつの根源から論理的に産出される」（S. XVII）。それは、内容が形式によって産出されることを意味する。内容が形式としての範疇によって順次規定されていくということであり、対象が範疇形式によって構成されていくということである。

産出の認識論といったこうした考え方に立脚すれば、法規の要件事実のうちの後件である制裁行為は、法規の形式によって構成される対象となり、その形式に包摂される内容となる。『主要問題』（vgl. S. 505 f.）では、法規に表現された国家意思は抽象的であり、これに対して国家行為は具体的であるとされた。これによれば、抽象的規範のみが法秩序を形成し、執行行為はその具体化であるということになる。しかし『主要問題』の立場からしても、執

---

[19] これをさらに明白にのべているのは、以下の箇所である。「すべてこれら意欲や行為は——形式的・論理的意味では——けっして当為ではなく、事実上の心理的あるいは物体的出来事である。それは当為の内容であるが、単なる形式にすぎないこの当為それ自体ではない」（Hauptprobleme., 注（9）, S. 7）。

[20] Vgl. Kelsen, Hauptprobleme., 注（9）, S. XX.

行行為としての具体的な国家行為も、抽象的規範と同様に、国家意思の現われにほかならないはずである。というのは、それもまた「法的作用 (Rechtsakt)」であって、結局、「執行行為の個別的な国家作用も法規範として把握されねばならない」(S. XIV) からである。このように、法秩序には抽象的規範のみならず、具体的執行行為もまた包摂されることになる。だがその場合、この具体的行為は、それが個別的法規範と呼ばれていることからもわかるように、法規の形式的当為による構成物であって、もはや存在ではないのである。

では、この一般的法規範と個別的法規範との関係はどうなるのか。一般的法規範の形式的な概念要素に即して後者をみる場合、後者はそれに合致しているからこそ法規範なのであって、そのかぎりで一般的法規範も個別的法規範も同様の法規範であるにすぎない。しかしケルゼンは、内容からすれば、当然、個別的法規範は一般的法規範より多くの内容を含んでいるとする。ということは、一般的法規範と個別的法規範との区別が、より多くの内容の創造に由来していることを意味している。したがって、一般的法規範と個別的法規範とをひとつの体系内で統一的に把握するためには、法創造の意思行為を法的作用にする、別種の法規が必要であって、その種の法規を形成しうる動態的視点が導入されねばならないことになる。

3　動態的法秩序

こうして、峻別論の徹底は動態的視点の導入につながり、その点もまた『主要問題』以後の学説変化の一角を形成している。ケルゼンの従来の学説では、静態的な法秩序のみが顧慮され、それは「一定の条件のもとで一定の制裁を行なうべし」という法規の集合体であった。これに対して動態的視点のもとでは、一定の意思形成に法制定の資格を与える法規からなる、法秩序が構成されることになる。この動態的な法秩序は、単純化していえば、憲法から法律や命令などをへて個別的な執行行為に至る段階構造をなしていて、さらにその上位に、動態的視点から根本規範が前提されることになる（以上、vgl. S. XIV f.)。

しかし、こうした動態的秩序の構成について、なお『主要問題・第2版』

「序文」では、不鮮明な点が残存していた。それは、たとえば、前述のように（前頁参照）「執行行為の個別的な国家作用も法規範として把握されねばならない」という主張に現われている。これによれば、制裁の具体的執行行為が個別的な法規範だということになろうが、他方で個別的な法規範は、具体的人物に対する制裁行為を命じる判決だというようにも理解できるのである。というのは、動態的法秩序が規範の制定行為にのみかかわるとすれば、やはり判決をもって個別的な法規範の最終点というように考えることができるからである。

こうした不鮮明に対して解答を与えているのが、『一般国家学』（1925年）である[21]。ここでは、それ自体は法創造に対応していないがゆえに、根本規範が動態的法秩序の上方の限界事例とされる。さらに、前述で問題にした不法効果としての強制作用（Zwangsakt）が、不法要件としての犯罪との対照で、その下方の限界事例とされているのである。根本規範はその制定が認識上前提されているにすぎず、強制作用と犯罪はもはや規範創造の行為ではない。こうして、実際、動態的秩序の限界内にあるとされているのは、法律、命令（Verordnung）、判決、行政決定、行政命令（Verwaltungsbefehl）による規範定立なのである。この点、たしかに根本規範はこの動態的秩序の当為の源泉として、認識論上、必然的に付加されるべきものであろう。しかし私見によれば、究極の裸の行為としての強制作用と犯罪とは、規範定立行為そのものにかかわる動態的秩序に必ずしも結びつくものではない。ケルゼン自身も同時に指摘しているのだが、それらの行為はむしろ静態的法秩序に関係している。「国家作用ないし法作用とは、——法秩序の統一体としての——国家に関係づけうる要件事実、国家に帰責されるべき要件事実である。完全な法規に定立された2つの要件事実のそれぞれについて、つまり条件づける要件事実、ならびに条件づけられる要件事実について、——最広義には——このような統一関係が把握される」[22]。条件づけられる要件事実である強制作用も、条件づける要件事実である犯罪も、静態的意味における法規のそれ

---

21) 以下については、vgl. Kelsen, Allgemeine Staatslehre, S. 262 ff.［清宮四郎訳『一般国家学』436頁以下参照］
22) A. a. O., 注（21），S. 264,［清宮訳、439頁参照］

それ後件と前件として、法規によって国家作用ないし法作用とされる[23]。

このような静態的秩序と動態的秩序の説明に、コーヘン流の「形式が内容を産出する」という命題をあてはめるなら、議論の大略はつぎのようなことになろう。一方で、不法の要件事実を条件にして不法効果を「当為」の内容とする法規が、法作用としての犯罪および強制作用を産出する。他方では、規範定立を授権する法規が、立法や判決の規範定立作用を産出する。法秩序は、この２つの視点から統一的に構成され、それぞれそれに対応する法作用を産出する認識論上の根拠となる。

第２節　「存在」としての法

ケルゼンによれば、法とは一定の要件事実を「当為」として定立する規範であり、その意味で「存在」の世界ではなく、「当為」の世界に属している。この「当為」としての規範の前提のもとで、強制作用や規範定立作用といった法作用の産出が可能となる。こうした法作用は、「存在」の世界に属し、それゆえに因果法則の支配を受ける何らかの物体とは、厳格に区別されねばならない。

このような「当為」としての法把握に対して、美濃部は「存在」としての法把握に立脚して批判を加える。この批判には、自分自身の概念枠組が前提になっているが、それは「法の内容（Rechtsinhalt）」と「法の実体（Rechtssubstanz）」との区別である。『ケルゼン学説の批判』（本章での書名のない数字は、本書のページ数を表わす）において、法を当為の世界に帰属させるケルゼンの見解は、「法の内容と法の実体とを混同したものである」（７頁以下）とされる。ここにいう「法の実体」とは、それに付されたドイツ語 Wesen からもわかるように、ケルゼンとの関連では「本質」として翻訳したものである（前述39頁参照）。美濃部自身、「法が法たる所以の実体」（８頁）としてのべており、さらにはまさに「法が如何にして法たり得るかの本

---

[23]　ケルゼンによれば、犯罪などの不法要件は、１次的法規の体系からみれば、不法効果の法作用に対する制約であり、それゆえ（間接的な）法作用とされる（vgl. a. a. O. 注（21）, S. 265, ［清宮訳、441頁参照］）。

質」（11頁）といい換えていることからも、その「実体」を「本質」として理解できよう[24]。

　美濃部によれば、法はたしかにその一部分についていえば、「当為の定め」である。しかし、それは法の「内容」についてのべていることであって、法の「実体」にはあてはまらない。「実体」は「法の内容とは直接の関係を有しない」（8頁）。このように美濃部は、法の「実体」と「内容」との区別から、法の「内容」は当為であっても、その「実体」は当為でないとケルゼンを批判するのである。本章では、ケルゼン理論との対比で、美濃部における「存在」としての法把握を検討する。

　以下では、法の「実体」についての美濃部の見解に立ち入る前に、「内容」に関して両者の見解に不一致があることに、注目しておかねばならない。美濃部は、ケルゼンとは異なり、その一部分についてのみ法が当為の定めであることを認めているにすぎないからである。

1　「内容」としての「可能」

　美濃部によれば、法の内容には根本的に異なった2つの部分がある。「その一は人間にその天然には有しない法律上の力（Rechtsautorität）を与ふることの定めであり、他の一は人間の天然に有する自由を制限して、或る事を為せよ又は為すべからずと命令する定めである」（9頁）。前者は授権の定めであり、そこから法律上の可能（Können）、権利ないし権能が生じる。後者は義務づけの定めであり、そこから法律上の当為（Sollen）、義務が生じる。たとえば「満二十五年以上の男子は選挙権を有す」という定めは、けっして投票を行なうべしという当為の定めではなく、その投票が「議員の選定に参加し得るかを有す」という可能の定めである。このように、2種類の定めは厳然と区別されねばならない。

（1）「授権」の法規範

　ここにいう法律上の「可能」の定めは、美濃部によれば、むしろ当為より

---

[24]　ただし、Wesen に「実体」という訳語をあてる美濃部のやり方には、のちにみるように、法を含むすべての事態の本質を「観念」ではなく「事実」に求めるという基本姿勢が窺えるように思う。

も存在に帰属する。日本国民である男子は、満25歳以上であれば、「議員の選定に参加し得る」「法律上の力」をもつ。この規程は、「物が熱すれば膨張する」という自然の因果関係とまったく同一だというわけではないけれども、満25歳以上という原因があれば、議員選挙に参加しうるという結果が発生するという、存在の定めであるという点で、これに類似した因果関係を示すものだ、とされる。それはたとえば、婚姻という原因のもとで夫婦関係という結果の発生を定めている規程についても、同様のことがいえる（126頁以下をも参照）。

　ところで、この点に対する横田の批判は、さしあたりケルゼンの反論を代弁するものと考えてよい。したがって、ここで横田による美濃部批判の一端をみておくことにする[25]。その批判は、ケルゼン『主要問題』の規範概念にひきつけて法規における「当為」を広義に把握する、という基本見解から出発している。ケルゼンによれば、「当為」とは法律要件と法律効果との間の特殊な結合を表示するものであって、自然法則において原因と結果との結合を表示する「存在」に対立している。このように当為を一般的に把握するなら、一定の法的要件のもとに、何らかの法的効果を設定するということのみが、そこでは語られているにすぎない。必ずしも法的効果を強制行為に限定する必要はないし、法的要件を義務定立の相関物とみる必要もない。

　こうした横田のケルゼン理解からすれば、「当為とは実践的に転向された価値関係」であって、この広義の当為概念は、義務を定める狭義の当為のみならず、美濃部のいう「可能」をも十分に包括しうる。ここで、なぜ「可能」が「当為」に包括されるのかを問題にするために、たとえば、「満二十五歳以上の男子は議員の選定に参加し得る」という規程を取り上げてみる。その規定は、「満二十五歳以上の男子」であるという事実が、「選挙場に行って、投票用紙に被選挙人の氏名を書き、投票箱に投げ入れる事実的行為そのものの可能」[26]を帰結するという、両事実間の自然の因果関係を表現してい

---

[25]　以下については、横田喜三郎『純粋法学論集Ｉ』、注(6)、177頁以下参照。

[26] [27]　横田前掲書、注(6)、178頁。そこでは、自然の因果的な「可能」という意味では、「満二十五歳以上の男子」にかぎらず、「女子」や「満二十五才以下の男子」にも投票という「事実的行為」は「可能」である、とのべられている。

るわけではない。あくまでそれは「このような事実的行為に有効な投票としての法律効果を認むべきことを意味するものである」[27]。それは、一定の法的効果を当為として定立しているということである。私見によれば、これと同様のことが、夫婦関係の規程にもあてはまると考えられることになる。その規程は、婚姻という要件のもとで、当事者に一定の法律効果が認められるべし、というものであって、「夫婦関係」とはそういった法律上の規範的事態の日常的表現にすぎない。

　このような横田の見解は、何らかの法的効果を当為として定立する規範を前提にしてはじめて、法的作用が可能になるとするケルゼンの見解の一面を正確に引き継いでいる。たしかに、法的作用は因果法則のもとにたつ事実的行為から区別されねばならない。たとえば、法規が一定の要件事実を条件にして、一定の法的効果の発生を規程しているとしても、それはあくまで、「当為」の世界での発生であって、「存在」上の発生ではない。このような意味で、美濃部に対する横田の批判は正しい。しかし、その批判の立場が『主要問題』以降をも含めてケルゼン理論を正確に受容しているかといえば、それは疑わしい。

　まず第1に、横田の批判では投票行為のような「事実的行為」が「当為」の対象とされているが、それは前述（42頁以下参照）のように『主要問題・第2版』では、「存在」を「当為」の内容にするものとして、ケルゼンによって斥けられた見解であった。第2に、ケルゼンはのちに、一方で静態的視点のもとでの法規の後件を強制作用に限定し、法規の概念を狭めており、他方で、動態的視点から法規範を構成し、それを法定立作用に向けられたものとしている。横田の見解はこうしたケルゼンの学説変化を無視している。第1の点はのちに言及するとして、つぎに第2の点をより詳細にみていくことにする。

(2) 法定立への「授権」

　ケルゼンは動態的視点の導入によって、「義務」を課する強制規範に並んで、「授権」する規範をも承認するに至った。この場合、動態的視点と静態的視点の二元性が際立っている。横田においては、「義務」と「授権」とを、換言すれば「狭義の当為」と「可能」とを、「広義の当為」のもとに包括す

る視点が前面に出ている。したがって、2種類の規範を区別している点では、ケルゼンは美濃部に近いといえる。これらの見解のうち、2種の規範を同列に扱う横田の見解は、すでにのべたところのケルゼンの学説変化の理由に即してみても、疑問が残る。その見解では、法秩序内部の抽象から具体への法規範系列、ないし法創造作用の要素が看過されてしまうからである。

だが、ケルゼンは両種の規範を区別しながらも、それらを基本的に「当為」によって包括するという点については、美濃部ではなく横田に合致している。つまり、「授権」する規範もまた、一定の法作用を創造する「当為」定立の規範である。この場合問題とすべきは、ケルゼンが「授権」規範を法定立作用に限定している、ということである。投票行為ないし参政権は、これとどのように関係するのか。議会選挙のための投票行為は、間接民主制における「規範産出の要件事実」である[28]。「一般的規範産出の過程――一般的規範の段階でいわゆる国家的意思形成――は、議会の選挙と選挙された議会構成員の議決という二つの局面に分かれる」[29]。これら2局面の要件事実が法定立作用としての国家的意思形成の過程であり、これらの要件事実が「参政権」と呼ばれる[30]。この要件事実をもって、一般的規範が定立される。このように、投票行為は法定立の「授権」規範における要件事実の一部である。

このように投票行為に対する授権が、法定立作用に対する授権の枠内に位置づけられるとしても、通常の権利付与はそうした規範系列から排除されてしまうのではないか、という問題がなお残る。ところがケルゼンは、法律行為に法制定の国家作用と同じ「機関機能」を認めるのである。「法律行為は本質的には、法秩序の産出作用として、すなわち、憲法制定に始まる法産出過程の継続的定立としてみなさねばなら」ず、「法形成の段階的な進行が認識されることによって、法律行為は、法律や命令のような、『国家的』とみ

---

28) 以下については、vgl. Kelsen, Allgemeine Staatslehre, 注 (21), S. 152 ff. [清宮訳『一般国家学』253 頁以下参照]。
29) A. a. O., 注 (21), S. 152 f. [清宮訳、254 頁参照]。
30) これらの要件事実は、つぎのような権利から構成される。選挙権、および議会の構成員となり、そこで討議し評決する被選挙者の権利。Vgl. a. a. O., 注 (21), S. 152 f., [訳 254 頁参照]。

なされる規範定立作用と同列に肩を並べることになる」[31]。

この見解によれば、契約や遺言といった法律行為は、法律が定める要件にしたがって、法律関係をより具体的に規定する法定立作用だとされる。前述の一般的規範と個別的規範との関連でいえば、いわゆる立法行為は一般的規範の定立作用を意味する。これに対して、法律行為は個別的規範の定立作用であって、この意味では、一定の手続要件のもとに具体的な法律関係を設定する判決と同一視される[32]。もちろん、そうした法律行為には、前述の婚姻も包括されることになろう。

しかしながら、以上の理論構成によっても、美濃部のいう授権規範のすべてが説明できるわけではない。もっとも重要な点は、所有権などの一般的な権利それ自体がどのように把握されるのか、ということにある。これについてケルゼンは、すでに『主要問題』において、つぎのようにのべている。「権利とみなされるのは……法秩序によって画定された、個人の国家から自由な領域の全域であり、法秩序によって制定された義務の実質的反射である。つまり、客観的法によって保護あるいは保障された意欲の許容、より正しくは行為の許容が、権利に帰着する」(S. 592)。彼によれば、権利とは他人に「義務」を課する法規範の反射にすぎない[33]。だとすれば結局のところ、たとえば所有権も一定の請求権の反射にすぎない[34]。

このように授権規範に関して、法定立作用に関与しない剰余部分は義務を課する規範の反射とされ、ケルゼン理論の整合性が維持される。ところで、義務規範に関しては、美濃部も法の一部分が義務規範によって構成されてい

---

31) A. a. O., 注 (21), S. 263,〔訳 438 頁参照〕.
32) Vgl. a. a. O., 注 (21), S. 152 f.,〔訳 253 頁以下参照〕.
33) この点について、のちの『一般国家学』においてはつぎのようにのべられている。「自分の物を任意に使用しうる『法』は、あらゆる禁止されていない行動に対する『法』と同様に、法的義務を制定する規範の非自立的な反射にすぎない」(a. a. O., 注 (21), S. 56 f.,〔訳 96 頁〕)。「『許容』とは……当為であり、法規範であり、『主観的』法〔権利〕とは客観的法であり、そのようなものとしてのみ法領域に存在する」(a. a. O., 注 (21), S. 57,〔訳 96 頁〕)。なお、権利が他人の義務を自由に設定しうることと解されるなら、その場合には、本文前述のような法律行為が問題になっているにすぎない。
34) この点および以上のケルゼン理論については、長尾龍一「法理論における真理と価値（四）」、103 頁以下をも参照。

ることを認めていた。しかし、ケルゼンが主張するところとの関連で言及されている義務規範の概念は、美濃部のものとは異質であって、この見解を十分に理解するためには、美濃部において法の「内容」のもうひとつの部分であるとされる、義務を課する規範に注意を向けねばならない。

2 「内容」としての「当為」

すでにのべたように、美濃部は法の「内容」が部分的には「当為」であることを認めていたが、横田もその点では美濃部とケルゼンとの見解の一致を疑問視していない。しかし、『主要問題』以降の学説変化は、法規の効果を厳密に強制作用に限定していて、通説や美濃部の見解におけるように、国民に一定の行動を義務づけるという意味で、その法規の「当為」を理解しえない。そこに、美濃部とケルゼンの「当為」理解の相違がある。以下では、ケルゼンの特殊な理解をみていこう。

ケルゼンは『主要問題』において、「狭義の法規」を国民と国家の両方の義務を定立するもの、「広義の法規」を国家の義務を定立するより包括的なものととらえていた[35]。この「狭義の法規」は強制作用のみを法的効果としているが、のちには、法の本質から論理必然的にこの種の法規のみが維持され、「広義の法規」は否定されるに至る。このような法規の限定からすれば、強制作用への国家の義務に対して、強制作用の条件たる行動への国民の義務は二義的なものとなる。厳密にいえば、国民の義務とされる行動は、強制作用の前提となる不法要件に対立するものとしてとか、強制回避行動として、強制作用を基準にして付随的に把握される[36]。

---

[35]　「国家自身の行動への国家意思を制定するあらゆる命題は広義の法規である。それは……たとえば鉄道を建設し、貧民を救済する国家の義務を規範化する。……処罰し強制執行を行なう、簡単にいえば不法効果を課する国家の意思を内容とする法規〔狭義の法規〕は……国家の義務を制定するだけでなく、他の主体の法的義務をも制定する。その主体の義務とされる行動は、法規において不法効果の前提とされている行動に矛盾対立し、前者の行動がとられるなら、不法効果は介入しない」(Hauptprobleme., 注 (9), S. 251)。このように、「狭義の法規」における国民への義務づけは、「内的帰責」と呼ばれるものに相当する（前出注 (11) 参照）。また「広義の法規」の否定については、前出注 (12) 参照。これらの点については、新正幸「ケルゼンに於ける Rechtssatz 概念の変遷 (一)」、注 (8)、6頁以下参照。

この把握によれば、国民の義務は国家の義務の反射であり、強制作用への国家の義務を離れて、いかなる義務もありえない。前述のように、ケルゼンによれば権利とは他人に「義務」を課する法規範の反射にすぎないとされた。だとすれば、権利とは、国家の義務の反射としての国民の義務の、さらにまた反射だということになる。このように理解してのみ、権利は法規に関係づけられる。国家に強制作用の義務を課する法規の第2次的反射が権利なのである。たとえば、金銭債権は、債務者の借金返済義務の反射であり、借金返済義務は、債務者が借金を返済しない場合に、国家に強制執行を義務づける法規の反射である（vgl. Hauptprobleme S. 207）。ただし、このようなまとめ方にはなお注意が必要である。なぜなら、『主要問題』の「国家」は、法規と同一のものとして、法規の「擬人化」として清算されてしまったからである（前述41頁参照）。ここにいう「国家」とは、「法規」のもとで一定の要件のもとに強制作用を行なうべく義務づけられた、一定の要件を備えた「人間」のことと理解すべきであろう。

　以上のように、ケルゼンにおいては静態的視点のもとで、不法要件と強制作用とを結合する法規が強制作用への国家義務を設定し、その第1次的反射として不法要件と正反対の要件への国民の義務が設定され、さらに、その義務によって保護される国民の権利が第2次的反射として設定される。また動態的視点のもとでは、ある一定の意思作用に規範定立作用としての授権を行なう法規範の系列が構成される。それは単純化していえば、憲法から法律をへて判決に至る段階構造をなし、いわゆる「法律行為」とは、この動態的視点からすれば、法律を具体化するより個別的な規範の定立作用とみなされ、そうした作用として法律から授権される点でも、判決と同列の規範だとされるのである。

　しかし、こうした一般的規範から具体的規範への段階構造も、最終的には何らかの具体的な強制作用を義務づける判決に帰着するのでなければならない。つまり、段階構造の最終点は、静態的意味での法規をもっとも具体化し

36）「強制回避行動」および「第1次的規範」と「第2次的規範」の区別（前出注（14）参照）については、すでに以下の著書で言及されている。Vgl. Kelsen, Das Problem der Souveränität, S. 118 Anm. 1.

た規範でなければならない。だとすれば、法律行為と判決とは同列にはなく、つねに判決が最終の位置に来る。法律行為は法律よりも具体的ではあるが、判決よりも抽象的な規範定立作用である。このような法律行為の把握は、逆にいえば、つぎのようなことになる。一定の意思作用による権利・義務の定立は、その義務違反を不法要件として、判決によって強制作用が義務づけられるかぎりでのみ、法律行為だということになる。

3 法の「内容」と「実体」

さて、このようにケルゼンの理論を理解しうるとすれば、それとの対照で、美濃部の理論はどのように評価されるべきであろうか。すでにみた法の「内容」についての見解を (1) で、つぎに (2) でこれに関連する「実体」についての見解をみていくことにする。

(1)「授権」と「当為」

まず、授権ないし「可能」を内容とする規範は、当為よりも存在に帰属するという見解についてであるが、これについてはさしあたり横田の批判があてはまる（前述 48 頁参照）。一般に法は何らかの要件事実を当為として定立するのみで、存在として生起させるものではない。横田の言葉でいえば、それは「実践的に転向された価値関係」としての当為である。これに対して美濃部は、授権の規範が「価値判断に基づいて現に実践せられて居る」(127頁) がゆえに、「存在」だと反論する。しかし、「満二十五歳以上の男子は選挙権をもつべし」という価値判断によって構成された当為が、現に実現されているという事実は、法規範の実効性として、法規範それ自体からは区別されねばならない。実効性を伴わない法規範も、十分に法規範として成立しうる。

だが、婚姻についての美濃部のつぎのような主張は、その見解のより核心的な部分を表明するものとして重要である。「婚姻を為した者は夫婦関係を生ずといふ定めは、夫たり妻たる存在に付いての定めであって、それに依つて夫として妻として社会上に存在する」(128頁)。このように、婚姻の定めによって、「夫」や「妻」という「社会上の存在」、「社会に於いて存する一種の力」、「心理的存在」が帰結するとする。このような心理的存在こそ

が、前述（47頁以下参照）の「法律上の力」にほかならない。

　このような心理的存在とは、「婚姻」の法規に結びつく、国民の側の規範意識の産物だとみることができる。その法規は、何らかの価値判断を前提にして、「婚姻」という要件のもとに一定の効果を規定する。そして、その前提となっている価値判断に内容的に対応した価値意識ないし規範意識が、通常の場合、国民の側に存在している。そうした規範意識によって構成される対象が、「夫」や「妻」という存在であって、これによって一定の男性や女性が「夫」や「妻」となる[37]。だが私見によれば、美濃部のいう．「存在」とは、むしろこのような規範意識に対応する心理的存在として理解すべきであって、前述のように、必ずしも規範が現に実現されている状態というように理解する必要はなかろう。法はこのような規範意識の対応物としての存在をもたらす。だが、このような規範意識は、そもそも規範の実効性の一種であって、それゆえ、これまた法規範それ自体の必然的属性ではない[38]。

　このように、授権の規範もそれ自体としては、やはり右の価値判断としての当為を「内容」としているということができる。ここでかりに美濃部の見解をこの方向で再構成するなら、それはすでにみた横田の見解になる。それは、法を広義の「当為」とみて、それを狭義の「当為」つまり「義務」と、「可能」つまり「授権」とに区別するという見解である。授権の法規範も、一定の要件のもとに一定の効果を当為として定立する点で、義務の法規範と変わらないとする。両種の規範の相違は、前者が権利の付与を、後者が義務の賦課をそれぞれ当為の内容としている点にある。

　横田の見解によれば、両種の規範はいずれも価値関係を実践的に転向した当為である。このような見解はむしろ実質的には美濃部のものと変わらず、かえってケルゼンのものとはまったく異なっている。しかし、この議論の検討は本章の「存在」としての法把握からはずれるものであり、とりあえずは

---

[37] そうした価値意識は、法以前にあったものでも、法によって生じたものでもありうる。より一般的に、価値意識に立脚した存在として、飛行機、電話機、鉄道、学校が挙げられている。

[38] 以上、規範の実効性と法の存立（妥当）との区別については、竹下『法　その存在と効力』、注（7）、とくに156頁参照。

美濃部の法の「実体」についての見解にもどり、その検討ののちにこの論点に立ち返ることにしたい。

(2)「実体」としての「社会力」

前にものべたように、美濃部は、たとえ法の「内容」が当為であるとしても、その「実体」ないし「本質」は存在であると主張する。そして「法の本質はその法として gelten することに在る。Geltung が法の本質の中心要素を為すもので、gelten しないものは法ではあり得ない。而して法の Geltung とは、法としての効果を有することを意味する」(18頁) とする。ところで「法の内容を為すものは、社会に於ける人間の意思行為であって、法は或はその行為を制限して、法律上の Sollen を定め、或はこれに権威を与えて法律上の Können を定むるものであるが、何れにしても、それは人間の行為に付いての規律（Ordnung）であることは争を容れぬ」(18頁)。このように法の内容は規律ではあるが、「人間の行為の規律である為には、一般の人間をしてその規律を認めしむるだけの力」(18頁) を、つまり右にいう「法としての効果」をもたねばならない。

法の内容は、「当為」や「可能」を定立する規律ではあるが、それによって本質は語られてはいない。法の本質は、そうした規律が妥当すること、法としての効果をもつことにある。それは法の規律力であり、人間の心理を支配する力である。逆に心理の側面からいえば、「社会に於ける一般の人間の心理に於いて、これを守らねばならぬ規律として意識するから、法が法たる力を有するのである」(28頁)。こうして、「法が法たる所以の本質は、その社会に属する人々の一般的心理に於いて、これを法として、詳しく言えば侵してはならない規律として認識することに在る」(22頁)、ということになる[39]。こうした美濃部の見解は、厳密にいえば、「当為」や「可能」を内容とする規律が、それに対する社会の一般的な規範意識と対応している時に、

---

39) このような意識が個別的な心理ではなく、社会的な心理であることについては、つぎのようにのべられている。「法が社会心理上の存在であると謂ふことは、決して法が社会の各個人の心理に於いて普く存在して居ることを意味するのではなく、社会の一般人詳しく言えば社会の大勢を支配する一般の人々の心理に其の存在を有することを意味するのである」(124頁)。

法として妥当するという見解として理解できる。

このような法の「社会力」(25頁)、ないし、それの実体をなすといえる「社会意識」は、さらに法の「遵守」と「適用」にも結びつけられる。「遵奉もせられず、適用もせられず、全く社会的規律としての力を失ってしまったものが、如何にしてgeltendes Rechtであり得ようか」(20頁)、というわけである。このように「社会力」は規範意識という心理的存在のみならず、「遵守」や「適用」の物理的存在をも包括することになる。この見解は当然にケルゼンへの批判につながる。というのは、美濃部自身ものべているように、ケルゼンは「遵守」や「適用」を法の性質に無関係とみているからである。

ケルゼンの見解についてはすでにみたが、ここでは「適用」に関してその理論変化に注意する必要がある。それは、静態的視点のもとで「規範の適用としての判断」は、当為の定立ではないとして、規範から排除されたが（前述38頁以下参照）、動態的視点の導入によって、規範の適用である判決は、個別的規範の定立として規範の枠内に入れられることになったからである（前述45頁参照）。たしかに、法を強制作用の実現に向かって具体化していく秩序とみるのが、法秩序を構成していく視点として適当であるかぎり、後者のように、適用は一種の法定立作用として位置づけられよう。だが法運用がこのように理解されるにしてもなお、動態的秩序の法規範は、事実に関与するわけではない。その法規範は一定の要件のもとに、規範適用たる一定の事実に、判決としての授権を行なうにすぎない。その法規範はそうした事実が現にあるかどうかとは無関係に成立している。

結局、ケルゼンは法規範の本質をその当為に求めるのみであって、その規範の遵守という事実や、規範適用つまり規範の具体的定立の事実さえも、規範に本質的ではないことにしてしまう。ケルゼンによれば、規範の「妥当は……それが事実上遵守されていることにあるのではなく、また存在（出来事）にあるのでもなく、その当為にある」(前述38頁参照)、ということである。ケルゼンは、美濃部が法の内容とした規律において、すでに法が妥当している、法としての効果をもっていると主張しているのである。

両者の見解を対比する場合、美濃部の「授権」の法規範についてすでにみ

たが、個々の法規範との関連で、規範意識や遵守・適用の事実が規範の必然的本質であるというなら、それは適当ではない。しかし美濃部は、明示的には、たとえばその社会意識を「社会一般の人心に於いて侵すべからざる権威として認識する」(110頁) ことと表現している。さらに明確には、そうした権威についての認識とは、「必ずしも各個の法規が常に国民の確信に適し、国民の承認する所たることを要すといふ意味ではなく、立法権者自身が正当なる立法権者として一般に認識せられて居ることを要すといふ意味である」(22頁)。このような主張は、立法権者を媒介にして、規範的意識を法秩序に関連づけることにほかならない。このように規範的意識が、個々の法規範ではなく法秩序全体との関連で法の要素として主張されるなら、それは「遵守」や「適用」についてと同様に無視されるべきではない。この点に関しては、さらに次節で検討することにする。ここでは、以上のように美濃部が、右の規範意識を核心的事実として法を「社会心理的存在」とみなしていることを確認しておくことにする（とりわけ121頁以下参照）。

第3節　法における「存在」と「妥当」

　美濃部に対する横田の批判の諸論点のうち、本稿が関心をもつのは、法の「存在」と「妥当」の把握にかかわるものである。とくに、前者について、横田は法が「観念的存在」でもあるとし、法をこの側面では「存在」の世界に帰属させる。しかも、このような法把握こそがケルゼンの主張の真意であるとし、美濃部を含む通常のケルゼン理解が否定される。したがって以下では、この理解の適否を検討することが重要となるが、その前に、規範秩序としての法秩序の構造を明らかにしておくことにする。そのために、まず「観念的存在」としての法という横田の見解をみていき、つぎに法の規範秩序の構造を、横田とケルゼンの理論に依拠しながら再構成していく。この構造理論は前述のごとく美濃部の「社会心理的存在」の見解とも接合しうるものであり、その意味でこれまでの議論をまとめると同時に、これからの議論の新たな出発点となりうる。

　そして、こうした規範的秩序の理論に対して、美濃部は法の「存在」を主

張する立場から批判を加える。横田はこれに対して、法の「妥当性」を明らかにするという論点から反論する。こうして議論は、横田の「妥当性」の理論を検討することに移行していく。

1 法の「存在」

美濃部に対する横田の最初の批判は、「法律における当為と存在」という表題のもとで論述されている。その批判は、法律が当為であるか存在であるかの問題に焦点をあてて、提示されている。その問題は、美濃部の言葉でいえば、「法の本質は Sollen であるか Sein であるかの問題である」（横田喜三郎『純粋法学論集Ⅰ』、26頁、以下本章で書名なしで漢数字のみで表わしているのは、本書のページ数である）。この批判の構成は、まず第一に「存在」の意義が、つぎに「当為」の意義が確定され、これを踏まえて法律の「存在」と「当為」が明らかにされ、その把握に立脚して最後に美濃部の見解が批判される、というように順序立てられている。ここでは、まず、横田による「存在」と「当為」の意義の確定を簡単にみていく。

(1) 3種の「存在」と「当為」

横田は存在を、「物理的存在」「心理的存在」「観念的存在」の3種類に区別する。まず「物理的存在」とは、外界の物体の存在であり、人の身体も物体として存在する。そして「時間と空間を充たすこと、時間的な空間的な存在であること、それが物体の特徴であり、物体の存在の特徴である」（27頁）。この物体は因果関係に規定された存在であって、時間的に先行する存在が後続の他の存在を必然的に規定する。物体はこの必然的な関係を表示する因果法則たる普遍法則に規定されているかぎりで自然である。

つぎに「心理的存在」とは、内界の心理的現象であり、「感覚とか表象とか感情とか意欲とかである」（121頁）。このような心理的存在は時間的な存在ではあるが、「空間に一定の広がりを有する空間的存在ではない」（122頁）。こうした心理的現象は、他の心理的現象に必然的に規定されていて、したがって因果関係において規定された存在である。それは心理学的な因果法則に普遍的に規定されているという意味で、物体と同様に自然である。以上の物理的存在と心理的存在とは、「実在的存在」または「実在」と総称さ

れる。そして「実在」の特殊的な特徴は、時間性と因果性とに求められる。この時間性と因果性との関連については、「時間的な存在であってはじめて、因果的な存在でありうる」(224頁)とされる。

最後に「観念的存在」とは何か。物理的存在や心理的存在のほかにわれわれに与えられているのは、数であり、さらに概念や命題である。たとえば「木」や「国家」の概念が存在し、「熱を加えれば物体は膨脹する」とか、「盗すれば人は罰せられるべし」とかの命題が存在する(127頁参照)。こうした数、概念、命題は、「観念または観念的なものと称せられる。適当に、したがって、それらを観念的存在と名づけうるであろう」(128頁)。この観念的存在は、まず明白に物理的存在とは異なる。「木」の概念は、物体としての木とは異なり、上の「物体は膨脹する」という命題は、一定の物体の膨脹という物理的現象ではない。つぎに、観念的存在は心理的存在とも異なる。「数の表象は、心理的現象であり、心理的存在であるけれども、数そのものはそれと異なる」。「概念は思考作用の内容であり、命題は判断作用の内容である。思考作用や判断作用は、思考し、判断する心理的作用であり、したがって心理的現象であり、心理的存在である。しかし、思考作用の内容は、思考作用と異なる。判断作用の内容も、判断作用と異なる」(129頁)。このような観念的存在は、時間的な存在でも空間的な存在でもない。たとえば、同一の判断内容に対して多数の判断作用がありうるが、そうした時を異にする判断作用との関連で同一にとどまるというのは、判断内容が時間的ではないことを示している。このように観念的存在は時間的でないことから、因果関係に規定された存在ではありえず、したがって、自然でもない。

このように3種の存在をもって存在の意義が確定されたが、「当為」の確定がつぎの課題とされる。まず「実在に関する命題は、そこに表示される関係の性質から見て、2つの種類に区別される」(136頁)という。第1の種類の実在の因果関係を表示する命題であり、たとえば「熱を加えれば、物体は膨脹する」というものである。第2の種類は、「盗すれば、人は罰せられるべし」という命題にみられる。それは実在に関する命題ではあるが、因果関係ではなく、価値関係を表示している。それは価値関係を直接に表示するものではないが、価値関係を前提にしている。上の命題でいえば、それは「盗

は不正である」あるいは「窃盗する人は罰せられるのが正当である」という、直接に価値関係を表示する命題を前提にしている。この前提された「本来の価値関係が実践的の方向に転化されるときに、『……罰せられるべし』という、いわば派生的な価値関係が成立する」(238頁)。

当為の関係とは実践的に転向された価値関係であり、この当為の関係を表示するのが規範である。この規範は命題であって、それゆえ観念的存在である。これに対して当為は、厳密にいえば、命題において内容的な何かが立言されるための形式である（144頁参照）。

(2) 「観念的存在」としての法

以上のような、横田による「存在」と「当為」の確定によれば、法がどのように位置づけられるかは、おのずから明らかであろう。法はまさに当為を表示する命題であり、規範であって、したがって観念的存在に属する。法は観念的存在として、空間性と時間性をもたず、因果関係に規定されず、自然でもなく実在でもない。法規範において表示される当為は、すでにみたように実践的に転向された価値関係であり、価値関係を前提にしている。

このような価値関係を、横田はハインリヒ・リッケルトの価値の3種類理論に依拠して、究明しようとする。リッケルトによれば、個人主観的価値とは、個人の主観によって肯定的に評価され、それによって妥当する価値であり、普遍主観的価値とは、すべての主観によって肯定的に評価され、すべての主観に対して妥当する価値である。これら2種の主観的価値はいずれにしても実在的主観に依存しているが、客観的価値はそれから独立して妥当する。これらの価値の3種類に応じて、それらにもとづく当為もまた、個人主観的当為、普遍主観的当為、客観的当為に区別される。これらのうちで客観的妥当性をもつのは、客観的当為のみである（140頁以下参照）。

このような価値の3種類理論からすれば、法規範はどの種の価値を前提にし、どの種の当為を表示しているのか。法規範は立法者との関係をみれば、

---

40) 普遍主観的とは、すべての主観によって承認されるという意味であったが、これがここでは大多数の主観によって承認されるという意味で、つまり一般主観的の意味で理解される。この点についてリッケルトもまた、普遍主観的が一般主観的を含意していることを認めているとされる。横田、注(6)、155頁および157頁以下注（四）参照。

少なくとも立法者の個人主観的価値を前提にしているといえる。つぎに、法規範の多くは、一般主観的という意味で[40]普遍主観的な価値妥当性をもつ。最後に、客観的な価値妥当性については、法規範はつねにこれをもつともかぎらないし、もたないともかぎらない。このように、法規範は「個人主観的価値妥当性は常にこれを有するが、普遍主観的価値妥当性や客観的妥当性については、かならずしも常にこれを有しない」(156頁)。こうした横田の見解は、結局、法が一定の価値妥当性をもった当為を表示する命題として、観念的存在だとみなすものである。美濃部の言葉でいえば、法の内容は当為であるが、その実体は存在、それも「観念的」存在であって「心理的」存在ではない、とするものである[41]。

ここで横田によって必然的に結合された価値と当為の関係のみに焦点をあて、これと前述のケルゼンおよび美濃部の見解との関連を整理しておく。すでに前述（48頁以下参照）のように、授権の規範も一定の「当為」を「内容」として定立しているとみれば、美濃部の見解を横田の見解の方向に再構成することができる。それは、法規範をその定立する当為内容によって、権利付与の規範と義務賦課の規範とに区別する見解である。そして横田によれば、権利付与にしても義務賦課にしても、一定の価値関係、価値判断を前提にして、当為の形式のもとに表明されたものである（本文前述48頁以下および55頁参照）[42]。しかも、横田は、このような当為と価値との必然的関連をケルゼンもまた認めているとしているが（166頁以下参照）、たしかにそれは正当である。

しかし、ケルゼンの見解は、全体としてはすでにみたように、これとはま

---

41) 美濃部『ケルゼン学説の批判』、注 (2)、93頁以下参照。
42) 権利付与と価値関係との関連は、義務賦課とそれとの関連が間接的であるのに比べ、直接的であるといえよう。前者の関連についての説明には、つぎのような横田からの引用を補充することができよう。立法者による権利付与という「人為的の付与はいかにして行なわれるか。いうまでもなく、立法者が二五年以上の男子に選挙権を付与することを適当と認めて、それを付与すべきことを定めることによってである。付与することを適当と認めることは、意識的であれ無意識的であれ、一定の価値を標準とし、それにしたがって価値判断したことを意味する。さらに付与すべきことを定めることは、それを実践的に転向することを意味する」（横田『純粋法学論集Ⅰ』、注 (6)、179頁）。

ったく異なっている。ケルゼンは権利付与を内容とする規範の自立性を、限定的に法定立作用についてのみ認めていて、その他一般の授権規範の自立性を否定している。非自立的な授権規範は、義務規範の第2次的な反射である。しかも、ここにいう義務規範とは、国家機関に強制作用を義務づける規範であって、横田や通説が念頭においている、国民に一定の行動を義務づける規範は右の義務規範の第1次的な反射である。

　たしかにケルゼンの見解は、強制作用を必然的要素とする法概念からの直進的な理論構成であり、それだけに特殊なものではあろうが、これによって、法定立の権利を除く権利が国民の義務規範と表裏一体をなし、さらにそれが強制の義務規範に結びついていることが認識させられる。だがこのように、権利と義務とが表裏一体をなしている場合、どちらの側面で法秩序を構成していくかは、視点のとり方の問題であって、これら「義務」と「授権」とを、むしろ法秩序構成の2つの可能な視点としてみることができよう。両者を法体系の二元的整序原理とみなしうる。

　このような法秩序のみかたは、ケルゼンの把握よりも巾広い見方となる。ケルゼンのように、権利を国民の義務に還元し、さらにそれを強制作用への義務に還元することは、やはり法秩序をあまりに縮減するものといえよう。これによれば、ケルゼンがたとえ法的当為と価値判断の必然的連関を肯定しているにしても、最終的には国家の強制作用と相関関係にある価値判断しか法的当為としては認められない。しかし法秩序は、強制執行や刑罰に結びつかない義務を賦課しうるし、義務の賦課と対応しない権利をも付与しうるのであって、法秩序はそうした義務賦課や権利付与の前提をなす価値判断をも含むと考えられる。

(3) 法規範秩序の構造

　このような法秩序の構想は、それでもなお、ケルゼンの法秩序論に合致しうるものである。ケルゼンは動態的視点のもとで、法定立への授権規範の段階秩序を唱えたが、これは前述（44頁以下参照）でも示唆したように、静態的視点のもとでの法規範と無関係ではありえない。段階構造の最終点には、具体的な強制作用を具体的な要件のもとに義務づけるところの、動態的に個別的規範ではあるが同時に静態的な規範である判決が位置づけられねばなら

ない。

　ところで、この強制作用への義務を賦課する判決規範は、その要件の中に第1次的な反射として国民への義務規範を含意しており、さらに後者の義務規範はその第2次的な反射として国民の権利規範に対応している。ということは、この系列を逆にたどれば、一定の価値判断を前提とした権利規範が、国民の義務規範に転換され、さらに強制の義務規範へと転換される、ということになる。しかも、この系列をもともとの動態的視点のもとにおき、具体化の構造を指摘することもできる。たとえば、私的所有を肯定する価値判断にもとづく、憲法上の所有権の保護規定は、民法によって、たとえば使用の権利としてか収益・処分の権利として具体化され、さらに、たとえばそれを侵害する国民の返還義務や妨害禁止義務へと具体化されると考えられるのである。

　このような動態的構造は、規範定立の形式あるいは手続にかかわるのではなく、内容あるいは実質にかかわるといえる。すでにのべた動態的視点からみた法律行為も、後者の内容上の動態的構造、抽象的法内容の実質的な具体化の一環をなす法定立作用だといえよう（前述51頁参照）。実際、ケルゼンはこの意味での動態的構造を認めている。それによれば、法の妥当原則に静態的原則と動態的原則とがあることを認めるが、後者は法定立の手続を要件として授権する規範の体系にあてはまるのに対して、前者は定立される法の内容について一定の要件を定め、それを条件として授権する規範の体系にあてはまる、とされる。このようにケルゼンは、動態的視点のもとでの静態的構造として、たとえば憲法が法律に課する立法内容上の要件設定のような、実質的段階構造を視野に収めている。しかもそれは、すでにこの論争期以前の著作である「自然法論および法実証主義の哲学的基礎」（1928年）において言及されているのである[43]。

　このようなケルゼンの理論をも踏まえて、すでにのべた法秩序の巾広い構造を構想するとすれば、法定立作用に対して内容的にも形式的にも要件を設定する授権規範の段階構造がそこでの基本となろう。この場合、法定立作用

43）　以上については、竹下『法　その存在と効力』、注（7）、157頁以下参照。

に対する内容的な授権規範は、所有権や自由権のような一般的な権利を設定する規範のみならず、一般的に国民の義務を規定する規範をも要件に含みうる。というのは、ここにいう授権規範とは法定立作用への要件を定める規範であって、その要件は権利でも義務でもありうるからである。また形式的な授権規範は、法定立の手続にかかわる要件を定める規範で、前述の参政権はこれに含まれることになる。

このような授権規範の段階構造は、最終的には判決の個別的規範にまで具体化されうる。しかし、権利や義務の具体化の系列は、必然的にそこまで具体化される必要はない。法律段階での国民の義務規範ないしは国民の権利規範にとどまるものもありうるし、場合によっては、憲法段階で国民の権利規範にのみとどまるものでもあってよい。法秩序はこのように多数の系列の権利・義務の、具体化の段階構造をなしていて、その系列はそれぞれ一定の価値判断に対応している。

以上のように、法の規範的秩序の構造を、その大枠においてではあるが、示すことができるように思う。このような構想は、ケルゼンおよび横田の見解から出発していて、当為命題としての規範を法秩序の要素としている点では、両者の基本見解から逸脱するものではない。しかし、美濃部にとっても、この構想はさしあたりのものとしては是認されよう。すでにみたように、美濃部は授権規範にしても義務規範にしてもいずれにしてもその妥当が規範意識において見出されることを主張しているのだが、その規範意識は対象となる法規範の前提である価値判断にかかわっているからである（前述55頁参照）[44]。

だが美濃部にとって重要なのは、法規範が論理的に含意している価値判断ではなく、それに結びついた現実社会の規範意識である。ところがケルゼンと横田は法秩序を当為の世界に限定するので、それによってその構想には難点が生じる。法秩序が当為命題として存在ないし実在から切り離されたものだとすれば、法秩序の実効性ないし実定性はどのように説明されうるの

---

[44] 法規範と価値判断の関係については、なお美濃部『ケルゼン学説の批判』、注 (2)、102頁以下をも参照。

か[45]。たしかに横田は法を観念的存在とみなし、存在の世界に帰属させる。しかし、その種の存在は無時間的な存在であり、物理的存在や心理的存在の実在から区別される。しかも横田は、このような法把握はケルゼンとも共通するものだという。だがそうであれば、通常ケルゼンとの関連でいわれる存在と当為の二元論はどうなるのか。この点に関して、横田のいう「観念的存在」を問題にしていかねばならない。

(4)「観念的存在」と認識論

横田も引用しているように、ケルゼンは『国家概念』と『主権の問題および国際法の理論』とにおいて、法の「存在 (Sein)」ないし「現実 (Wirklichkeit)」、あるいは「実在 (Realität)」ということも場合によっては、いいうるとしている。『国家概念』の横田訳によれば、「『存在』の概念を狭い意義に解するのでなく、すなわち、自然存在の意義に、因果法則的規定性の意義に解するのでなく、これをもっとも広い意義に解し、思想的産物一般または認識の対象一般を含むものとすれば、法律も……もとより存在である」(161頁) とされる。このように、法律は「思想的産物」ないし「認識の対象」という意味では「存在」だとされる。

この箇所を横田は、「法律が何かの存在でありながら、実在的存在ではないとすれば、当然に、それは観念的存在でなければならぬであろう」(161頁) と解釈する。法律と同一視される国家について、たしかにケルゼンは「観念的存在 (ideele Existenz)」といっている箇所がある (162頁)。だが、すでにみたケルゼンの理論からすれば、こうした解釈は疑問である。というのは、当為としての法律を、「認識の対象」だということで「物理的存在」や「心理的存在」と同列において「存在 (Sein)」の概念で一括するのは、新カント主義の認識論の立場をあいまいにしてしまうことになるからである。そのことからも新カント主義者は、当為の存在について「ある (Sein)」ではなく、「妥当する (Gelten)」といい、Existenz という言葉を使用して、Sein の言葉を避けていると思われる。

---

[45] 前述からも明らかなように、ケルゼンは「存在」から峻別された「当為」として法を把握するが、こうした把握への批判については、竹下前掲書、注 (7)、とくに284頁参照。

第3節　法における「存在」と「妥当」

　ケルゼンの新カント主義理論によれば、法は因果法則と並ぶ当為法則であり、認識を可能にする範疇であり、認識対象を産出する源泉であった。それ自体は同時に「認識対象」にもなりうるが、一般的な対象認識の認識論的な反省の結果であって[46]、一般的な対象認識との関連では認識の可能性条件であり、対象産出の条件である。この理論からすれば、物理的存在にせよ心理的存在にせよ、横田のいう「実在」は、右の因果法則の範疇的産物である。これに対応して、法律行為や法定立作用などのすべての法作用は、法法則の範疇的産物である。前者は「存在」の世界を構成し、後者は「当為」の世界を構成する。これによって認識論的二元論が貫徹される。

　このような基本見解からすれば、物理的な存在や心理的な存在が因果関係に規定されている、という横田の主張は疑問である。横田によれば、自然法則は因果関係を表示する命題として、当為関係を表示する命題とともに観念的存在とされた。この主張の意味は、ごく自然に理解するなら、自然法則が認識を超えて存在している、物理的存在の因果関係を表示している、ということになろう。つまりそこでは因果性は、対象構成の認識論的範疇ではなく、存在論的範疇としてとらえられているということであり、その把握はケルゼンの認識論の立場に反している。このように、3種の「存在」についての横田の立論は、対象それ自体の存立を認めているようにみえる点で、認識論的というより存在論的だといえる。

　この立論にあたって横田は、ケルゼンとは別派の新カント主義者のリッケルトを多く援用し（120頁以下参照）、とりわけ価値関係の理論展開はそれに依拠している。とすれば、横田はケルゼンよりもリッケルト理論に基礎をおいているのかといえば、そうでもない。リッケルトにしても、新カント主義の基本見解から逸脱するものではないからである。横田が参照しているリッケルトの主張は、その理論の表層からすくいあげられたものにすぎない。

　第1に、リッケルトは『認識の対象』において、物理的存在と心理的存在について語ってはいる。しかし、その箇所では、その種の存在は概念的な加工の産物であるという、新カント主義認識論の立場が表明されている[47]。第

---

46)　この点については、竹下前掲書、注（7）、201頁以下参照。

2に、存在論的に傾斜したのちの『哲学体系Ⅰ』において、リッケルトは実際「存在」の段階についてのべ、個人主観的な存在から普遍主観的な存在をへて、最高次の客観的存在に至る階層を説いている。しかしここでも認識論的立場は堅持されている。それらの存在のうち低次のものは「仮象」であって、客観的存在のみが真の「存在」とされ、しかもその客観的存在も、最高次の価値ないし妥当である客観的価値との関連でのみ把握される[48]。

このようにみてくると、横田の3種の存在についての理論は独自のものと考えられ、それも認識論よりむしろ存在論の傾向に近いものといえる。横田自身は論文の注において（119頁以下および124頁以下）、その議論が常識に立脚するものだとのべている。しかし、学問上の議論で常識が援用される場合、学問的に妥当なものとされる議論が、しかも常識に合致しているのだというように理解されるべきであろう。

では、法を「観念的存在」とみる横田の独自の把握は、どのように評価されるのか。基本的にはその把握が、やはり新カント主義的に法を当為として、無時間的で無空間的な存在であるとしているがゆえに、たとえばケルゼン批判の延長である美濃部のつぎのような批判を招く。「若し法律の実在性を否定し、それを以て Sollen 又は観念であるとするならば、其の結果は法律学は、恰も数学の如き単なる観念の学となり、法律と社会とが全然隔離せられたものとならねばならぬ」[49]。ところが、このような批判に対して横田

---

[47] Vgl. Heinrich Rickert, Der Gegenstand der Erkenntnis, 4. u. 5. Aufl., S. 98. このような見解は、第2版（1903年）において、より明白なようである〔山内得立訳『認識の対象・第2版』88頁参照〕。その概念加工以前の対象をリッケルトは、「意識内容一般」とし、それを「〔心理的事象と物理的事象との〕区別に無関係な現実」と呼んでいる。この後者の点については、高坂正顕『カント学派』65頁以下をも参照。

[48] Vgl. Rickert, System der Philosophie I, S. 129 f. u. S. 160 ff. なお、リッケルトもまた、横田の「観念的存在」にあたるものについては、「存在」ではなく「妥当」という言葉を使用している（これについては横田も指摘している、135頁参照）。さらに、「存在」に関する横田の立論ではエドモント・フッサールの援用がみられる。だが、その『論理学研究第1巻』（1900年）における「観念的存在」と「実在的存在」との区別は、さらに存在意味を現象学的に探究していくフッサールの研究過程の暫定的な出発点にすぎない。木田元『現象学』、とくに48頁以下参照。

[49] 美濃部『ケルゼン学説の批判』、注（2）、116頁参照。

は、「法律の妥当性」という論点のもとに反論し、そこで「実定的妥当性」を法の「観念的存在」に結びつけ、さしあたり、存在論的にその実在的側面を強調するのである。

2 法の「妥当」

法の「存在」と「当為」についての横田の議論から考えるなら、このように法の「妥当」を実在ないし「存在」に結びつけるのは自然ではない。むしろ法の「妥当」は「実践的に転向された価値関係」としての「当為」との関連でのみ語られるべきであり、それはリッケルト流の新カント主義に沿う見解である。それによれば、価値妥当から派生する当為妥当により、法の妥当が説明される。しかし横田は、法の「妥当性」に3種の意味があるのに注目し、「価値的妥当性」のほかに「因果的妥当性」と「実定的妥当性」とをあげ、しかも後者こそが法の「妥当性」だとするのである。

(1) 価値的妥当性と実定的妥当性

この「価値的妥当性」は、「法律の妥当性の意義」の観点からは、もっぱら客観的価値である正義との関連でのみ理解される。「法律の妥当性は正義価値に基づくことになる。正義価値に基づき、それに適合するときに、法律は正当であり、正当である故に、それは妥当する」(18頁)。このような妥当は、正義の客観的価値にもとづくがゆえに、客観的な価値的妥当性である。この種の妥当性をもって法律の妥当性としたのが自然法学であり、それによれば、法律は人間の自然にもとづく正義の要求であるがゆえに妥当する。

しかし、このような見解に対しては、前述のようにリッケルトに依拠した価値的妥当性の理論をもって批判できる。法律は、立法者の評価行為によって、少なくとも個人主観的価値にもとづいて妥当する当為命題であるにすぎない（前述61頁以下をも参照）[50]。この当為命題としての規範は、一般主観的

---

[50] 横田によれば、「法律は立法者によって価値を認められ、立法者によって価値たるものであるから、その価値は主観的な価値であり、したがって、相対的な価値である」、「法律のうちには、正当でないものがすくなくない。したがって、常に客観的な絶対的価値を有するとはいえない。それ故に、法律として、一般には、法律はたんに主観的な相対的な価値を有するに止まるといわねばならない」(『純粋法学論集Ⅰ』、注 (6)、199頁)。

価値をもつとも、客観的価値をもつともかぎらない。したがって横田によれば、法律の妥当性を価値的妥当性の意味に理解するのは適当でない。さらにそのことは「価値的妥当性を有しなくても、法律は法律であることを意味する。……このように、悪法も法であることは、それが法律として実定されているからである。実定されて観念的存在として、与えられているからである」(210頁)。このように法律は価値的妥当性を必然的要素とせず、むしろ実定されたこと、実定性を必然的要素としている。このように立法者の評価行為、つまり心理的存在が法律の必然的要素にされ、そのことが観念的存在の由縁であるともされる。これによって新カント主義的には是認されえない、存在と当為との結合が主張される。

しかも、このような実定性は、法の「実定的妥当性」として構成され、この種の妥当性こそが、法の妥当性のもとで理解されるべきだと、横田は主張する。その妥当性はさしあたり法律は法律として服従されるべき場合に妥当する、ということを意味する。それは前述との関連では、「実定されて、観念的存在として、与えられている」場合に、法律として服従されるべきだ、ということを意味する。このように法律は、正当であるがゆえに服従されるべきでもなく、また現実に服従されているから法律なのでもない。法律は「現実に定立されていること」、「実定されていること」(196頁) によって、服従されるべきものとして妥当する。このような横田の主張は、法がいわば「存在する当為」として「妥当」しているという、存在論的な法把握を表明しているにほかならない。そこでは、「存在」と「当為」とはもはや二元的な認識形式ではなく、法現実それ自体の構成原理である。この方向で、とりあえず前述の疑問 (66頁参照) が答えられたことになる。

だが、横田はこの「実定的妥当性」の説明にあたって、最終的には再びケルゼンの新カント主義に還っていく。それによれば、このような法定立の意思行為は、実在的な事実であり、実在的存在である。横田によれば、「存在そのものから、ただちに当為は生じない」(197頁) とされる。したがって、ある要件の意思行為に客観的当為としての法制定の授権を行なう規範が前提されねばならない。そして究極の授権規範は、憲法制定の意思行為に授権を行なう「根本法律規範」だということになる。この「根本法律規範」の概念は

ケルゼンの理論に依拠するものであり、「実定された諸法律が服従されるべきことを理解するために、論理的に前提されねばならないもの」(198頁)というように規定される。横田は、このような「根本法律規範」に遡上る「実定的妥当性」の意味でのみ法律の妥当性を理解せねばならないと主張する。

このように、横田はふたたび新カント主義に還り、法律の妥当性を存在から離れ当為の中に見出すことになる。ここでは、「存在は常に他の存在に、当為は常に他の当為に基づく」という、ケルゼンの二元論が表明されている。これによって「実定的妥当性」は「価値的妥当性」(ここでは「当為的妥当性」)に解消されてしまう。しかしそのような解消は、あくまで公式的な側面についてのみいいうるものであろう。ケルゼンによれば、右の根本規範の内容は、たとえば君主国であれば、「汝、君主が命令するように行動せよ」というものである[51]。こうした根本規範は、憲法制定の実質的要件の欠如した同義反復規定というほかなく、横田の指摘する要素、「現実に定立されている」ことをもって、憲法を構成する機能をもつにすぎない。このような服従の当為である根本規範はむしろ価値的妥当性とは無縁であって、客観的に妥当するものとして単に「論理的に前提されている」にすぎない。横田の議論をこのようにみるなら、実質的にはその議論は、法的当為の存立条件としての存在を前述の意味での「実定性」に求めているということができる。

(2) 価値的妥当性と因果的妥当性

以上のように横田の「実定的妥当性」の理論は、公式的と実質的の二つの観点からみることができる。公式的には、その理論は新カント主義の認識論に立脚し、「価値的妥当性」の理論によって基礎づけられる。これに対して実質的には、その理論は法を「存在する当為」として存在論的に把握し、そこにおける一定の存在(実在)要素を提示しようとする。ところで、横田自身はもちろんこの公式的観点のもとでの理論のみを念頭においているのであり、それもケルゼン理論に立脚するものであった。しかし、その理論を同じ公式的観点のもとで、ケルゼンではなくリッケルト理論の方向に再構成し、

---

51) Vgl. Kelsen, Das Problem der Souveränität., S. 107. これに対する美濃部の批判については、『ケルゼン学説の批判』、注(2)、15頁以下参照。後期の根本規範論に対する批判については、竹下前掲書、注(7)、165頁以下参照。

議論を展開していくことも可能なのである。それは、ケルゼン流の「実定的妥当性」の理論をリッケルト流の「価値的妥当性」の理論につなぐということである。このような再構成を、ケルゼン理論の延長上に考えることができるということになる。

以下では、この再構成による議論の展開を追っていくことにするが、まず横田とケルゼンの理論の相違点を明らかにしておきたい。というのは、厳密にみれば、峻別論の徹底を図るケルゼンの理論は、すでにみた横田の理論とは異なるからである。横田の「実定的妥当性」の理論は、ケルゼンの理論に依拠していた。そこでは、立法者の評価行為、ないし法定立の意思行為が授権規範の対象だとして、「心理的存在」が「当為」の内容とされていた。しかし、そのような見解は前述のケルゼンの理論に矛盾している（43頁参照）。

ケルゼンは、右にも表明されていた「存在」と「当為」の峻別論を徹底し、「存在そのものから、ただちに当為は生じない」（前頁参照）ではなく、「存在から当為はいっさい生じない」としたのである。それによれば、「存在」ないし因果法則の範疇のもとで自然の世界が構成され、「当為」ないし法法則の範疇のもとで法の世界が構成される。これら2世界は、その範疇の二元性によって峻別されねばならない。したがって、法定立の意思行為や義務違反を条件とした強制行為は、法規範の「当為」を前提にした思考の産物であり、法作用であって、「存在」に属する事実ではない。

このようなケルゼンの見解は、上の意思行為や強制行為がたんに「当為」の要件としてのみ定立されているにすぎないから、「存在」ではないというかぎりで正しい。しかし、その要件が同時に「存在」にもなりうるものでなければ、法としての意味をなさない。しかも、法定立の意思行為が現に「存在」していなければ、「当為」秩序としての法は成立しえない。このように考えるなら、むしろ横田の見解の方が適切だと思える。峻別論を緩和して、意思行為の「存在」が授権規範の「当為」によって「当為」に転化するというように、理論構成されるべきであろう[52]。

---

[52] ケルゼンはのちに、この方向で理論構成を行なっていて、授権規範は現実の意思行為にかかわるとされる。Vgl. Kelsen, Reine Rechtslehre, S. 2 ff.〔横田喜三郎訳『純粋法学』13頁以下参照〕。なおここでケルゼンは、行為の外面的な生起と意味とを区別

第3節　法における「存在」と「妥当」

ところでケルゼン自身、独断的な仕方でではあるが、すでに『主要問題・第二版』の「序文」において、法における「存在」と「当為」の相関関係を認めている[53]。そこでは、制定行為の「実定性」ではなく、むしろ「実効性」がその種の「存在」のもとに理解されている。このような見解をこれまでの議論に関連づけて理解するなら、上の「実定性」の要素に注目するとしても、それだけでは憲法制定を識別するための十分な「存在」要件とはならない、という批判をそこから読み取ることができよう。しかし、「実定性」ではなく「実効性」がその「存在」要件だと主張するためには、「存在」を超えた議論が必要となる。ここでその問題は、前述の「価値的妥当性」の議論へと結びついていく。

前述のように横田は、法が個人主観的な価値的妥当性しかもちえないとのべていた。しかし、ここで「価値的妥当性」の理論を再構成するに際しては、この横田の見解を、法定立の授権規範の観点から疑問視せねばならない。その種の授権規範は、法定立の意思行為の内容に関与する必要はなく、その意思行為の形式のみを要件として、規範の定立を授権することもできる。このような内容に依存しない授権規範であれば、それは少なくとも一般主観的な価値妥当性をも獲得しうるように思える。しかも、前述の美濃部の主張は、まさにこの価値妥当性を指摘していた（前述56頁参照）。「立法権者自身が正当なる立法権者として一般に認識せられている」という規定の「立法権者」を「憲法制定者」に変更すれば、このような一般的評価行為にもとづく根本規範は、十分に一般主観的な価値妥当性をもつものであろう。

この美濃部の見解を横田はつぎのように批判している。「教授が法律は人の心理を支配し、人の行為を規律する場合に妥当するとされることは、結局において、法律が実際に服従される場合に妥当するとされることにほかなら

し、さらに後者を主観的意味と客観的意味とに区別している。授権規範は意思行為の主観的意味にかかわり、それを客観的意味としての規範にする。このような見解は、むしろリッケルト流の見解に近づくものであり、さらに、意思行為以外の行為をも含めて、意味存在としての行為を「存在」概念の中でどのように位置づけるのか、という問題を投げかける。本稿ではこの問題には立ち入らない。

53) Vgl. Kelsen, Hauptproleme., 注 (9), S. XXI.

ぬ。そこに、教授の妥当性が因果的妥当性であることが明瞭に認められる」(222頁)。この因果的妥当性は、法律についての「表象や思考」によって惹起される。とりわけ心理的作用が原因となって、服従の物理的行為（遵守）が惹起されるのである。しかし、法律は「観念的存在」であって、その因果的作用を縛ることはできない（60頁も参照）。ところが、このような横田の批判は、「実定的妥当性」のもとで法律の「観念的存在」を立法者の評価行為に結びつけた、自分自身の見解に矛盾している。横田自身、法律の服従すべきことを、「実定性」の存在によって根拠づけていたのであった。その際、横田がケルゼンに依拠して、法律の妥当性を根拠づけるのは「根本規範」の当為であるというなら、一方の美濃部もまたリッケルトに依拠して、一般的な規範意識に対応した法制定の授権規範をもち出すことができる。

この後者の理論構成は前者と同様に法律の妥当性を「価値的妥当性」のもとで把握しようとするものであるが、根本規範が実質的要件をもつことを可能にするので、前者の根本規範の同義反復性を免れうる。だが価値的妥当性の観点からみれば、この理論構成にはなお問題がある。一般主観的な価値妥当性といえども、やはり主観性を脱却するものではない。この理論構成を基礎づけたリッケルトによっても、一般主観的な価値は客観的な価値にまで高められなければ、その価値妥当を獲得しえないとされる[54]。ここで注目に値するのが、法の一般主観的価値妥当性を超えてその客観的価値妥当性を主張したダスタフ・ラートブルフである。そこでは「遵守」の「実効性」を顧慮してではあるが、上の理論構成を押し進め、まさに「秩序」ないし「平和」の客観的価値によって法の妥当性が根拠づけられる。とはいえ、これによって法の妥当は価値の観念的妥当に遡行することになり、この理論によっては法の実効性の事実は、法の非本質的な要素として十分に把握されないままに終わってしまうのである[55]。

---

54) リッケルトとこの説については、横田『純粋法学論集Ⅰ』、注（6）、142頁注（一）参照。
55) この点については、竹下前掲書、注（7）、168頁参照。

おわりに

　法秩序をある側面でみれば、それが当為命題である規範の体系連関としてみえることは、おそらく否定できまい。本稿では、法の規範的秩序をきわめて大雑把ではあるが、権利、国民の一般的義務、強制行為への国家の義務という三種の構造要素によって概念構成しうることを示した。しかし、問題は法秩序がそうした規範的秩序の無時間的無空間的存在ではありえないということにある。そのことは横田に対する美濃部の批判が表明するところであった。

　横田はこれに対して、無時間的無空間的存在である「観念的存在」としての法が「実定的妥当性」をもつと反論し、いわば「当為」を「存在」に結びつけるのである。このような横田の見解は全体的にみると、すでに指摘したことではあるが、公式的側面の新カント主義認識論と実質的側面の存在論的傾向とが混在していて、けっして整合的とはいえない。

　たとえば「観念的存在」の概念は「実定的妥当性」の概念に結びつけられ、これによって法的当為との関連で「実定性」の存在要素が強調される。このような「実定的妥当性」の概念構成は、「存在」と「当為」の二元論に立脚する「因果的妥当性」と「価値的妥当性」の中間に位置するものであって、二元論から逸脱している。しかもこれは「観念的存在」の存在論的法把握に対応している。これによれば、法は「当為」を内容にした「存在」として把握され、ここでは「当為」に対立するのではなく、それを包括しうる「広義の存在」概念が提示されているのである。そのことはさらに、法という対象それ自体を顧慮するなら、法の「存在」が二元論的意味での「存在」と「当為」の両契機から成立している、ということの是認を意味している。

　しかしこれは、横田理論の実質的解釈にすぎない。公式的には「実定性」の存在要素も、直接にはケルゼン理論を通じて、また再構成を施せばリッケルト理論を通じて「価値的妥当性」へと解消されてしまう。この側面では、「観念的存在」は非時間的存在の枠内にとどめられ、それは二元論的な「価値的妥当性」をもつだけとなり、これによって、「広義の存在」概念は公式

には否定されてしまうことになる。

　だが、ケルゼンの当為妥当にせよ、リッケルトの普遍的価値妥当にせよ、「価値的妥当性」によって法の妥当を十分に説明しえないとすれば、「広義の存在」概念の提示する横田理論の実質的側面が肯定的に評価されるべきであろう。このように「広義の存在」概念ないし「現実」概念が存在論的に構成されることによって、法の妥当性を解明するための基本枠組を獲得することができる。それは、二元論的意味での「当為」と「存在」の相互関係を、法概念の内部に位置づけることを可能にし、さらには美濃部理論を正当に再評価することをも可能にするのである。

第 2 章　根本規範の実質的解釈
―― エンギッシュのケルゼン批判 ――

は　じ　め　に

　すでに指摘したように、前章で問題にしたハンス・ケルゼンの法体系論はその学説展開で前期のものであったが、本章で取り上げるのは主として後期の著作である『純粋法学・第 2 版』(1960 年) における理論である。それもその理論に対するカール・エンギッシュの批判を通じて、その学説を検討することにしたい。そのため、本章が扱う批判の対象となるケルゼン理論はむしろ序章で取り上げたものに相応するが、以下の第 1 節では改めてケルゼンの後期理論を紹介しておく。また、そこで問題の中心となるのは、結局、法という規範的秩序のあり方において存在性 (事実性) と当為性 (規範性) との関係をどのように把握するのかという疑問である。前章で検討した「存在」と「当為」の関係も、まさにこれを問題にしていたのである。

　1992 年 9 月 22 日に、京都で催されたラルフ・ドライヤーの講演「ドイツにおける現代法哲学の主要学派」は、第 2 次世界大戦後のドイツ法哲学の流れを 3 つの時期に区分し、それぞれに簡潔で適切な説明を与えるもので、その分野の研究者にとってまことに興味深いものであった[1]。この区分にいう第 2 の時期とは、1960 年代の初めから 70 年代の半ばに至るが、この時期の特徴のひとつに挙げられるのが「法実証主義のルネサンス」である。戦後の

---

[1]　第 2 回神戸レクチャー京都講演 (1992 年 9 月 22 日) の講演原稿、Ralf Dreier, Hauptströmungen gegenwärtiger Rechtsphilosopie in Deutschland を参照。

自然法論のルネサンスに対抗したこの法実証主義の旗頭は、ケルゼンであり、その主張内容を大著『純粋法学・第2版』で集大成し、しかも鮮明にしたことは、すでに周知のことであろう[2]。右の第2期を通じてケルゼンは、この著書を通じて自己の実証主義学説に対する多くの支持者を得たのである。

このような第2期は、すでに70年代の後半から第3期にとって代わられたとされる。ドライヤーののべるところによれば、現代の第3期は、研究の3つの傾向と社会からの2つの挑発によって特徴づけられる。法哲学の研究においては、カントなどの「古典」への回帰、また、国際交流を踏まえた研究、さらに、具体的な法倫理的問題との取り組みという3つの傾向がみられる。そして、これらの傾向それぞれは、科学技術革命がもたらした災難と社会主義国の崩壊により突きつけられた問題という、現代社会の挑発的課題に応えようとしているのである。

このように描かれる、現代法哲学の第3期の像は、私にとってそれほど明らかではない。3つの傾向と2つの挑発という立論の枠組みは、具体的な姿に即した便宜的分類のための視点にとどまっているようで、第3期の理論的な把握のためには、そうした視点の錯綜を整理して、理論的に基本的な視点でもって再構成していくことが、必要であるように思える。しかし、ドライヤーも指摘しているように、この第3期を広く「実践哲学の復権」という名のもとに捉えることは可能であっても、この場合、何が「実践哲学」かということについて、かなり議論が分かれることは、上記の第3期の像がなお明らかでないことに現われている。だが、「人間は何をなすべきか」ということに定位した実践哲学的な思考が、法哲学において再び登場してきているのであって、ただし、これはもはや従来の独断的価値論ではない[3]。

このような実践哲学の登場が厳格な実証主義を拒否するものであること

---

2) Vgl. a. a. O., 注 (1), S. 3 ff.
3) ドライヤーもまたつぎのようにのべている。「これらの挑発への一般的な答えとしては、およそ20年来みられる実践哲学の復権がこれにあたる。これと1945年以降の自然法ルネサンスとの相違点は、とりわけ、最初の実践哲学の権威が分析哲学と科学論のもつ精確化の能力を、大幅に利用できたという点にみられる」(a. a. O., 注 (1), S. 10)。

は、容易に理解されよう。これを法哲学の流れにあてはめるなら、第2期の実証主義は、第3期の実践哲学へと転換したといえる。それでも、この実践哲学の内実には統一的なものがみられず、反実証主義的という消極的な把握しかできない。とはいえ、個々の研究者は何らかの実践的な関心のもとに、何らかの基本的な立場に立って議論を展開しているのである。

　こうした状況のもとで、法実証主義の理論をどのように批判するかは、法哲学上、きわめて重要である。というのも、その批判が反実証主義の立場を規定していくからであり、それが明確であればあるほど、反実証主義の消極的立場は、一定の実践的な積極的立場へと姿を変えていくからである。大きくみれば、本章はこのような問題関心のもとに、ケルゼンの法実証主義学説のうちのひとつの側面を取り上げ、それに対する批判のひとつを検討し、さらに反法実証主義の理論の基礎的部分を構築しようというものである。以下では、ケルゼン『純粋法学・第2版』の根本規範論と、それに対するエンギッシュの批判と自身の見解とを本章の対象としたい。

第1節　法概念をめぐる対立と法の妥当

　ここで問題にするのは、法実証主義の基礎理論であるが、それは法実証主義的な法の概念、しかも、見解の対立につながる概念要素についての理論である。ここでは、再びドライヤーに依拠しながら、法実証主義を一方とする見解の対立を確認し、同時に、本章の議論のもつ現代的射程をも測っておくことにしたい。

　ドライヤーの論文「法の概念」（1986年）は、現代の法哲学理論において、法概念をめぐり対立する見解を、それなりの立場からではあるが、うまく整理して捉えている[4]。これによれば、法実証主義は法概念の主要要素として、「社会的実効性（soziale Wirksamkeit）」か「権威的定立性（autoritative Gesetztheit）」を挙げる。これに対して、対立する見解は、それらを超える

---

[4]　Ralf Dreier, Der Begriff des Rechts, im Neue Juristische Wochenschrift, 1986, S. 890 ff., jetzt in: derselbe, Recht-Staat-Vernunft――Studien zur Rechtstheorie 2――, 1991, S. 95 ff.

「不法（Unrecht）」や「原理（Prinzip）」を法概念の決定的要素として持ち出す。前者の見解を採る代表的論者は H. L. A. ハートとハンス・ケルゼンであり、とりわけケルゼンは規範的な拘束力としての妥当性を事実的な実効性に結びつけたことで、典型的な論者とされる。つまり、「社会的実効性」と「権威的定立性」とが結びついて、法概念を形成するが、この法概念に対立するのは、「不法論」と「原理論」の立場であり、この両者の反法実証主義を代表するのが、それぞれグスタフ・ラートブルフとロナルド・ドゥオーキンである。

　こうしたドライヤーによる見解の整理は、実証主義的に限定して法の概念を規定する立場が、法の実質的概念とは無関係に法の妥当性を認めてしまう点で批判を招いているという、現代法理論上の状況を捉えるものである。事実を指向する実証主義的な思考は、理念を指向する反実証主義的な思考によって批判されているのである。本章が問題にするのは、この見解の対立の基本的な部分であって、上に紹介された個々の学説の詳細ではない。ここでは、この基本的な部分を、ケルゼンとエンギッシュの見解の対立という約30年前の議論を手がかりに再検討することになる。

　というのも、ドゥオーキンの「原理論」を妥当根拠論として概括的にみるなら、それはラートブルフの理念説よりも、エンギッシュの承認説に近いからである[1]。それにエンギッシュは、この承認説をケルゼン学説への批判の延長上に位置づけていて、そこに、法実証主義者ハートへの批判に自己の学説を立脚させる、ドゥオーキンとの対応が見出せるのである。ラートブルフの説とドゥウォーキンの説とは、反法実証主義ということでは一致するにしても、そこには理論的に意外に大きな隔たりがある。この隔たりを示唆的にではあっても指摘することが、本章の狙いのひとつではあるが、これについては最後に触れることにして、ここでは、それを認識することが、法概念をめぐる諸理論の種差を理解するのに寄与する、ということを指摘するだけにとどめたい。

　以下では、まず、エンギッシュによる批判の対象となるケルゼンの根本規範論からみていく必要があるのだが、本章の議論の展開からいって、その際に注目すべきは、とりわけ実効性と妥当との関係である。ケルゼンが法的妥

当を実効性から区別して概念規定しながら、実効性に結びつけているという、ドライヤーもまた重視していた論点が注目に値する。ドライヤーは、すでにみたような法概念をめぐる議論が法的妥当に関する議論から区別できないことをのべて、「法の妥当は実定法の概念の一要素である」[5]と主張している。法的妥当が法概念の要素であるか否かが問われてきたドイツの理論状況では、この主張のもつ意味はたしかに大きい[6]。しかし、別に要素とされうる「社会的実効性」や「権威的定立性」と、さらには「不法」や「原理」と、妥当という概念要素がどのように関係するのかは、ドライヤーの議論で明らかには示されていない。

とはいえ、法の概念規定に関する議論が法的妥当に関する議論から区別できないという主張に強く固執するなら、法実証主義の概念規定によれば、法は事実として妥当するという学説、また反法実証主義のそれでは、法は理念として妥当するという学説として把握することができ、それぞれの主張を基礎理論上の対立として理解することができよう。これによれば、法の妥当とは規範としての法のあり方であって、それは当然、法概念の基底的部分をなすといえる。法的妥当の概念をこのように把握するとすれば、それは私自身のものと一致する。私見によれば、規範としての法のあり方、法の「規範性」をどのように把握するかは、法概念の基底的部分をなすが、その把握が法的妥当の概念規定にほかならないのである[7]。

このように法的妥当の概念規定について、実証主義と反実証主義の対立が生じているのだが、それぞれの見解をさしあたり事実的妥当論と理念的妥当論と呼ぶことにする。その場合、つぎに取り上げるケルゼンの根本規範論に関して、問題になるのは、ケルゼンが法の「規範性」をあくまで当為とみていることであり、理念的妥当論に属しているようにみえることである。ここには、上記の二分法的な妥当類型論の難点が現われている。しかし、それについてはのちに立ち戻ることとして、ケルゼンとの関連では結局、法の「規

---

5) A. a. O., 注 (4), S. 99.
6) さしあたり、vgl. Karl Engisch, Auf der Suche nach der Gerechtigkeit——Hauptthemen der Rechtsphilosophie——, S. 56.
7) 竹下賢『法　その存在と効力』、125頁以下参照。

範性」にとってケルゼンがどのような事実を決定的なものとみなしていたかに注目することが、重要なのである。

第2節　ケルゼン学説における妥当と実効性

　前述のドライヤーの第2期は、「法実証主義のルネサンス」として特徴づけられたが、その幕開けを飾るのが、1960年のケルゼン『純粋法学・第2版』であり、1961年のハート『法の概念』であった。根本規範論に焦点を合わせながら、ここで取り上げるのは前者の著書である。ケルゼンが存在と当為の二元論に立脚していたことは、学問的生涯を通じて一貫していえることである。しかしながら、その両カテゴリーの関係については、学説のかなりの変遷がみられるのである。『純粋法学・第2版』も『純粋法学・第1版』を変更するものであるが[8]、本稿ではこの変更に立ち入ることなく、『第2版』の見解のみを問題にしていきたい。

1　客観的当為としての規範

　ケルゼンはつぎのようにのべる。「『規範（Norm）』によって表示されているのは、あることがあるべきである、あるいは生じるべきであるということ、とくにある人間が一定の仕方で行動すべきであるということである。つまりそれは、他人の行動に意図的に向けられている、人間の一定の作用がもつところの意味である」[9]。この「人間の一定の作用」とは「意志作用（Willensakt）」であり、端的にいえば、「一定の行動をなすべし」という命法（Imperative）としての、あるいは当為（Sollen）としての意味をもつ。しかし、人間のあらゆる意志作用についていえるのは、その主観的な意味が当為だということだけであって、その作用はいまだ規範にはならない。

　意志作用としての「こうした作用のあらゆるものが、客観的にも当為の意

---

[8]　法規概念の変遷について詳細には、新正幸「ケルゼンに於けるRechtsssatz概念の変遷」参照。
[9]　Hans Kelsen, Reine Rechtslehre, 2. Aufl., S. 4.
[10]　A. a. O., 注（9），S. 7.

味をもつわけではない。ただそれが客観的にも当為の意味をもつときにだけ、その当為は『規範』と呼ばれる」[10]。このようにケルゼンによれば、規範とは客観的当為であり、当為は客観的当為として「『妥当する（geltend）』『規範』つまり名宛人を拘束する『規範』である」[11]。ここで、どのように主観的当為が客観化されるのか、換言すれば、単なる当為はどのようにして妥当する規範になるのかが、問われることになる。だが、このことを問う前に、意志作用と規範との関係についての上記の説明は、典型的な場合にのみあてはまるというのが、ケルゼン自身の説でもあるということに注目しておかねばならない。このことは、後述の理論にも関連してくる。

　つまり、規範は「慣習の要件事実を構成する作用によっても定立される」（ちなみに、規範のSetzungは単に規範制定の意志作用だけを意味するわけではないので、以下ではSetzungに定立という訳語をあてる）のであって、つぎのような場合に、「慣習の要件事実は、その主観的な意味が当為である集合的意志になる」とされる[12]。それは、その種の要件事実が一定の期間を通じて作用することによって、共同体成員の行動するように行動すべきであるという観念と、他の共同体成員もそのように行動すべきであるという意志とが、個々人に生起する場合である。このように慣習という事実作用もまた規範となるが、その他に、思考作用の内容もまた規範となりうる。ここで考えられているのは、「単に思考の上で前提された」規範であり、後述の根本規範（Grundnorm）にあたる[13]。

　この思考上の規範は別として、他の規範について、当為の客観化ということが問題になる。この問題は規範の妥当根拠を問うことであり、ケルゼンは妥当の根拠づけ連関について、2つの類型的な原則を区別して、それに応じた説明を加えている。私は前著において、これを詳しく紹介したが[14]、要するに静態的（statisch）類型では、下位の規範は上位の規範の内容からの論理的な演繹関係にあることによって妥当する②。これに対して動態的

---

11)　A. a. O., 注 (9), S. 7.
12)　A. a. O., 注 (9), S. 9.
13)　Vgl. a. a. O., 注 (9), S. 9.
14)　竹下前掲書、注 (7)、156頁以下参照。

(dynamisch）類型では、下位の規範は、その制定行為に規範制定としての授権を行う上位規範が妥当していることによって妥当する。

2　法規範の段階構造と根本規範

　ケルゼンによれば、静態的類型は実質的な妥当原則に、動態的類型は形式的な妥当原則に従い、前者は道徳規範に、後者は実定法規範にあてはまる、とされる。これらいずれの規範体系にあっても、妥当はより上位の規範によって根拠づけられるのであり、妥当根拠の探究は規範体系の段階的秩序を上昇する。そして、この探究は規範体系の頂点に位置し、それに属するすべての規範にとって、妥当の共通の源泉になるところの規範に行き着いて、そこで止まるのである。まさにその規範が、「根本規範」であるといえる[15]。そしてケルゼンは、これに関する論述からみると、静態的類型の根本規範を否定しているように思える[16]。その見解によれば、静態的類型の根本規範とみなされるのは、内容的に「直接に明証的な規範（eine unmittelbar einleuchtende Norm）」でしかないが、そうした規範の概念は、「実践理性、すなわち規範を定立する理性」の概念を前提にしている[17]。しかし、ケルゼンによれば、こうした概念は維持しえない。「なぜなら、理性の機能は認識にあって意欲にはないからであり、さらに規範の定立は意志の作用であるからである」[18]。こうして、静態的類型の規範体系も、たとえば、それが神の意志やその他の超人間的権威によって定立されたとか、慣習によって産出されたとかいうように、動態的類型の根本規範を要請することになる。

　本章では、このような規範一般の理論から離れて、より具体的に法規範を取り上げる必要があるが、その場合、すでに序章において取り上げた（前述

---

15)　Vgl. a. a. O., 注 (9), S. 196 ff.
16)　この見解は、Kelsen, Die philosophischen Grundlagen der Naturrechtslehre des Rechtspositivismus, S. 292 ff., [黒田覚訳「自然法論と法実証主義の哲学的基礎」21頁以下] のものとは異なる。本書では、動態的原則の成立する実定法の規範体系に、静態的原則に従う自然法の規範体系が対置され、両体系は、相互に異なった根本規範をもつ、それぞれ統一的な規範体系として類別されている。
17)　Vgl. Kelsen, Reine Rechtslehre, 注 (9), S. 198.
18)　A. a. O., 注 (9), S. 198.

20頁以下参照）実定法規範の段階的な妥当連関が問題となる。このような連関は法秩序の現実的な統一にも対応するが、このことを改めて、しかし簡略に説明しておく。

　個別的な法規範は、おのおの孤立したものではない。それは、個々の法規範の相互連関の中でその意味を受け取るものであって、その相互連関はついには法秩序という統一的な意味連関にまで拡大されるであろう。つまり、法秩序は、法規範をその構成要素とするいわば有機的な統一的全体秩序であり、法規範は、法秩序との連関においてのみ意味を有するいわば分肢的な部分である。このような意味的統一体としての法秩序は、法規範の規範的側面を包括する連関として示されるのであり、そのことによって、ある法規範の妥当の問題は、法秩序の妥当の連関の問題へと結びつけられる。

　このような法秩序の内部的連関を把握するものとして、つぎのような法学的妥当による秩序連関が考えられる。この法学的妥当概念によれば、ある法規範はその上位に存する法規範によってその妥当を根拠づけられる。たとえば、実定法の代表的形態たる制定法の妥当は、憲法が定めるところの、妥当のための要件を充足することに依存しており、同様に、命令、行政行為、判決等々の法的行為の妥当は、該当する制定法に含まれている妥当の要件の充足に依存している。そして、その際、法秩序は、憲法を頂点とし、その妥当力によって支配された段階的秩序を成しているのである[19]。それゆえに、ルペルト・シュライバーは、この法学的妥当を合憲的妥当（verfassungsmäßige Geltung）と呼び、つぎのようにのべている。「ある法規範が合憲的に妥当である（gültig）とは、この法規範が、これの妥当に関する憲法の指図に即して評価されて、妥当であるとされる」[20]ことなのである。つまり、憲法の定める妥当の要件を充たすと評価された法規範が、合憲的に妥当なのである。このような実定法秩序の妥当連関の把握は、現代の立憲主義的法治国家体制において、おそらく基本的には説得力をもつものであろう。

　こうした規範論理的な妥当は、その妥当の要件として、形式的な産出条件

---

19) Vgl. Karl Engisch, Auf der Suche nach der Gerechtigkeit──Hauptthemen der Rechtsphilosophie──, S. 60.
20) Vgl. Rupert Schreiber, Die Geltung von Rechtsnormen, 1966, S. 64.

のみならず実質的内容的な要件をも含みうる[21]。しかし、それはともあれ、この妥当は、憲法を頂点とする法秩序の段階構造を含意している。では、憲法自体の妥当は、ある法規範がより上位の法規範の定める妥当の要件を充たすことによって妥当を獲得するという、法学的妥当概念に依拠して根拠づけられるであろうか。憲法の妥当はもはや法学的妥当論によって説明されえないのではないか。ケルゼンは、法学的妥当論のこのような行詰まりを打開すべく、「根本規範」論でもって、法学的な妥当の範囲を越えることのない、しかも哲学的にしっかりした、法的妥当の根拠を提示しようと努めたといえる[22]。

前述のように、ケルゼンは妥当連関の原則として2つの類型、すなわち静態的類型と動態的類型とを挙げた。実定法規範に注目して改めて再確認するなら、前者の類型に属するものは実質的妥当原則、後者に属するものは形式的妥当原則と呼ばれる。静態的な原則による規範体系においては、ある法規範はその上位にある規範の内容から論理的演繹によって得られるものを内容とすることによって妥当する。このような実質的な妥当原則は、規範定立の行為を必要としない規範体系に本質的なものであり、自然法はその原則に従う傾向を有するとされる。他方、規範定立という事実行為を必要とする規範体系にとっては、規範定立を授権する諸規範を通じて妥当連関が成立するという動態的原則があてはまる。つまり、この連関においては、その主観的意味が規範定立であるところの意思行為あるいは事実行為は、このような行為を規範産出の行為として授権する、より上位の規範が妥当していることによって、客観的意味を獲得する、つまり、規範として妥当するのである。この形式的な妥当原則は、実定法の妥当連関にとって本質的であって、さらに、実定法規範の内容にかかわらず妥当を賦与する。そして、いずれの原則に従

---

21) つまり、ある上位にある法規範は、それより下位の法規範が妥当するための要件として、その法規範の一定の産出手続を指示するのみならず、下位の法規範がもつべき、一定の実質的内容をも指示しうる、ということである。ちなみに、Kelsen, Die philosophischen Grundlagen., S. 20（後出注（23）参照）もまた、実定法が形式的な妥当原則のみならず、実質的な妥当原則にも従っていると、明白にのべている。

22) Engisch, Auf der Suche., 注（19), S. 60.

第2節　ケルゼン学説における妥当と実効性　　*87*

う規範体系にあっても、その体系の頂点にあって、それに属するすべての規範の妥当の共通の源泉であるのは、根本規範である[23]。

　妥当連関に関して、実定法概念における人間の意志作用による定立行為を重視するケルゼンの見解からすると、内容に関わることのない形式的な妥当原則の方が本質的だとされる。実定法の妥当を根拠づける、動態的類型に属する根本規範は、それ自体としては実定的に定立された規範ではない。それは前述の「単に思考の上で前提された」規範であり、「思考上の（gedacht）」[24]規範である。根本規範はこのように、意志作用や事実作用によって定立される実定法秩序内のすべての規範とは異なるものではあるが、憲法の妥当を、それゆえに憲法の授権によって成立するすべての規範の妥当を根拠づける。「それは、一体としての実定法秩序に属する諸規範の妥当のための共通の源泉なのである」[25]。

　根本規範は、意志作用によって産出された諸規範を、「客観的に妥当な法規範」の総体として解釈するための、「超越論的-論理的条件（transzendental-logische Bedingung）」として機能する[26]。これについてケルゼンは、つぎのようにのべる。「純粋法学は、一定の要件事実（Tatbestand）の主観的意味を、神や自然のような超法的権威に立ち返って、そこに依拠するようなことをしないで、法命題の形で記述できる、客観的に妥当な法規範として解釈することがどのようにして可能かと問う。純粋法学の認識論的な答えはこうである。憲法が指図するように、すなわち憲法制定の意志作用の主観的意味に、つまり憲法制定者の指図に合致するように行動すべきであるという根本規範、これが前提されるという条件のもとでのみ可能だ、というものである」[27]。このような論理的条件としての根本規範が三段論法の大前提の位置にあり、それに憲法制定の意志作用という小前提が加わる。これによ

---

23) 以上、vgl. Kelsen, Reine Rechtslehre, 2. Aufl., S. 196 ff. und derselbe, Die philosophischen Grundlagen der Naturrechtslehre und des Rechtspositivismus, S. 292 ff. [黒田覚訳「自然法論と法実証主義の哲学的基礎」19頁以下参照]。
24) Vgl. a. a. O., 注（9）, SS. 196, 206.
25) Vgl. a. a. O., 注（9）, S. 197.
26) Vgl. a. a. O., 注（9）, S. 205.
27) A. a. O., 注（9）, S. 205.

って、意志作用の意味である主観的当為が客観化される、つまり、法規範として妥当するという結論が導き出されるのである[28]。

3 妥当の条件としての実効性

すでに示されたように、根本規範の意味内容は、「人は憲法制定者の指図するように行動すべきである」という服従当為であり、しかも憲法にのみ関係づけられている。これによれば、根本規範は、憲法の実質的内容に関わることがない。「したがって、任意のあらゆる内容が法でありうる。それ自体でその内実のゆえに、法規範の内容となることから除外されるような、どのような人間の行動も存しない」[29]。

だが同時に、根本規範の関係づけられる憲法は恣意的なものではないともされる。それは「事実として定立された」憲法であり、さらに「大体において実効的な (im grossen und ganzen wirksam)」憲法である[30]。「大体において実効的な」憲法とは、憲法が創出した全体としての強制秩序が、大体において遵守され、適用されているという状況にある憲法を意味している[31]。したがって強制秩序は、このような状況においてのみ、根本規範によって妥当性が付与されるのであるから、当為が存在によって条件づけられることになる、つまり、妥当が実効性（Wirksamkeit）によって条件づけられることになる[32]。

こうした妥当と実効性の関係について、ケルゼン自身はつぎのようにのべている。「実定法秩序の諸規範は、その産出の根本規則をなしている根本規範が、妥当なものとして前提されているがゆえに妥当するのであって、その諸規範が実効的であるがゆえに妥当するのではない。しかし、諸規範は、この法秩序が実効的である時にのみ、すなわち、そのかぎりでのみ妥当す

---

28) Vgl. a. a. O., 注 (9), S. 205 f.
29) A. a. O., 注 (9), S. 201.
30) Vgl. a. a. O., 注 (9), S. 219.
31) Vgl. a. a. O., 注 (9), S. 214.
32) 「制定行為および実効性は、根本規範において妥当の条件にされている」(a. a. O., 注 (8), S. 219.)。

る」[33]。「実効性は妥当の条件であるが、この妥当それ自体ではない」[34]。こうした見解によれば、当為としての妥当と存在としての実効性とは、あくまで峻別はされるが、それと同時に、実効性は妥当を条件づけるということになる。

　以上のような見解には、従来のケルゼンの学説にみられない、存在と当為の対応関係が認められている。「定立（Setzung）と実効性は、根本規範において妥当の条件にされる」[35] という言葉に端的に表現されているように、当為に関係づけられる事実は、実効性と並んで定立行為であり、それはすでに言及したように、規範制定の意志作用であり、また慣習の事実作用である。ただここで問題にしたいのは、やはり実効性と妥当との関係であって、実効性が妥当の根拠ではなく、条件であるというケルゼンの主張の適否である。

　ケルゼンの理論は、大体において実効的な強制秩序は法秩序として妥当するということを主張するに留まり、そして、このことによって法学の純粋性を保とうとする。私は、このような純粋性を2つの側面において問題にしうると考える。すなわち、(1) 当為の学としての法学の、存在としての実効性からの純粋性の側面と、(2) 学問としての法学の、価値問題からの純粋性の側面である。(2) についていえば、純粋法学は、なぜ実効的な法秩序は妥当するのかを問わない。なぜなら、この問いは、妥当の根拠たる価値の探究を意味し、価値設定が純粋な学問の対象とはなりえないがゆえに、学問としての純粋法学によっては答えられないからである[36]。しかし、このように法価値あるいは法理念を扱うことについては、後述に譲る。

　ここで問題とすべき点は、(1) の妥当と実効性との連関にある。存在と当為の峻別を固持するケルゼンの見解によっては、大体において実効的な強制秩序が妥当するということにおける、妥当と実効性との連関は原理的に把握されえないのである。その連関は、ケルゼン自身が語っているように、「ミ

---

33) A. a. O., 注 (9), S. 219.
34) A. a. O., 注 (9), S. 220.
35) A. a. O., 注 (9), S. 219.
36) Vgl. Robert Walter, Wirksamkeit und Geltung, in: Österreiche Zeitschrift für öffentliches Recht, S.538 ff., bes. S. 540 f.

ステリアス (mysterious)」[37] に留まらざるをえない。私は、つぎのように考える。ここに、ケルゼンの妥当根拠論が法的現実の把握にとって不十分であることが暴露されており、このことは、法秩序の妥当をもっぱら規範論理的な法学的妥当概念で把握し、さらに根拠づけることが適切ではないことを意味するものであろう。

　したがって、法秩序の妥当を根拠づけるためには、われわれは、価値論の領域に入ることによって純粋性を拒否するとともに、ここでもケルゼンの純粋性への努力を拒絶して、法学的規範的妥当概念とは異った妥当概念を形成する必要があるように思えるのである。そして、この方向に意義のある一歩を踏み出しているのが、エンギッシュである。

第3節　エンギッシュによるケルゼン批判

　「実効性は妥当の条件であるが、根拠ではない」というケルゼンの主張は、容易には理解しがたい。この主張にはさまざまの立場からの批判が加えられようが、ここではケルゼンと同様に新カント主義を基礎的な立場にしているエンギッシュの比較的内在的な批判を取り上げることにし、私自身の異なった立場からは、のちに批判することにする。前述のように、ケルゼンは1960年に『純粋法学・第2版』を出版して、法実証主義の隆盛を招いた。しかし、その当時にあっても、それに批判を加える学者は少なくなかった。その代表的なものが、1983年の『刑法学雑誌』に掲載されたエンギッシュの「文献報告」であり、その中の第1の書評でケルゼンの上記の著書が取り上げられている[38]。つぎに検討するのは、この批判のうちでも実効性と妥当との関係に関わる議論である。

1　妥当根拠としての実効性
　前述のように、ケルゼンは定立作用と実効性とが「妥当の条件」となるよ

---

37) 鵜飼信成「純粋法学」、8頁。
38) Karl Engisch, Literaturbericht Rechtsphilosophie, S. 592 ff.

うに、根本規範を想定した。このことによって、存在と当為の峻別論に反する、妥当と実効性との関係づけを、どのように斉合的に理解しうるかという疑問が生じる。これについてエンギッシュは、さしあたりつぎのように評する。ケルゼンは実効性が妥当の条件であると、根本規範との関連で主張しているが、そのことはケルゼン理論が確固たる足場をもつために、適切なことであると[39]。つまり、エンギッシュによれば、右の根本規範の理論は、その「超越論的方法」[40]のゆえに、どうしても宙に浮いたものになってしまう。これを防いで現実に根を下ろさせるためには、根本規範において、法の妥当を実効性によって条件づけることが必要なのである。

だが、エンギッシュは、その場合の「妥当の条件としての実効性」という考え方を疑問視して、それは実効性が妥当根拠であるということと同義ではないかと問いかける。「もし人が、憲法とそれにもとづいて公布される諸規範に対して、それらが『大体において』実効的であるときにのみ、服従せねばならないとするなら（根本規範！）、やはりこの実効性が法秩序全体の真の妥当根拠であり、……『前提された』そして『つけ足して考えられた』根本規範は、情熱的に何としても擁護される、当為と存在の区別を保持するための、思考上の余計なつけ足し（Zutat）にすぎない。このような結論が、ケルゼンのさまざまな説明に照らして、明らかに出てくるのではなかろうか」[41]。要するにエンギッシュは、根本規範が実効性による妥当の条件づけよりほかの内容を何ももたない以上、根本規範の下位にあるすべての法規範の妥当根拠は、まさに実効性にあると主張する。ケルゼンの根本規範は、それ自体としてみれば実質的な内容を欠いた服従当為であって、それが実効性を導入することによって初めて、最低限度の実質的な現実に結びつく規準になるのである。

このようにエンギッシュによれば、実効性を妥当の条件にするケルゼンの根本規範論は、全体的にみて、妥当根拠論としての実効性説である[42]。そし

---

39) Vgl. a. a. O., 注（38), S. 601.
40) A. a. O., 注（38), S. 601.
41) A. a. O., 注（38), S. 602.
42) Hans Welzel, Die Frage nach der Rechtsgeltung——An den Grenzen des Rechts

て、このような把握がむしろ実証主義の立場を貫くものであり、その場合、理論の重点は実効性にあり、根本規範にはない。この根本規範というのは、存在と当為の峻別論を固持するために要請される、思考上の単なる「つけ足し」であって、「実証主義の立場からは」、内容空虚な服従当為としての根本規範を妥当根拠であるとは、とうてい主張することはできない[43]。

エンギッシュは、このような批判を別の箇所では、言葉を換えてつぎのようにのべている。結局、ケルゼンの説というのは、「法秩序は、その妥当が（それはそれで妥当している）根本規範によって確定されているときに妥当する、という同義反復（Tautologie）」にほかならず、「強制秩序に妥当を賦与する服従当為として根本規範をつけ足して考えることは、同義反復をもっての足踏み（Auf-der-Stelle-Treten）以上のものではない」[44]。こうした理論上の試みは、法学的な範囲を越えないで、しかも妥当の問題を解決しようとするものである。エンギッシュはこれを、自分の髪の毛を引っ張って泥沼から自分を引き出す、ほら吹き男爵ミュンヒハウゼンの試みになぞらえている[45]。

2 実質的憲法の理論

以上のように、エンギッシュはケルゼンの根本規範論の同義反復性を批判するのだが、その批判はエンギッシュ自身の一定の積極的な立場からのものであって、以下でエンギッシュ自身の学説をみていくことにする。エンギッシュは、ケルゼンの根本規範論を「法的な妥当問題の耐えがたい簡略化（Verkürzung）」[46]であるとする評価に賛同し、そのことはその理論が妥当そ

―, S. 28, Köln 1966., S. 28においては、つぎのような同様の見解が示されている。ケルゼン自身が根本規範に与えた「仮説」的性格、さらには「擬制」的性格を、根本規範の内容たる当為が受け取ることによって、その当為は、「それに即してあたかも実定法が客観的に妥当な、規範的に義務づける秩序であるかのように解釈される、擬制的な解釈の図式となる」。ここにおいて、「正当性は実効性の中に消滅する」。ちなみに、ハンス・ヴェルツェル自身はエンギッシュとは異なり、妥当の実効性説には反対している。

43) Vgl. Engisch, Literaturbericht, 注（38）, S. 602.
44) Engisch, Auf der Suche nach der Gerechtigkeit, 注（19）, S. 62.
45) Vgl. a. a. O., S. 60, 注（19）, ferner ders. Literaturbericht, 注（38）, S. 601.
46) これはもともとHeinrich Henkel. Einführung in die Rechtsphilosophie, 1964, S. 451

のものの概念に何ら具体的な意味を与えていないことからも正当化される、としている。これは、エンギッシュの立場からすれば、根本規範が法規範の実質的内容との関連を欠いているという批判を意味している。前述のように、エンギッシュはケルゼンと同じ法実証主義のもとでその根本規範論を批判するとしていたが、その立場は、形式的ではなくより実質的に法秩序をみていくという法実証主義の立場である。

エンギッシュはこの立場から根本規範論を展開するのであって、憲法を頂点とした妥当の統一的秩序を支えるところの根本規範を、その学説の中に受容する。その根本規範は、ケルゼンのものとは異なって一定の内実を具備している。エンギッシュはこの説を「文献報告」だけではなく、すでにナチス時代の『法秩序の統一』（1935年）において論述している。この両著書によれば、その説はつぎのようなものである。

根本規範は、「一定の種類の憲法（たとえばボン基本法）が規範産出の手続きを個別的に規則づけるようにする力をもった根本的決断」[47]という意味で理解される。あるいはつぎのようにも説明される。それは、たとえば議会主義国家における国民議会のような「法創造の任務にある最高の権威機関を、正当化する規則という意味で」[48] 理解される、と。エンギッシュにとって、この根本規範が規範産出の手続きを規則づけるということは、それが形式的意味での憲法、つまり、憲法典における規範産出にかかわる手続き規程の部分に、限定的に理解されることを意味してはいない。エンギッシュが「根本的決断」といっているのは、そうした手続き規程を条件づける実質的な規程

に示されたケルゼンの根本規範論に対する評価であって、これにエンギッシュは賛同している。ヘンケルはここで、さらにつぎのようにのべている。それどころか「法規範の実質的内実は、妥当の問題にとって意味のないものとされる。つまり、規範の義務づける力は、規範の内容からは規定されず、限界づけられることもない。それにもかかわらず、法的拘束力の実質的な根拠は言及されないままにとどまる。これへの言及は『超法学的』であるとして拒絶され、論理の領域へと指示される。これはあまりにも不当である！　法の内容的な拘束力の根拠づけという課題は、たとえそれが必然的に、実定法やその内在的な妥当構造の背後に向かうことを必要としているとしても、法的思考に対して課せられているのである」。

47) Engisch, Literaturbericht, 注（38）, S. 602.
48) Engisch, Die Einheit der Rechtsordnung, S. 11.

の部分を念頭に置いているからだといえる。根本規範は規範産出に関連した実質的憲法、いわば一定の実質的意味内容を伴った具体的秩序である[49]。このように、エンギッシュの根本規範は、規範産出のための条件の最高の源泉としての、実定的な社会的根本的決断であり、歴史的で具体的な精神的形象を意味しているのである。

　ここで注意せねばならないのは、この根本規範が規範産出の源泉であるということである。つまり、エンギッシュは法規範の産出連関と妥当連関とを分けて考えることができるとし、高次の法が指示する産出条件の充足が、低次の法にとって妥当の前提にするかどうかは、妥当連関の構成にかかわる「純粋な合目的性の問題」であるとしている。さらにエンギッシュは、このような両連関の区別によって、産出条件を充たさない規範が妥当するという事態を、説明することができるのだとしている[50]。この詳細に立ち入ることをここではしないが、産出条件を規程する実質的憲法の少なくとも核心的な部分は、同時に妥当条件にも転換され、憲法を含む実定法秩序の妥当根拠としての根本規範となる。こうした妥当根拠としての根本規範は、エンギッシュの場合、さらに妥当根拠を要請する。その際、「このような根拠づけは……当為を存在（承認および遵守という事実）と結びつけることによってしか行われえない」[51]。ここでは、ケルゼンのように、当為と存在との結合は否定されず、根本規範の妥当は積極的な意味で実効性によって根拠づけられる。そして、実効性についても、ケルゼンのように、「大体において実効的な」といった不鮮明な表現ではなく[52]、法共同体成員の承認による定式化、つまり承認説が採用されるのである。これによれば、まず根本規範は、法定立の任務にある最高の権威機関を正当化する、規範産出の前提条件を規程する規則であった。この根本規範は、権威機関が承認を得ることを通じて妥当を獲得し、それによって法秩序全体の妥当が確保されることになる[53]。

---

49) Vgl. a. a. O., 注 (48), S. 12., Anm. 1.
50) Vgl. a. a. O., 注 (48), S. 15.
51) Engisch, Literaturbericht, 注 (38), S. 603. Vgl. Die Einheit., 注 (48), S. 12, Anm. 1.
52) Engisch, Literaturbericht, 注 (38), S. 597.
53) エンギッシュの承認説については、本書第8章参照。

以上のように、エンギッシュはたしかに、妥当根拠に関する実効性説に属する議論を展開する。しかし、その実効性説は、「『要件事実（Tatbestand）』を手がかりにして」[54] 構成されねばならず、しかも不鮮明な表現による定式化を避けねばならない。その結果、実効性の事実は、法共同体成員の承認という心理的事実に求められるのである。

3　ケルゼンとの立場の差

　以上のように、エンギッシュはケルゼンの根本規範論を批判し、さらに憲法に関する自説を展開するのであるが、ここにみられる両者の見解の対立を、後者の「形式的憲法」論に対する、前者の「実質的憲法」論として把握できるようにみえる。だが、厳密にいえばそれは誤りであって、そのことは、『純粋法学・第2版』のある注にすでに収められている、エンギッシュの「実質的憲法」論に対する論評からもわかる。

　ケルゼンは、根本規範の実質的な解釈に対してつぎのように批判している。エンギッシュの根本規範論では、根本規範は実質的意味での憲法だということになる。しかし、これが法の産出過程の実定的基礎であることは、何ら根本規範の理論を必要とすることのない、自明の事柄である。「純粋法学が根本規範の理論でもって解決しようとしている問題は、実定的な憲法の妥当が何であるか、という疑問が提出されて初めて生じる」[55]。そして、妥当根拠としての規範は、実定的な規範ではありえず、エンギッシュの批判は、根本規範の理論を構成せざるをえない法論理的な必然性を理解していない。

　ケルゼンによるこのような批判からすれば、ケルゼンもまた、「実質的憲法」を実定法秩序の統一的基礎として認めているということである。エンギッシュはこれを根本規範と呼ぶのに対して、ケルゼンはこれよりさらに上位にある規範を根本規範と呼ぶ。すでにみた実効性と妥当との結合をも含めて考えるなら、ケルゼンにとって、「実質的憲法」の妥当根拠として、大体において実効的な実定的秩序が妥当するということは、法学的にすでに前提さ

---

54) Engisch, Auf der Suche., 注（19), S. 66.
55) Kelsen, Reine Rechtslehre, 注（9), S. 207, Anm.

れている。したがって、大体において実効的な実定法秩序は妥当するが、その根拠は何かと問われたときに、論理必然的に根本規範が要請されるのである。

　だが、憲法論ではなく妥当根拠論として両者を比較した場合、明らかにケルゼンの形式主義にエンギッシュの実質主義を対置させることができる。かつてカール・シュミットは、法学上の思考の3種類について論じた際に、実証主義を規範主義と決断主義との結合と特徴づけた[56]。ケルゼンとエンギッシュの両者はともに、この意味での法実証主義の立場にあるにもかかわらず、その重点の置き方の違いによって、決定的に対立している。ケルゼンにおいては、規範が二元論に立脚して事実から峻別されている。そのため、形式的には規範に結びつかないはずの、実定性という決断主義的事実が、学問的な論議領界を形成する前提条件として規範に結びつけられる。これに対してエンギッシュにおいては、規範は実質的に把握され、実定性という規範的事実、つまり時空間内の決断という事実として構成される。このように、ケルゼンの規範形式主義的実証主義に、エンギッシュの規範実質主義的実証主義が対立しているのである。

　エンギッシュのケルゼン根本規範論に対する批判は、こうした実証主義の内部対立に由来するといえる。結局、その批判は、ケルゼンの根本規範論が、法学的に前提された法の妥当を同義反復によって根拠づけることを意味するにすぎず、妥当根拠の問題を実質的に解決していない、というように集約されよう。エンギッシュにとって、根本規範の「超越論的−論理的」解釈、すなわち「超越論的方法の法的な妥当問題への適用」[57]は疑わしい。こうしたエンギッシュの批判は、ケルゼン理論の形式主義的な規範主義を疑問視するもので、実定法秩序については、その実質規範的な側面を顧慮しなければ、それを把握したことにはならないという、基本的な主張にもとづくものであろう。

---

56) Vgl. Carl Schmitt, Über die drei Arten des rechtswissenschaftlichen Denkens, S. 29 ff., [加藤新平、田中成明訳「法学的思惟の三類型」263頁以下参照]。
57) Engisch, Literaturbericht, 注 (38), S. 601.

お わ り に

　ケルゼンの形式主義に対するエンギッシュの批判には、私もまた賛同する。ケルゼンの認識論的な立場にとっては、妥当根拠の問題それ自体が学問的な限界問題であって、それは神秘的な形でしか解答を与えることはできない。そこでは、実効性と定立作用という事実は法秩序の規範に独断的に組み込まれるしかない。私の存在論的な立場からいえば、ケルゼンは法という精神的定立の存在性格を認識論的に受容するために、根本規範論を採ったのであり[58]、エンギッシュの方は、上記の精神的存在としての法の見方に近づいている[59]。精神的定立としての法の把握は、実質的な法秩序の妥当そのものに向かい、認識論的な問題設定のもとに規範論理的に、あるいは超越論的にその妥当問題を片づけてしまうことを拒否する。

　このように両者の対立を整理するとき、法実証主義の陣営内で、諸学説を一般的にどのように位置づけることができるだろうか。私は以前の著書において、法的妥当に関する3つの概念類型を区別した。それは事実的妥当概念、規範的妥当概念、そして存在論的妥当概念であり、そのうちの存在論的妥当概念の適切さをその著書では論じた。ここでさしあたり言及したいのは、前2者の妥当概念でありそれは、法実証主義の2つの学派に対応しているからである。2つの学派は「規範的」法実証主義と「事実的」法実証主義であり、冒頭で取り上げたドライヤー「法の概念」の言葉を借りれば、前者は法概念の主要要素を「権威的定立性」に、後者は「社会的実効性」にみる[60]。

　このような分類によれば、前述のように実効性説を採るエンギッシュは後者に属するようにみえる。しかし、こうしたみかたは誤解であって、エンギッシュは妥当概念論としてはあくまで規範的妥当概念を採り、妥当根拠論と

---

58) これについて詳細は竹下前掲書、注（7）、参照。とりわけ、ケルゼン学説における実効性と妥当の「神秘的」関係について、166頁参照。
59) 本書第8章参照。
60) 竹下前掲書、注（7）、28頁以下参照。

して実効性説を採るのである。ちなみに、オイゲン・エールリッヒなどの法社会学的学説が、事実的妥当概念と実効性説を擁護する。そして、この法社会学的学説と比較するなら、エンギッシュの説は、かなり存在論的妥当概念に接近しているといえる。これに対してケルゼンは、学問上の一定の基本的立場からのその立論を重視するなら、規範的妥当概念にもとづき法学的に規範主義的な妥当根拠論を展開している。

最後に、ドライヤー「法の概念」における学説分類についてここで詳論する余裕はないが、私の立場から簡単に論じておくことにしたい。第1に、ドライヤーはケルゼンの学説において、妥当が実効性に結びつけられていることにとくに注目して、法実証主義の典型的な見解としたのであるが、こうした捉え方はエンギッシュのケルゼン評価に類似していることに注目したい。しかし、本章ですでに詳論したように、ケルゼンの妥当根拠論を実効性説として理解するエンギッシュの説は、ケルゼン自身によって拒否されている。ケルゼンはあくまで規範的法実証主義の見地から、妥当根拠論を立論しているのである。この規範的法実証主義は、認識論に傾斜した議論を展開する。これに対して、エンギッシュはすでにのべたようにかなり存在論に傾斜していて、その立場から実効性に結びつくのである。このように考えるなら、実証主義においても、ケルゼンとエンギッシュの相違には原理的なものがあるといえる。

第2に、ここで取り上げたエンギッシュの説は、ドライヤーが反法実証主義の論者としたドゥオーキンの原理論に近い。ここで詳しく立ち入ることはできないが、ドライヤー自身、ドゥオーキンの原理論を制度的保障論の枠内で捉えてもいる。この制度的保障論は、学説上、実質的憲法論と親しい関係にあり、すでにみたように、エンギッシュは実質的憲法論者であった。このようにみていくとき、反法実証主義者とされたドゥオーキンは、法実証主義に近づき、規範主義に立脚するラートブルフから離れるのである[3]。

① 本書第8章参照。
② 本書序章参照。
③ 本章の初出論文は、立命館大学法学部の兼子義人教授の追悼論文集に収録

されており、その末尾には〔後記〕が掲載されていた。追憶のために、それを以下に掲載しておく。

〔後記〕

　20年来の友人、兼子義人君はあまりにも早く逝ってしまった。忙しさにかまけて、直接に会ったのがかなり以前であったことが、今更ながら悔やまれる。それでも、わりに最近、電話や手紙で接することができたのは、私にとってせめてもの慰めである。同じドイツ系法哲学を研究していた私から、兼子君の研究歴について一言だけのべるなら、その研究はウィーン滞在以降に変わったと思う。まさに「社会の中の法思想」という大きな視点が同君の中に出来上がってきていて、さしあたりケルゼンとその周辺がそこから捉え返されるようになった。この研究の途次で斃れたのである。とはいえ、すべての法哲学徒にとって研究の最終的成果のようなものはあるまい。もって御冥福をお祈りする次第である。

第3章 精神的存在としての法
―― 妥当概念とニコライ・ハルトマン ――

は じ め に

──── ▼ ▼ ▼ ────

　前章と前々章で取り上げたのは、法の規範的秩序に関するハンス・ケルゼンの妥当連関の理論に対する論評であった。それぞれケルゼンの前期と後期の理論が評価の対象となっていて、後期の理論が前期のものよりも、存在（実効性という事実）と当為（妥当な規範）との関連を認めてはいたが、それについての論評からみても、二元論に立脚した存在と当為の峻別論と、存在の認識論的把握とは一貫していた。私は、法という規範的秩序の現実を適切に把握するためには、存在と当為を包括する妥当概念を構成して、そのもとで妥当根拠を究明すべきであると考える。本章は、この妥当概念の基礎になる「精神的存在」の概念を明らかにすることになる。なお、ここでいう「存在」は当為に対立する事実を意味するものではなく、より包括的な意味合いをもつ。

──── ▲ ▲ ▲ ────

第1節　現代哲学における存在論の位置

1　法哲学と哲学の一般的動向

　本章で取り上げるニコライ・ハルトマンは、特殊哲学者としての法哲学者ではなく一般哲学者であるけれども、現代西ドイツの法哲学上の根本見解にかなりの影響を及ぼしていて、一定の傾向の見解を十分に理解するためには、ハルトマンの理論とりわけその「実在的なもの」の理論についての知識が要求されよう。その見解というのは法を「一種の現実」、それも「精神的

存在」とみるものであり、時には「存在論的」とも特徴づけられる法把捉ないし法的妥当の把握に関する見解である。こうした見解との密接な関係からみても[1]、この理論を法観との関連で明らかにするのは、重要なことであると思う。

さて、ハルトマンの哲学と法哲学上の一定の理論とのこのような相応関係は、けっして偶然ではない。一般に西欧において、法哲学上の理論は時々の哲学的思想との交流あるいはそれからの影響のもとで、つねにそれとの相関関係を保ってきた。法哲学において、前記の「存在論的な」法把握は、より以前の法把握に対する批判に立脚して成立した。批判された法把握とは、とりわけ新カント主義における観念論の法理論であったが、その批判は同時に、この法理論によって補強された実証主義による経験論の法理論にも向けられていた。法哲学におけるこうした存在論的把握の成立経緯は、まさしく19世紀から20世紀にかけての哲学上の思想動向に対応していて、しかもこの動向はたんにドイツ一国にとどまらず、ヨーロッパ的規模のものとしてとらえることができるのである。

ここでは、J. M. ボヘンスキー『現代のヨーロッパ哲学』[2]およびヴォルフガング・シュテークミュラー『現代哲学の主潮流』[3]を参照しながら、私なりに存在論の復興をヨーロッパの一般的思想動向のなかで簡単に位置づけておくことにする。

2　観念論と経験論

ボヘンスキーによれば、19世紀におけるヨーロッパ思考の発展は、観念論から経験論ないし科学主義へ、そして観念論の復活にともなう両思潮の同時存在に至る過程として理解される。ここにいう観念論のうち最初のものは、とりわけドイツのロマン主義哲学を指し、それはヘーゲル哲学に代表さ

---

1) この関係については、竹下賢「法哲学の現在・ドイツ」284頁以下参照。
2) J. M. Bochenski, Europäische Philosophie der Gegenwart, 2. Aufl., [桝田啓三郎訳『現代のヨーロッパ哲学』].
3) W. Stegmüller, Hauptströmungen der Gegenwartphilosophie, 4. Aufl., [中埜肇＝竹尾治一郎監訳『現代哲学の主潮流』].

れよう。後者の観念論、つまり復活した観念論はヨーロッパの各国に見出しうるが、たとえばドイツの新カント主義はこれに属する有力な学派であった。これに対して経験論は、ルートヴィヒ・フォイエルバッハを始めとする唯物論、オーギュスト・コントにより根拠づけられた実証主義から発し、のちには進化思想と結びついた一元論的進化論という有力な思想につながっていく[4]。

　これら観念論と経験論とは、その対立性にもかかわらず、つぎのような共通の特色をもっていた。それは、経験的現象界を超えた存在世界の否定、そして一元論的な体系構成の傾向であり、これを簡単に批判主義と合理主義と特徴づけることができよう。この両者の思考傾向のもとで「理性は、19世紀にあっては、自然科学の機械論的理性と同一視された」[5]。ところが、19世紀の終りから20世紀にかけて、「唯物論的機械論」は理論的な危機を迎える。これは絶対的なものと信じられていたニュートン物理学の世界像に立脚していた。しかし、この世界像の基本要素である物質の複雑さが認識され、その最小単位の位置と運動の測定不可能が判明することによって、唯物論的に構成された機械論が疑わしいものになったのである。こうした理論上の危機は、一般には現象界を超えた世界をも問題にする形而上学上の立場の再構成を要求したが、さらにそれは、一方では合理主義を否定する非合理主義を強化し、他方では科学批判や経験批判において批判主義が徹底させられることにもなった[6]。

　20世紀の初頭において、それでも観念論と経験論とは有力な思潮であった。しかし、それらはともに経験論と結びついた形而上学を基盤にして、なお合理主義的体系の構築への努力を擁護しようとした。ここで形而上学と経験論とが、必ずしも相反する概念ではないことに注意せねばならない。形而上学とは、「何らかの仕方で『基礎づけ得る』のだが、そうかといっていずれの特殊な実証科学（Realwissenschaft）の領域にも属することのないあらゆ

4）Vgl. Bochenski, Europäische Philosophie der Gegenwart, 注（2）, S. 22 f.［桝田訳19頁以下参照］.
5）Ibid., 注（2）, S. 33［桝田訳33頁］.
6）Vgl. ibid., 注（2）, S. 25 ff.［桝田訳25頁以下参照］.

る種類の事実（Tatsachen）言明がそれに属する」[7]学である、というようにそれを広義に理解することができる。このような形而上学は、経験から独立してア・プリオリに構成されうるのとまったく同様に、経験と密接に関連させても展開されうるのである。実際、この時期の経験論者は、「科学の基盤の上に一種の現実の一般像をうちたてようと努力」[8]する形而上学者であった。また観念論の領域でも、新カント主義は経験論を基礎づける認識論を樹立しようとしたが、そもそも認識論は存在論と同様、まさに形而上学なのである。

3 存在論の復興

しかし、20世紀における非合理主義と批判主義の深まりは、哲学における観念論と経験論の従来の地位を押し下げることにもなった。一方では生の哲学から実存主義に至る、他方では現象学や新実在論から存在の形而上学に至る新しい思潮が、その流れの中で観念論を実在論によって駆逐し、経験論を実在論的に変質させたのである。現実世界を究極的に規定するものが観念か実在かという問いに対する立場として両者を解するなら、観念論と実在論は明白に相対立する立場である。経験論を背景にしていた観念論は、経験論の実在論的転回によってますます現実性を失っていった。たとえば新カント主義の観念論的な認識論は、その形式性と一般性のゆえに、実質的で具体的な現実認識に対する基礎理論を提供しえないとされた。ここに実在論の登場する契機を見出すことができる[9]。

すでにのべたように、認識論も存在論も同様に形而上学に属する。そしてこの両者は形而上学の分野として、両立可能であり両立すべきものでもある。というのは、認識とは存在するものの認識であり、存在するものは認識を通じて人間に到達しうるというように、両者は相即の関係にあるからである。しかし、形而上学において認識論と存在論のどちらを基礎的なものとみ

---

7) Stegmüller, Hauptströmungen der Gegenwartphilosophie, 注（3）, S. XLIV［中埜＝竹尾監訳 38 頁］.
8) Bochenski, Europäische Philosophie, 注（2）, S. 37,［桝田訳 38 頁］.
9) Vgl. ibid., 注（2）, S. 34f.,［桝田訳 34 頁以下参照］.

るかについては、見解の対立がありうる。人間の意識から独立した所与としての現実を認める実在論に限定しても、この見解の対立がある。所与の感覚与件から出発するイギリスの新実在論は、認識論を優位に置く傾向をもち、すでにのべた存在の形而上学は存在論に傾斜して存在論の根源性を強調する。

　ハルトマンはこの後者の「存在の形而上学者」のひとりであり、ボヘンスキーによれば、アルフレッド・N・ホワイトヘッドとトマス主義とならぶ、その代表的形而上学者である。一般に「存在の形而上学者」は、「存在者としての存在者に関する学説を形而上学と称し、この学説を合理的手段をもって展開させようと努める」[10]。ハルトマン自身も認識を超えて存在するものの確認から出発し、しかも経験による知識を基盤にした「批判的存在論」を構想しており、さらに20世紀において強力な思潮であった非合理主義の克服をも目指している[11]。このハルトマンの存在論において、経験論による批判を受けたのちの存在の形而上学のあるべき姿と、哲学的体系化に向かって非合理主義を否定していく将来への道を看取できるように思うのである。

第2節　実在的なものの哲学

1　実在論としての存在論

　すでにのべたように、認識論と存在論とはともに形而上学の一分野であって、哲学が存在するものの認識成果として提示されるかぎり、その基礎理論において「認識」と「存在」についての学をともに含むものでなければならない。「存在」についての学が、さしあたりそれの「認識」から出発するしかないことはいうまでもない。同様にまた存在するものだけが認識されうるのであって、そのかぎりで「根源的で自然な認識は、存在論的態度をすでに前提している」[12]。観念論においては一般に「実在が仮象と説明されるが、

---

10)　Ibid., 注 (2), S. 208, [桝田訳234頁].
11)　Vgl. Stegmüller, Hauptströmungen, 注 (3), S. 243, [中埜＝竹尾監訳325頁参照].
12)　N. Hartmann, Neue Wege der Ontologie, 3. Aufl., S. 107, [熊谷正憲訳『存在論の新しい道』192頁].

やはりこの説明がまさに実在現象とその所与性を担っているものについての説明なのである」[13]。「極端な主観主義でも、すくなくとも存在の『仮象』を何らかの仕方で説明することを避けられない」[14]。この意味で、観念論にも存在論がある。

ただ、認識の対象が主観から自立して存在するとみる実在論が存在論を重視し、対象の主観への依存を説く観念論が認識論を優先する傾向にあることは否定できない。とはいっても、観念論でありながら存在論を重視する、しかも、影響力の大きい哲学を、哲学史上、大勢が観念論から実在論へ移行する時期に、たとえばA・リールの「批判的実在論」やエドムント・フッサールの「現象学」に見出すことができる。とりわけフッサールは、「不毛な認識論上の問題から所与のものの分析へと注意を向け」、独自の存在論を展開して実在論への潮流に寄与した[15]。しかしその存在論は、さらに究極的な超越論的哲学に根拠づけられるのであり、その哲学の対象は実在的な存在と観念的な存在とを超えた「純粋意識」である[16]。このような見解は、存在論の内部で実在論に隣接した観念論として位置づけられよう。

これに対してハルトマンは、実在論の方向へ足を踏み出している。ハルトマンによれば「認識は意識とその対象との間の関係である。つまりそれは意識を越え出ている。作用の遂行とみれば認識はこの意味で超越的作用である。そのことは、認識自体がその対象を『それ自体で存在するもの』として理解しているということに反映している。つまりそれは、対象が認識されるかどうかということ、そしてどの程度認識されるのかということにかかわらずに存するものとして理解している、ということを意味する」[17]。このように、ハルトマンは認識対象の自立的な存在を認め、さらにまったく認識にかかわらずに自存する世界を肯定する。ここに実在論の主張がある。

---

13) 14) Hartmann, Zur Grundlegung der Ontologie, 3. Aufl., S. 4, ［高橋敬視訳『存在論の基礎づけ』6頁］.
15) Vgl. Bochenski, Europäische Philosophie, 注（2），S. 34, ［桝田啓三郎訳『現代のヨーロッパ哲学』34頁以下参照］.
16) Vgl. Stegmüller, Hauptströmungen, 注（3），S. XLV, ［中埜＝竹尾監訳39頁参照］.
17) 18) Hartmann, Neue Wege der Ontologie, 注（12），S. 107［熊谷訳193頁］.

これと同時にハルトマンの存在論は、もうひとつの存在者を認識関係の中に引き入れる。それによれば「超越の作用が付着している認識関係は、根本的には存在関係、それも実在的な存在関係である」[18]。これは、認識の対象のみならずその主体もまた存在であることを含意している。「認識の客観と同様に主観も存在形象であり、大抵の場合、それらはまさに非常に異なった高さをもった形象にすぎない」[19]。こうみることによって、意識における認識形象と認識対象との間の観念論的な空隙は、実在論的に架橋され、認識は「存在諸層の段階的区別」の面から問題にされる。「認識関係における超越現象が存在論的関係として理解され、主観と客観との対立の背後に存在層の累積が認識される時」[20]、ハルトマンのいう「存在論」が成立する。

2 実在的存在と観念的存在

こうしたハルトマンの存在論にとって、認識領域と論理領域とは存在領域の2次的な位置を占める。1次的な存在領域には実在的存在が含まれるが、それと並んで理念的存在も1次的領域に帰属させられる。理念的存在として考えられているのは、本質と価値と数学的存在であり、それらは実在的存在と同様にそれ自体で存在する[21]。この両種の存在は存在領域において択一的であるが、そのことは両存在の存在様相と存在範疇の相違によって示されねばならない。

まず存在様相とは必然性、現実性、可能性、偶然性、非現実性、不可能性である。たとえばこの可能性についてみれば、本質存在の可能性にとっては無矛盾性というだけで十分であるのに対して、実在的存在の可能性には多くの実在のための条件が必要である。また現実性については、「単なる本質可能性（無矛盾性）のあるところに、まさしく本質現実性がすでに存する。それに対して実在現実性は、完全な実在可能性と実在必然性との間の相互浸透にもとづいている。それゆえ、実在的に不可能な無限に多くのものが、本質

---

19) Ibid., 注 (12), S. 108, ［熊谷訳 195 頁］.
20) Ibid., 注 (12), S. 115, ［熊谷訳 205 頁］.
21) Vgl. Bochenski, Europäische Philosophie, 注 (2), S. 223 ff., ［桝田訳 253 頁以下参照］.

の領域で可能である。実在的なものでは、現実的でないものは可能ではない」[22]。

　より重要なのは、両存在の範疇の相違である。まず第1に「時間性」が、実在範疇として実在的なものを理念的なものから区別する。理念的なものとしての「本質性は古くから正当に無時間的なものとみなされてきた。そのためにそれは高次の意味で存在するものと説明された。というのはそれが過ぎ去ることに服していないからである。このようにそれから免れていることは、崇高な永遠性のように思われた。それに対して実在的なものは、それも心的な実在と精神的な実在とを含む全範囲にわたって、成立と消滅に委ねられている。そして過程というもののこの両契機が、またそれとともに生成一般が存在に対立させられるかぎり、すべての生成するものはその時間による拘束のために非本来的に存在するにすぎないとされねばならなかった」[23]。

　この古来の洞察から理念的存在優位の伝統的観念を除去すれば、実在的なものが時間性の範疇によって理念的なものから区別されてきたことが鮮明になろう。後者は時間原理をそもそも含むことはない。それに対して前者においては、時間原理はその領域のすべての段階とすべての層を通じて貫徹している根本契機であり、「実在的なもののより特殊な形式、すなわち生成、持続、継起、過程は、これに立脚してはじめて生じる」[24]。

　では時間性と並ぶ根源的範疇である「空間性」はどうであろうか。本質は時間的でないのと同様に空間的でもない。これに対して実在的なものは空間的であるかのようで、時間性とともに空間性を実在的なものと理念的なものとを区別する範疇にできそうにも思える。しかし、それは誤りである。まず最初に、空間性という範疇に服しているのは、物理的なものそして有機的なものという、実在的なものの「低次の」層であって、心的生や精神的生は実在的なものでありながら、空間的ではない。実在的なものの層構造についてはのちにのべるが、空間性はその領域の全体を貫徹していない。さらに理念

---

22)　Hartman, Der Aufbau der realen Welt, S. 59.［高橋敬視訳『実在的世界の構造』77頁］.
23)　Ibid., 注 (22), S. 62f.［高橋訳79頁］.
24)　Ibid., 注 (22), S. 63.［高橋訳80頁以下］.

的なものの内部でも、数学的存在に属する幾何学的存在は、空間性の範疇を担っている。その空間は実在空間ではない理念空間であって、ユークリッド的である必要もない。このように、空間性は2つの存在領域を区分することはできない[25]。

区分することのできる第2の範疇は「個別性」である。「すべての理念的存在は普遍的であり、すべての実在的存在は個別的である。それも厳密な意味で個別的であって、つまり唯一かつ一回きりである。たしかに実在の世界では、すべてのものについてそれに相似したもの、類似したものが存在している。それどころかしばしば人間の把握力ではそれとはまったく区別できないものさえ存在している。しかし、同じものは二度とはない。どのような事件も一回きりあるだけである」[26]。

さらにここではつぎの引用によって、ハルトマンが個別性の範疇を実在的なものの全領域に認めていることにも注目せねばならないであろう。それによれば「アリストテレスは個別的なものそれ自体を物質に還元したが、その見解は心的な個別性や精神的な個別性にあてはまらないので、たしかに維持できない。しかしそれでもその見解は、物的なものの領域にかぎってではあるが、問題の根幹をとらえていた。『個別化』を空間と時間の作用だとする後代の解釈も、同様の特徴をもっている。なるほどこの解釈も、空間性が実在的なものの低次の層にだけ拡がっているので、空間性について同様に射程が短かすぎた。しかしそれは、時間性に個別化の役割を帰着させたことによって、まさしくまともにその問題に的中していた。というのは実際、すべての時間的なものが一回きりで唯一であり、すべての唯一性が時間的であるからである」[27]。

以上のように、ハルトマンは、実在的存在のもつ時間性と個別性の範疇をそれを理念的存在から区別する標識とみる。

---

25) 26) Ibid., 注（22），S. 64，［高橋訳 81 頁以下］．
27) Ibid., 注（22），S. 65，［高橋訳 82 頁以下］．

3 実在的存在の層構造

理念的存在と実在的存在の関係について、プラトン的傾向の哲学は前者の優越を主張した。しかしハルトマンによれば、この主張は存在論的に維持できない。前者がより高次の、あるいはより絶対的な、さらにはより完全なあり方をしているとみることは不可能である。普遍的なものは実在的で個別的なもののひとつの要素であり、その意味でより低次のものである。理念的存在はつねに普遍的であり個別的でないので、むしろ両者を具備している実在的存在が完全なあり方をし、理念的存在は不完全なあり方をしている[28]。このようなハルトマンの見解に、実在論的存在論の基本姿勢が表われている。

このように存在論的により根本的なものとされた実在的存在は、さらに層構造をもったものとして明らかにされる。実在的存在を層に分ける思想は伝統的にも存在しているが、それは「自然」と「精神」の二元的世界観に依拠するものであった。ハルトマンはこの思想を修正して4層構造論を展開する。第1の修正は、「自然」を「物質」と「生命」に、「精神」を「心」と「精神」にそれぞれ二分することである。第2の修正は、層構造を上下関係のあるものとしてとらえ、低次の層の存在者の上に高次の層の存在者が累積する構造とみることである。より高次のものからいえば、「精神」、「心」、「生命」、「物質」の順に層をなしている。このような層構造において、すべては同じように実在的であるが、それぞれ構造と法則を異にしている、つまりその範疇を異にしている[29]。

まず、各存在層に特殊な範疇をみていく。物質界の範疇としては、空間と時間、過程と状態、実体性と因果性があげられ、生命の世界のそれとしては、有機組織、適応性と合目的性、新陳代謝、自己調節、自己再生、種の生、種の恒常性、変種があげられる。また、心の世界では、作用と内容、意識と無意識、快と不快が、精神の世界では、思想、認識作用、意欲、自由、

---

28) Vgl. ibid., 注（22），S. 371，［高橋訳463頁］，Zur Grundlegung der Ontologie, 注（13），S. 282，［高橋訳378頁以下］，Neue Wege der Ontologie, 注（12），S. 22f.，［熊谷訳41頁参照］．
29) Vgl. Der Aufbau der realen Welt, 注（22），S. 188 ff.，［高橋訳239頁以下］，Neue Wege, 注（12），S. 36ff.，［熊谷訳65頁以下参照］．

評価、人格が、各層に特殊な範疇として提示される。これに対して、実在的な存在の一切を貫く基礎的範疇がある。それに属するのは、統一性と多様性、一致と対抗、形相と質料、同一性と差異性、普遍性と個別性、さらに可能性や現実性などの様相範疇等々である。これらの範疇の内容は各層ごとに異なるが、範疇としては継続している。実在的なものはこれら諸範疇によって規定されているが、前者の特殊範疇の場合には、同一層に対応する範疇がすべて結合しながら、その層に属する実在的なものを規定する[30]。

　これらの範疇は、低い層のものが高い層のものに浸透していくという形で再現する。また一般的にいって、この再現はつねに最高の層にまで達するものではなく、途中で中断することもある。たとえば、基礎的範疇や時間性は実在的なものすべての層を貫くが、すでにのべたように空間性は、心や精神には浸透せず、心と生命との間で中断する。この中断は、形相と質料という基礎的範疇の変転によって理解できる。形相と質料とは、形相がより高次の形相の質料となり、質料がより低次の質料の形相となるように系列をなして、相互に関係しうる。このように形相は高次の形相によって質料にされ、「上部形成」される。具体的にいえば、「原子は分子の質料であるが、それ自体すでに形成された形象である。分子は細胞の質料であり、細胞は多細胞の有機体の質料である」[31]。このように「有機体は原子と分子とを自己の中に受け入れ、そこから新しい形相を構築している」[32] のであって、それゆえに物質界の範疇が生命の世界に浸透しているのである。

　これに対して、心的な生は生命の上部形成によるものではない。「作用や内容はまさに範疇的に別種のものである。それらは空間性も物質性ももたず、そもそも実体性そのものをもたない。それらから構築される『内界』——体験、感情、知覚、思考等のそれ——はたしかに、有機組織の『上に』生じた存在領域ではあるが、存在基盤にもとづくようにそれの『上に』もとづいているのであって、質料からのようにそれ『から』構築されているわけではない」[33]。このような存在層間の関係を、ハルトマンは「上部形成関係」

---

30)　Vgl. Neue Wege, 注（12）, S. 51ff., ［熊谷訳94頁以下参照］.
31) 32)　Ibid., 注（12）, S. 55, ［熊谷訳100頁］.
33)　Ibid., 注（12）, S. 63, ［熊谷訳114頁以下］.

に対して「上部構築関係」と呼んでいる。この関係によって、心の世界と生命の世界との間に範疇の中断という境界線が引かれることが説明される。さらに精神と心との間にも同様の「上部構築関係」が指摘されるが、これについては後述する。

第3節　精神的存在

1　精神の実在性

「物質」「生命」「心」「精神」という実在的世界の4層構造には、実体、つまり具体的形象としての典型的対応物を並置することができる。それは、「物」「植物（ないし有機体）」「動物」「人間」である。このような具体的形象に即して、存在層の上部形成関係や上部構築関係が構想されたのであるが、いずれにしても高次の層は低次の層の上に成立し、具体的形象はより低次の存在層をも包括する。「たとえば人間は精神であるだけでなく、精神のない心的生をも有し、有機体でもあり、それどころか物的・物質的な形象でさえある。つまり人間は動物と同様に一定の刺激に無意識に反応し、植物と同様に繁殖し、物と同様に衝撃と反衝をうける」[34]。また「動物界という高次の秩序ではもちろん、意識の登場によって有機的生命にもう一つの層がつけ加わってすでに三層性が始まる」[35]。同様に、有機体は2層的である。ここで問題にするのは「精神」の存在層であるが、これに対応する具体的形象は、人間にかぎらずすべて4層的である。

古来、存在論はこのような精神を本質の領域に帰属させ、精神の実在性は物のそれとはまったく異なったものと考えられてきた。しかし復興した新たな存在論は、そうした前提を否定した。「新しい存在論の基礎にあり、出発点となっている所与は、自然の存在とならんで心的存在と精神的存在をも包括している。実際、精神は実在的世界の外部にあるのではなく、徹頭徹尾それに属している。それは物や生物と同じ時間性をもち、それらと同様に成立し消滅する。簡単にいえば、それは同一の実在性をもつ。それだからこそ、

---

34) 35) Hartmann. Neue Wege der Ontoligie, 注 (12), S. 39, [熊谷訳71頁以下].

精神はこの世界で効果を及ぼし、世界からの影響をうけ、この世界においてその運命とその作用の場をうることができる」[36]。

このように精神は時間性の範疇に規定され、さらにすでにのべた個別性の範疇に服した実在的存在である。この時間性のために、精神が本質などの無時間的な理念的存在より劣ったものと考えられてはならない。この点についてはすでに言及したが、ハルトマンはつぎのようにものべている。「むしろ無時間性は実際には、非自立的でたんに『理念的』にすぎない存在である。普遍的なものが実在性をうるのは、時間的で個別的な実在の事件において以外にはない。本質の領域はかつて完全性の領域とみなされ、物はそれの貧弱な模像とされた。まさしくそれが抽象によってのみ自立させられる不完全な存在の領域として証示されたのである。このような洞察が新しい存在論における古い存在論との対立点をなしているであろう」[37]。このようにハルトマンの存在論によれば、無時間的な理念的存在よりも精神的存在を含む実在的存在の方が完全な存在なのである。

2 精神的存在の3形態

精神的存在には、3つの根本的形態がある。それは個人的精神、客観的精神、それに客体化された精神であり、それぞれ個人の人間、共同体、作品のなかに見出される。客観的精神と客体化された精神とは共同的であるのに対して、個人的精神は個別的である。また、客観的精神と個人的精神とは生きているのに対して、客体化された精神は生きてはいない[38]。このような3種の精神についてより具体的にみていくことにする。

(1) 個人的精神

それは精神的個として存在し、その点でそもそも客観的精神から区別されることになる。このような個は媒介された自己意識において与えられ、そのことはつぎのように説明される。「意識が客観に対する主観へと自己を構成する——これは客体化において起る——ことによってはじめて、内的に自己

---

36) Ibid., 注 (12), S. 21, [熊谷訳 38 頁].
37) Ibid., 注 (12), S. 22f., [熊谷訳 41 頁].
38) Vgl. Hartmann, Das Problem des geistigen Seins, 2. Aufl., S. 71f.

が世界から分離される。その分離においてはじめて、間接的に自己がみつかる」[39]。このような自己意識は「個人的精神の根本現象」であるが、精神的個はもっぱらこの平面でのみとらえられてはならない。むしろ、これを主観－客観の認識関係から離れて、より広く実践的態度との関連でとらえる方が重要である。精神的個は豊富な生の連関の中に引き入れられる時、さまざまな行動の主体としてあらわれる。この主体という「精神的個体の統一は、実際生活では「人格」と呼ばれるものである。個人的精神は、このようにほぼ「人格」に相当する[40]。

(2) 客観的精神

それは、人間の共同体における精神生活の背後に潜む実体というようなものではないし、また個人の単なる集合でもない。「それは合一的な精神的生であり、その時々に成立し同時代性や生活の共同性によって結合された人間集団において、歴史的に形成され、発展し、高揚し、没落する」[41]。詳細には、ハルトマンはこの客観的精神をさらに重層的にとらえている。

まず個人の共同体が想定されるが、後述のようにこれまたすでに個人の単なる集合ではない集合体であり、いまだ精神的ではない。この共同体に形態を与えるのが共同精神であり、精神的創造によるものであり、これによって共同体そのものの形態化がなされる。これは「種族、国民、あるいは国民集団の、外的および内的生活条件に結合した全体的な生き方（modus vivendi）」[42]にかかわる。これの例としては包括的で多様なものが挙げられている。そのうち主なものをのべれば、所有関係、交換関係、商関係、交際における慣習法、個人や家族や団体における公平や義務についての妥当な見方などがある。この共同精神もまた客観的精神とも呼ぶことができようが、その点についてハルトマンの論述は微妙であって、むしろそれは客観的精神が形成される基盤と考えられているようである。ハルトマンによれば、「このような領域の形態化は客観的精神の根本層であって、客観的精神による創

---

39) Ibid., 注 (38), S. 121.
40) Vgl. ibid., 注 (38), S. 122, S. 124f.
41) Ibid., 注 (38), S. 205.
42) Ibid., 注 (38), S. 206.

造の本来的で純粋に精神的な領域は、この領域の上にはじめて生じうる」[43]。

このような本来の客観的精神の本質は、その独自の諸領域に即して把握される。しかしその諸領域の内容は完全な形で提示されえない。それは個々の領域がまた分裂したり明確な限界をもたないからである。それでも厳密さを欠くという限定つきで、つぎのものが挙げられる。「言葉、生産と技術、現存の習俗、妥当している法、優勢な評価、支配的道徳、教育と教養の伝統的形態、態度と情操の支配的類型、主導的な好み、芸術と芸術的理解の傾向、認識と科学の現状、神話や宗教であれ哲学であれ、あらゆる形態の支配的世界観」[44]。今日われわれが法として問題にするのは、「妥当している法」ないし「現行法」であって、それはハルトマンのいう客観的精神の一領域なのである。

(3) **客体化された精神**

最後にこの種の精神は、端的な例でいえば「著作物」と「芸術品」である。歴史的な生きた精神は、それ自身から区別されより把握しやすい客観性を示すような形象を生みだす。このような形象が客体化された精神であり、その生きた精神でもなくその精神の担い手としてそれに付着するわけでもない。「むしろ歴史的な生きた精神がこの形象を自己から『とり出し』、いわば自己の変転運動から『解放する』。しかし、その精神はその形象をとり出して解放することによって、けっして固定できない自己とは反対にその形象を『固定化する』」[45]。これによって形象は歴史に委ねられ、そのなかで新たな精神に与えられる。にもかかわらず、形象を創造した精神はその形象のなかに残存し、大抵の場合なお認識可能である。

法との関連では、ハルトマンはつぎのようにのべている。「すべての生きた精神は、個人的精神であれ共同精神であれ、しかもそのすべての領域で客体化される。ある時代の法意識は『所与の制定法』に、固定され定着された法としての実定法に客体化される。……さしあたりこの種の客体化は一貫してなお生きた精神に付着していて、分離されず、なお生きた法意識の形態化

---

43) Ibid., 注 (38), S. 207.
44) Ibid., 注 (38), S. 212.
45) Ibid., 注 (38), S. 406f.

であるにすぎない。……しかし精神は静止せず動きつづける。法意識とともに妥当している法は変化する。このように変化してかつての法の一体何が残存するのか。それは言葉という持続する形態で刻印され示されたものである。……客体化によって形象はそれを創造し所有した生きた精神を越えて存続する」[46]。この論述によれば、法との関連での「客体化された精神」は文書に表わされた制定法と理解することができる。そしてここで注目すべき点は、客体化された精神とそれを生み出した精神との分離が、「付着」に関連させて説明されていることである。これによれば、ハルトマンの主張から単純に（現行）法と制定法との分離を読みとることはできない。

3　精神とより低次の層

　以上のような精神的存在は、すでにのべた実在的なものの累層関係からみて、より低次の存在層に依存してのみ存立しうる。「精神の生はまさしく担われたものでしかなく、生きている個体に結びつけられたものでしかないことがわかっている。そして、たとえ精神の生がそのような生きた個体の意識には尽きないで、客観的精神としてその限界をさらに超えていくとしても、精神の生はその担い手に結びつけられ、その担い手に基づいて存立し、その担い手が滅び去る場合には、他の個体に担われてさらに生き続けていくのである。同様にわかっていることは、有機的な担い手のない意識は存しないし、光、空気、水、その他いろいろな種類の構成素材を提供してくれる無生物界の特定の構造に結びつけられていないような有機体の生は存しない」[47]。

　こうした精神的存在の依存関係は、客観的精神の基底層としての共同精神の場合には、心的なものを越えて有機的なものとの関連で強調される。前述のように、共同精神自体の基盤は個人の共同体であるが、これは共同精神の介入以前にすでに個人間の結合がなされた共同体として理解されねばならない。つまり、「精神はむしろより低次の層、有機的な生の結合を受け継ぐ」[48]。ここでは人間は動物の種としてとらえられ、種は個体によって担わ

---

46) Ibid., 注 (38), S. 409.
47) Neue Wege, 注 (12), S. 68, ［熊谷訳 123 頁］.
48) Das Problem des geistigen Seins, 注 (38), S. 207.

れ規定されながら、個体の生を越えて生きるという、種の生存共同体の中に位置づけられる。このような人間の共同体論において注目すべき点は、すくなくとも存在論的に社会契約説が否定されていることである。この説のように個人的精神としての人格の上に客観的精神としての社会ないし国家が成立するとされるのでなく、ここでは個人的精神と客観的精神とがいわば並立して有機体の世界の上に立脚するのである。

ところで一般に、存在のより高次の層の低次の層への依存には、前述の2種類の関係があるが、いずれにしても実在的なものは形象として低次の層にもとづいている。しかし、より低次の層を質料ないし素材にして高次の層が形成される依存関係、つまり「上部形成関係」では層間の関係が密接で、高次の層は低次の層の範疇の多くを受け取る。これに対して、低次の層を質料として自らに受け入れない存在層、つまり「上部構築関係」による存在層の場合には、低次の層からの範疇上の規定は弱く、低次の層からより自立的であるといえる。この上部構築関係は、心と生命との間と同様に、ここで問題にしている精神と心との間にも指摘される[49]。

ハルトマンによれば「精神なき意識は生命諸力による強制にしばられ、自然の傾向、要求、本能の反映である」[50]。このような意識は精神的生からはほど遠く、精神的生が始まるためには、心的なものの特殊範疇である意識や主観性とは異なった新たな範疇が見出されねばならない。そこにおいてはじめて、「人格」、「倫理的に評価される行為」、「共同社会の創造的形成」、「普遍妥当な認識の客観性」が存立する。精神と心とは上部構築関係であって、主観性と意識の範疇は精神に入り込まない。個人的精神でさえ、個別的ではあるが主観的でなく客観的であって、「個人の運命、発展、業績は歴史的全体状況に個人が組み込まれていることから以外には、けっして理解されえない」[51]。また、たとえば精神的存在に属する思想は客観的で拡張的で結合的であるのに対して、意識は孤立的である。「精神は結合し、意識は孤立す

---

[49] Vgl. ibid., S. 69, Der Aufbau, 注（22）, S. 287,［高橋訳 36 頁］, Neue Wege, 注（12）, S. 56, 59,［熊谷訳 101 頁、124 頁参照］.
[50] Der Aufbau, 注（22）, S. 531,［高橋訳 660 頁］.
[51] Das Problem des geistigen Seins, 注（38）, S. 207.

る」[52]。

4 精神の相互関係

このように有機的なものと心的なものに上部構築された精神的なものは、その内部において、すなわちその3種の根本形態の間でどのように関係するのかがつぎの問題である。概括的にいって、「三種の精神が並立して相互にまったく依存せずに存するわけではない。ひとつの統一的な精神的存在があり、それは分割されないし、分割されることもできない。精神の三種の存在形態はこの統一体の中に含まれてきたのであり、それらは相互にまじりあい、まったく分離することができない。……むしろ同一の形象の『異なった側面』という見方が適当である。……つまり同一の精神的存在の三つの根本範疇である」[53]。3種の精神的存在は、その統一性その分離不可能性が強調される。

つぎに、このような3種の精神は対等であり、累積した層を構成せず、三者がまじりあって精神の層をなす。「そのどれもが他のものに対して特殊な高さと卓越さをもつ」[54]。より低次の層との関係では、3者が対等に上部構築関係によって心的なもの、有機的なもの、物質的なもののうえに立脚する。個人的精神は個人の心や肉体に担われるのと同様に、客観的精神は国民の心的な気質や肉体的特徴に担われる。客体化された精神はこれらとは少し異なり、物質的なものにのみ担われるが、いずれにしても3者は並列的に低次の層に担われるのである。

ここでは、法がそれに属するところの客観的精神がとりわけ重要であり、それと他の形態の精神との関連が問題になる。個人的精神との関連では、すでにのべたように両者の相互浸透性が指摘される一方で、両者の境界が明確に画される。それも前の論述に矛盾するのだが、客観的精神は個人的精神にもとづくがそれを素材としないとして、両者は上部構築関係にあると説かれる。ハルトマンによれば、法や言葉や学問といった客観的精神は、個人的精

---

52) Ibid., 注（38), S. 71.
53) Ibid., 注（38), S. 72f.
54) Ibid., 注（38), S. 74.

神としてのある人格ではなく、またあるひとりの人の意識において存立するわけでもない。しかし、客観的精神についての意識はつねに個人の意識であり、客観的精神はつねに人格としての個人の行動に担われて存在する。このように、法を含む客観的精神は、個人的精神の上に上部構築されたものととらえられる[55]。

さらに客体化された精神と客観的精神との関係についてのハルトマンの見解は、制定法と法との関係を包摂しているだけに重要である。一般的にいって、生きた精神はすべて感覚的にとらえうる形態の客体化された形象を、それ自身の中からとり出す。たとえば、談話、文書、立法、芸術品という形態で。客観的精神は客体化された形象を、それ自身を越えた作用のためではなく、まず何よりもそれ自身の生命形態として必要としている。客観的精神は客体化された形象を通じて具体的に個人的精神に働きかけ、個人の精神的共同性という立脚基盤を強化し、その生命を維持する[56]。

この観点からみれば、客体化された精神それ自体は死んだものであっても、それを生み出した客観的精神の生きるための道具として、それによって生かされているということができる。「精神の歴史過程はひとつであり、全体としてみれば、それは第一に客観的精神の生の過程である。個人の限定された歴史性もそこに組み込まれていて、客体化された精神の生産、維持、運命、復活もまたそれに担われている」[57]。これによれば、客体化された精神は一時期の客観的精神の形象化であり、その精神の変化がないかぎり、両者は対応したものととらえることができる。制定された法は客観的精神としての法の形象化であり、その精神に担われてはじめて歴史的に生かされて存続している。このように客観的精神を重視する立場からすれば、客体化された精神はそれに従属的だということができる。ただ客観的精神は、客体化された精神を通じてその内容が知られるのである。

---

55) Vgl. Neue Wege, 注（12）, S. 64f., ［熊谷訳 116 頁以下参照］.
56) Vgl. Das Problem des geistigen Seins, 注（38）, S 521 f.
57) Ibid., 注（38）, S. 519.

第4節　存在論的妥当概念

1　精神的存在論の問題点と展望

　以上、ハルトマンの「実在的なもの」についての理論を、精神的存在に焦点をあわせてごく大まかにみてきた。こうした理論には、多くの疑問や問題点があることは否定できない。まず第1に気がつくことは、その論述において個々の点で十分な規定がなされていない場合が多いことである。主要な点をあげれば、客観的精神とその「根本層」とされる共同精神との相違、個人的精神と客観的精神の累層関係（これについてはハルトマンの論述の矛盾として前述で指摘した）、3種の精神の結合性と自立性の関係などである。これらの点は、きわめて多弁に論じられている論点でありながら、斉合的に、また明確にその主張をとらえることのできないものなのである。

　また、法との関連で問題点を指摘しておくなら、第1にハルトマンにとって客観的精神としての「妥当している法」は、ふつう「法意識」と呼ばれるものを意味しているようである。それは共同体の成員によって法としてとらえられている意識内容である。もしそうであるとすれば、法は社会心理学上の存在だということになり、本来的にはもっぱら意識調査によってその内容が知られる存在だということになってしまう。法はたしかに共同体の法意識に担われたものではあっても、やはりそれに尽きるものではなく、何らかの形でそれを超越したものである。法の客観性は、単に個人を越えた国民という意味でのみならず、共同意識をも超えた意味で理解されるべきであろう。そこに介入してくるのは法理念であり、これに関連させられてはじめて法は超越性を獲得し、十分な意味での客観性を有することになる。ハルトマン自身、実在的な存在と理念的な存在との関係について、また実在的なものと当為あるいは実現との関係について論じている。この論述との関連でハルトマンの法理解を問題にする必要があろうが、ここではその余裕はない。

　第2に、ハルトマンの法についての理解はやはり法という存在についての解釈であろうが、法の内容が何かということも含めて、一般に法理解において、その解釈学的な構造が指摘されねばならない。さらに法の解釈において

は、実践の要素が支配的であり、そのことからも解釈者としての個人的精神の、解釈に対する責任が強調されねばならない。このような方向で客観的精神と個人的精神との関係性を究明していくことは、ハルトマンの客体世界に傾斜した存在論と主体の根源性を維持しようとする解釈学的存在論とを接合していくことにつながる。このような試みは社会哲学のこれからの発展にとって意義あるものと思われ、また不可能でないように思えるのである。

　このようにハルトマンの理論には多くの問題があるとしても、その理論が、従来の法理解の不十分性を克服して出てきた存在論的な法把握に理論的な基礎を提供していることは、評価されねばならない。またその理論のもつ視野の広さは、法を人間の精神的営為の1領域に位置づけ、さらにそれを生物学的な基盤とのかかわりで問題にしていく作業に、有効なフレームワークを提供してくれる。これからの法理論において、こうした作業がますます多くなされるであろうことは言を俟たない。

2　時空的妥当の概念

▼　▼　▼

　ハルトマンの精神的存在論が、法的妥当の諸概念のうち「存在論的妥当概念」の哲学的根拠を提供することについては、前著『法　その存在と効力』においてすでに論述した[①]。ここでは、この存在論的妥当概念を時空的妥当という特徴的な名称のもとで、改めて取り上げることにしたい。

▲　▲　▲

　以下ではあらかじめ、この概念規定と密接に連関する、実定法に固有の存在性格について簡単にのべておくことにするが、これまでわれわれが問題としてきた「妥当」は、実定法の妥当であった。したがって、妥当の問題は、実定的な（実証的な）法に即して探究されるのであり、「実定性（Positivität）」を前提としているといいうる。しかし、実定性とは何かという問題にも、法的妥当についてと同様、論者の立場に応じて従来さまざまな解答が与えられてきた[58)]。とはいえ、実定性の概念規定の相異は、全体的な法的現実の把握という視野のもとでは必ずしも異った把握につながるわけで

はなく、多分に単なる言葉の相異にすぎない側面があり、まず、このことについてみていくことにする。

実定性の概念規定については、大雑把に考えれば、実効性あるいは制定行為という事実性（Faktizität）によって実定性が尽されるか否かということを巡って、二つの見解が大別されよう。つまり、〔1〕実定性を事実性と等置する見解[59]と、〔2〕実定性を事実性と規範性（Normativität）あるいは妥当性との結合として理解する見解[60]である。

ところで、〔1〕の見解は、ただちに規範性の否定につながるわけではない。この見解においては、全体的な法的現実との関連では、しばしば、実定性（事実性）と規範性との結合として妥当性の概念が規定される[61]。したがって、〔1〕の見解を採るとしても、実定法の規範的性格を認めるかぎり、全体的な法的現実は〔2〕の見解におけると同様に把握されていると思える。つまり、規範的側面と事実的側面という2つの側面を有する同じ法の現実が、〔1〕の見解によれば（ただし、実定法の規範的性格を認めるかぎりで）、実定性という言葉のもとに、〔2〕の見解によれば、妥当性という言葉のもとに究明されるといいうるであろう。

以上のような概念規定の相異の検討に本章は立ち入るものではないが[62]、ここではつぎのことが確認される必要がある。つまり、前述において、実定法の特殊的存在性格が示されているということであって、要するに、実定法は、その事実的側面を通じて一定の時間および空間的な限定を受けつつ、一定の価値を実現せんとする歴史的現実であって、事実性と規範性という二側

---

58) 木村亀二「自然法と実定法」、12頁以下参照。
59) たとえば、哲学的実証主義に立脚する理論はこれに属するであろう。
60) たとえば、尾高朝雄『実定法秩序論』、1942年、23頁以下および210頁以下参照。
61) 時空的妥当論は、これに属するであろう。さらに、ラレンツもこれに含まれる[2]。
62) なお、本文においては、実定性の観点と妥当性の観点とは（たとえ同様に法的現実を把握するとはいえ）択一的なものとして論述されているが、私は、2つの観点が関心方向の相異として理解されることによって両立可能なものになるのではないか、と考えている。つまり、実定性の観点のもとでは、法の存在論的な構造が正面から問題とされ、その枠組の中で事実性と規範性との結合が採り上げられるのに対して、妥当性の観点のもとでは、法の規範性の側面に重点が置かれ、その規範性が法の事実性のどの側面に結びつくかが探究される、ということである。

面性をもつものなのである。

　ゲルハルト・フッサールは、このような実定法の存在性格を顧慮して、法的妥当の概念を規定しているように思われる。フッサールによれば、「『妥当』は法の存在形式」であり、「『法が妥当している』ということは、つまり法がある時空的に（raumzeitlich）所与の法的団体において規範的作用を伴った社会的現実として、ここで（hic）——この法圏において——そしていま（nunc）——この時点において——妥当しているということである」[63]。

　妥当というそのような存在は、まず第1に、「自然現象」ではありえず、さらに「実在心理的な事態」と理解されてはならず、「何らかの精神的なるもの（etwas Geistiges）」である[64]。つまり「法命題がその法圏の構成員によって事実上想起されているかどうかということは、この規範の妥当にとってまったく重要ではない。法は、すべてのその束縛に服している法主体が夢をも見ずに熟睡しているとしても、妥当する」[65]。そして第2に、「論理的妥当は〔個人の意識体験に対する超越性を法的妥当とともに有しているのだが〕、法的妥当とは原理的に異なる」[66]。なぜなら、「論理学の命題はその妥当性を真理に負うており」、「論理的判断の真理はいかなる時空的限界にも拘束されていない」からである[67]。これに対して、「法命題はそれが真であるがゆえに妥当するわけではない」、「法規範は認識命題として妥当するのではなく、意思命題として妥当する」[68]③。

お わ り に

　私は、このような精神的存在としての法的妥当の把握、いわば時空的妥当概念が、法的妥当の事態に適合的であると考える。実定法規範は超現実的な観念的存在ではなく、歴史的時間のなかでの観念的現実である。そして、実定法の妥当は、精神的存在であり、時間および空間の中に位置を占める存在であり、したがって、実定法の規範的妥当そのものが時空的存在なのであ

---

63) 64)　Gerhart Husserl, Rechtskraft und Rechtsgeltung, 1925, S. 6.
65)　Ibid., 注（63）, S. 7.
66) 67) 68)　Ibid., 注（63）, S. 8.

る。そして、実定法の規範的側面それ自体が、時空的に拘束された現実的存在であるがゆえに、妥当それ自体が事実的な側面を有することになる。このように考えれば、実定法の妥当は、超現実的な法的価値理念に根拠づけられるとしても、その法理念が現実に実現されている、あるいはその実現が目指されているという実在的な側面をもつはずである。さもなければ、法理念の超現実と実定法の現実とは、架橋されることのない並行的事態となろう。

　以上要するに、フッサールの法的妥当の概念によって、ケルゼンの法学的妥当概念[4]では把握されなかった、妥当と実効性の連関が理解されるのである。つまり、法秩序が大体において実効的であるということは、法が妥当しているということの事実的な側面、つまり、本書後述で問題とするカール・エンギッシュがいうところの、実在的な識別基準あるいは指標として考えられるのである。

① これについての詳論は、竹下賢『法　その存在と効力』256頁以下参照。
② カール・ラレンツについては、本書第8章206頁および216頁参照。
③ 存在論的妥当概念のもとでの妥当と実効性の相関については、竹下前掲書269頁以下および284頁以下参照。
④ 竹下前掲書259頁以下参照。

第4章　法の存在論的構造と歴史性
―― 三島淑臣論文に即して ――

は　じ　め　に

　西欧の法思想史において、「法とは何か」についての観念が、伝統的に自然法論により規定されてきたことは、周知のことである。しかし、19世紀の後半以来、この自然法論の歴史的な伝統に異を唱える法実証主義が登場し、自然法に対して実定法を法の観念の中心に据えるに至った。こうした法実証主義を生み出す源流となった、主たる思想のひとつが歴史主義であり、この思想は、自然法論の特徴を形成する理論内容の一部を否定した。つまり、歴史主義は法の概念要素から普遍妥当性を排除して、歴史性を導入することによって、普遍妥当性を概念要素としている自然法を、法として観念することを拒否した。

　本章は、このような歴史性を法の普遍性との関係でどう評価するのかということを問題にする。伝統的な法の観念を維持していくという立場からすれば、この問題は、自然法を前提にして、それを歴史性のカテゴリーとどのように折り合いをつけるのかということになろう。しかし、歴史主義を含む前述の法実証主義は、すでに現代的な法意識をかなりの程度にまで支配しているといえる。その法意識は、法の第一義的な形態を自然法ではなく実定法と想定し、少なくとも一定の側面としては、法を歴史的であるとみなすのである。

　この現代的な法意識からすれば、以下では普遍性の問題を逆に問うことになる。つまり、歴史的な現実としてすでに観念されている法に、どのように普遍的な性質を認めることができるのかと問うことになる。本稿はこうした問題を、この分野でのわが国の優れた研究者である三島淑臣の所説と、そこで参照されているアルトゥール・カウフマンの所説に即して検討していくこ

とにする。

　それらにおいても問題は、自然法ではなく法そのものの存在構造を問う形で究明される。したがって、本章はむしろ、歴史性を法の概念要素にするという立場から、伝統的な法の観念としての自然法が、なおどの程度に有効であるのかを問うことになる。それは、法の概念要素に歴史性を採用することによって、普遍妥当性の概念が維持されるのかどうか、また、維持されるとすればどのようにしてかと問うことである。

第1節　法意識のディレンマ
―三島「〈自然法論〉と法実証主義の彼方」の問題意識―

　19世紀の後半以来、法思想の一般的な動向は、自然法論と法実証主義との対立によって型どられてきたといえる。法の観念の中心に、前者は「自然」ないし「本性」に立脚して普遍的に妥当する自然法をおき、後者は「人為」によって形成される実定法をおく。こうした動向がいまや変化をみせていることについて、三島は論文「〈自然法論〉と法実証主義の彼方――アルトゥール・カウフマン――」(1985年)［以下、第2論文と呼ぶ］において指摘する。そこでは「現代自然法論の基本動向」がまず問題にされ、いまや右の対立する両思想が相互に歩み寄りをみせてきたとされる。つまり、現代の法思想の動向は、「『自然法論か法実証主義か』という二者択一的態度から『自然法論及び法実証主義』という両者の相補的関係づけの試行へ」の移行として捉えられる[1]。

　こうした相互の歩み寄りという把捉に、私としてはつぎのような限定を加えたい。この歩み寄りは、19世紀後半以来の法思想史からすれば、きわめて現代的な局面に該当するものと考えられ、それまでの時期にみられるのは、両陣営の対立のどちらか一方の支配という状況であった。また、現代の

---

[1]　三島淑臣「〈自然法論〉と法実証主義の彼方――アルトゥール・カウフマン――」、196頁以下参照。三島のこうした1985年の動向把握は、すでに1970年の同「現代自然法論の思想」、194頁で表明されているが、それ以前の論文との関係については、本文後述参照。

第1節　法意識のディレンマ

局面での歩み寄りの動向を認めるにしても、すでに指摘したように、法意識に関して一定の程度の法実証主義が前提になっているといえよう。

しかし、これらの限定は第2論文の法哲学上の意義をいささかも減ずることはない。というのは、自然法論と法実証主義との対立を「両者の相補的関係づけ」にまでもたらそうとする議論は、法の歴史性の問題を中心に、なお究明を要する法哲学的に重要な根本問題を扱っているからである。さらに、現在の理論状況でも、お互いに他の陣営を認めない対立がなおみられることからしても、そうした「関係づけの試行」は魅力的な学問的努力だからである。

この論文は、両陣営の間に第3の道を取るとする基本動向に着目し、その中心的な研究者であるカウフマンの幾編かの論文を取り上げ、その所説を法の存在論と認識論の2つの分野について検討していく。しかし、ここでは本章の議論を分かり易くするため、こうした存在論と認識論といった哲学的な議論に立ち入るのは後回しにして、こうした試行に向かう理論的な前段階を明らかにすることから始めることにしよう。

第2論文が紹介するように、その前段階にはナチス法秩序という歴史的な事実の評価があり、問題はそれをどのように理論的に構成するかということにある。カウフマンは、法が歴史的に拘束されていて時代に対して相対的であるという、歴史性の意識に完全に依拠してしまって、法における客観的な価値尺度を歴史的な相対主義に委ねてしまうことは、けっしてできないことだと主張する。そして、そのことは、ナチスについてのわれわれの経験が教えるところであるという[2]。

カウフマン自身の論述は、つぎの通りである。「まさに自然科学の実験の精密さをもって、最近の過去の歴史がわれわれに教えてくれたことは、価値もまた現実であり、人が相対化したりまったく否定したりすることで、消滅したり作用したりするものではないということである。われわれは、実証主義が文字通りに受け取られているところでは、全体主義の価値ニヒリズムに門戸が開放されてしまうという、苦い経験をせねばならなかった。というの

---

[2]　前掲「〈自然法論〉と法実証主義の彼方」、注（1）、199頁参照。

は、法と国家の制定法との画一化によって、まさにあらゆることを、精神障害者の卑劣な殺害やアウシュヴィッツのガス室までも、『正当化する』ことができるからである」[3]。

このように法実証主義とナチズムの法思想とを直接に結びつける評価について、私自身はもう少し多面的に考察する必要があると考えていて、少なくともナチズムの法思想が文字通り法実証主義であったとは考えない[4]。カウフマンの場合、この両者を結びつける評価がなされているのだが、しかしそのことをもって、自然法論に単純に回帰することはできないとされる。それは、法実証主義が単線的にはナチズムに結びつかないという理由によるのではなく、人間が前述の歴史性の意識から免れがたいという理由による。

カウフマンにとって、自然法に戻ることのできない決定的な理由は、「今日まったく一般的にみられる、法の歴史的な被制約性の意識にあり、つまり、どのような法秩序も、それがそこから創造されそのために創造された歴史的状況を、欠くことができないという確信にあり、そして、これまで自然法と称された、具体的内容をもった法命題のどれもが、時代に拘束されていたことが証明されてきたという、再三にわたる経験にある」[5]。

このように、カウフマンのいう法の歴史性の意識とは、ここではとりわけ、具体的な内容をもった法命題が時代の産物であって、永続的に維持されないという経験を意味していることを、確認しておこう。この法の歴史性の意識が自然法論への回帰を阻止する一方で、法実証主義への道をもナチズムの歴史が遮断する。こうして、われわれは法意識においてディレンマに陥るのであり、この問題状況が、三島第2論文において自然法論と法実証主義の

---

3) Arthur Kaufmann, Naturrecht und Geschlichkeit, in: derselbe, Rechtsphilosophie im Wandel, S. 3,〔宮沢浩一・塩谷勝久・原秀男訳『現代法哲学の諸問題――法存在論的研究――』、5頁以下〕.

4) 本文の前注の引用文に続いて、カウフマンはつぎのようにのべている。「当時、もちろん恥を知らない悪魔の狡滑さをもってではあるが、民族的『自然法』あるいは人種法則的『自然法』ということがいわれた」(Naturrenht und Geschiclichkeit, S. 3)。このことをカウフマンは再生自然法論者と同様に、「自然法」という言葉の濫用とみている。ナチズムの「自然法」に関する私見については、竹下賢『実証主義の功罪――ドイツ法思想の現代史――』63頁以下参照。

5) Kaufmann, Naturrecht und Geschichtlichkeit, 注（3）, S. 4,〔訳六頁以下参照〕.

「相補的関係づけ」に向かわせる問題意識として受け止められることになるのである。

第2節　法の認識
―― 三島「自然法と法の歴史性の問題」の理論展開 ――

　法の歴史性の問題について、三島自身は同様の趣旨ですでに論文「自然法と法の歴史性の問題 —— 現代ドイツ自然法論の一考察 ——」(1967年)［以下、第1論文と呼ぶ］[6]において扱っている。第1論文はカウフマンへの言及は部分的であり、それだけに法の歴史性の問題を第2論文以上に全面的に扱っているといえる。しかし、そこでの結論部分の検討が主として依拠しているのは、引き合いに出す度合いが第2論文より低いとはいえ、やはりカウフマンの論文「自然法と歴史性」なのである。

　たしかに、第1論文のテーマは「自然法と歴史性」であり、自然法論の側面から法の歴史性が考察され、テーマとしては自然法が実定法よりも前面に出るといえる。だが、その考察を導いているのは、前述と同様の「相補的関係づけ」の課題であり、そのことは第2論文と実質的に変わるところはない。

　そうした課題は、簡明につぎのようにのべられている。「問題は、こうした歴史主義を回避することなくその問題提起を正面から受けとめつつ、如何にして法＝観念の歴史性のまっただ中で客観的に自然法を確立するか、而も、現代法実証主義の克服と連関しつつ如何にしてそれに歴史的に変化しつつ生成する実定法に対する客観的にして内在的な制約力を持たせるかにある。それは言いかえれば、自然法の永遠性への要求と、凡て法的なものの歴史性の事実との緊張を如何にして統一するか、この両者の架橋を如何にして確保するかの問題に外ならぬ」[7]。

　このように、第1論文では自然法論と法実証主義の「架橋」という表現

---

6)　「自然法と法の歴史性の問題」、367頁以下。
7)　前掲論文、注(6)、372頁以下。

で、第2論文にいう「相補的関係づけ」が「歴史性」を通じて検討されるのであって、法の歴史性を問うことにより両者を関係づける構造は、第1論文と第2論文とで変わるところはない。これらの論文は、「法の歴史的被制約性」の事実の指摘によって動揺させられた自然法論を、法の観念のなかに歴史性とともに普遍性を組み込むことによって、救おうと試みる。本章の課題からして、カウフマン論文「自然法と歴史性」についての三島の評価を、まず第1論文に即してみていくことにする。

1 法の認識論の問題次元

第1論文によれば、カウフマンは「法の歴史的被制約性」の指摘によって法そのものの相対性が立証できるわけではなく、むしろ法の非相対性が示されると主張している、とされる。それによれば、カウフマンは「人は法そのものの相対性を立証することは出来ず、むしろ法そのものは正に非相対的且つ客観的なものとして理解されねばならない」[8]と主張する。そして、法において「絶対性と相対性、恒常性と発展性、永遠性と歴史性が両極的力として作用しているのではないか」[9]という問いのもとに、法についての意識の根幹がさらに問われ、法の基本構造が明らかにされるということになる。

第1論文にみられる、法の基本構造の解明に向かうこうした理論展開は、第2論文の理論展開で参照されるカウフマンの見解をまさに集約的に論述し、注目に値するものであり、以下ではこの理論展開を順次、検討していくことにしたい。

ここで、決定的に重要なのは、法認識の歴史性は法そのものの歴史性を証明しないという前段の見解である。これについて、カウフマンはつぎのようにのべている。「私の考えでは、歴史主義の決定的な誤りは論理的に決して許されない他の類への移行にある。つまり、歴史主義は事実上の所与の経験的な変遷から、それに対応する、存在についての存在論的な歴史を直接に導き出しているということである」[10]。つまり、歴史主義は「法認識の可変性

---

8) 9) 前掲「自然法と法の歴史性の問題」、注 (6)、384 頁。
10) 11) Kaufmann, Naturrecht und Geschichtlichkeit, 注 (3), S. 10 f., [訳16頁参照]。

と主観性」を理由に「法そのものが確固として客観的でありえない」と主張しているのである[11]。

このカウフマンの考えを評価することを通じて、前述の法意識のディレンマによって導かれた問題意識は、新たな問題次元に直面することになる。こうした問題次元の転換をまず理解しないと、カウフマンと三島の理論展開を理解することはできない。すでにのべたように、法の歴史性の意識とは、普遍的とみなされた法命題が実際は歴史的な産物であり、時代によって制約されているという「確信」や「経験」にもとづくものであった。カウフマンがいうのは、このように経験に立脚して法認識の相対性を主張することによって、法そのものの相対性を立証できるものではないということである。

このように、法そのものとそれの認識という表現によって、新たな問題の次元が開かれることになる。すでにみた法意識が示す、法の歴史的被制約性を問うことは、経験的な (empirisch) 次元の問題に属し、法そのものとその認識といった、法の経験そのものの構造を問うことは、形而上学的な (metaphysisch) 次元の問題に属している。ここでは、問題そのものの次元が経験の次元を離れて、いわば経験を可能にする存在の次元に移っているということが重要である。ここでは厳密な概念規定をすることなく、これらの分類に対応して、それぞれ経験的な次元の問題と、形而上学的な次元の問題と称することにしたい。

ここでの形而上学的な問題提起に対して、経験的な問題の範囲にとどまり、前者の問題そのものを斥ける（判断中止をする）場合は別として、経験の学の基礎をさらに問おうとするなら、検討されるべき問題はどうしても形而上学的になってしまう。形而上学には伝統的に認識論と存在論とがあるが、この両者は、事物については、つねにその存在と認識とが考察の対象となることに対応して、ともに密接に連関している。

ここで問題となっているのは法の認識論であり、しかも法についての知識の根拠をどのように考えるのかということである。西欧哲学の伝統では、根拠を理性にみるか経験にみるかの、合理論と経験論という二大思潮の対立があったが、現在ではこの両者をともに勘案したさまざまな立場がある。法そのものの知識を徹頭徹尾、経験に由来するものとする経験論の立場は、認識

の形而上学において十分に成り立ちうるし、この認識論は基本的に歴史主義である。また、この立場からすれば、法そのものは存在論的に否定される。

このように歴史主義に対応する認識論が成立するとすれば、歴史主義についてのカウフマンの前述の否定的評価は、法の認識を超えた法そのものを措定する存在論的立場の表明だということになる。それは歴史主義への反論ではなく、少なくとも経験論を排除する認識論の表明であると考えられる。

2　法の客観性

つぎに、前述の三島第1論文の理論展開における第2段階の検討に移ることにする。第1論文は、歴史主義によっても、「人は法そのものの相対性を立証することは出来ず、むしろ法そのものは正に非相対的且つ客観的なものとして理解されねばならない」と、カウフマンは主張するとしている（4頁参照）。

この点について、カウフマン自身はつぎのようにのべている。「歴史主義的に、すなわち法確信や法定立の変遷を経験的に指摘することによって、自然法に反駁しようとする試みが不適切であると、われわれが主張するのはごく当然のことである。法認識の相対性や可変性によって、法そのものの相対性が証示されうるものではなく、むしろ、そもそも法そのものについての認識がみられるかぎり、まさに法そのものは非相対的で客観的なものとして、理解されねばならない」[12]。そして、この客観性の意味するところは、「超時間的で普遍的な妥当性」ないし「絶対性」ではなく、法というものが「確固として、人間の処理に委ねられない要因」であるということである[13]。

このように、法認識の事実上の相対性ないし歴史性を経験にもとづいて提示するとすれば、そもそもを考えて、そうした認識の対象として、内容的に絶対的なものとしてではないが、少なくとも法の存在が想定されざるをえない。このような法そのものは、内容をともなった絶対性の意味でではなく、非相対性かつ客観性の意味で理解される。問題にしている理論展開の第1段階は歴史主義批判であったが、実際にはそれは、歴史主義への批判にはなら

---

12) 13)　Ibid., 注（3），S. 13，［訳19頁参照］．

ず、反経験論的な認識論の単なる表明にすぎないということであった。このことからすれば、むしろ、第2段階での議論はこの認識論の論拠として考えられる。

しかし、法についての認識が、相対的であるにせよ成立していることから、その認識の対象としての法そのものを想定する見解は、あまりにも物体の認識を類推した構成であるように思える。一定の物体について、物自体、物そのものの想定を認めるにしても、物そのもの、つまり、感覚経験の原因となり、それを可能にするものとしての物そのものと同じように、法そのものが法に認められるわけではなかろう。法そのものの想定は、そのあり方についての究明を欠かすことはできない。

じつはカウフマンは、この方向への歩みを進めているのであり、それは、法そのものの客観性を導出する議論の過程にみられる。「相対主義－ドグマ」が意味しているのは、「存在の真理に対する認識の真理の相対性」であるとして、存在そのものとその認識とが区別される。そして、「われわれは一つの真理をつねに断片的にしか、また近似的にしか把握することができないので、様々な人間や様々な歴史的時期による認識は、その対象が同一のままである場合でさえ、厳密には同一ではない」[14]。

この論述は、法そのものの存在を措定する客観性の主張であるとともに、それを一歩進めて、物自体のカント的概念にみられるような不可知性を、法そのものには認めず、それを断片的に認識しうるとしているのである。ここから、周知の「収斂（Konvergenz）」の議論が導き出されることはすでに明らかであろうが、これに関する論述において、法そのもののさらなる規定が見出される。

「最終的に次のような洞察が認められるようなことになれば、得るところが多いということになろう。それは、変遷に満ちた自然法論の歴史も結局は、真で正当な法を発見するという法哲学の一つの偉大な課題を、けっして最後に達することなく必然的に展開していくことに他ならないという洞察である。すべての誠実な法哲学的努力は――それが自然法論と呼ばれようと呼

---

14) Ibid., 注 (3), S. 12, [訳18頁参照]。

ばれまいと——この目標のまわりを廻っており、それらすべての相違のうちにまさにそれらの収斂を発見することが、私の考えでは、法実証主義を越える第一歩である」[15]。

前述のように、認識論には伝統的に合理論と経験論の立場があり、カウフマンは歴史主義批判において経験論を否定した。そしてこの立場は、ここに紹介したように、法そのものの真理が断片的ではあっても認識可能であるとされ、さらに、法そのものは「真で正当な法」という理念の形態をとるという方向に展開される。物自体とは異なった、こうした法そのものの構成は、それでも歴史超越的な合理論に帰属するものとはいえ、歴史的な経験を踏まえつつ経験論に留まらない、カント的な超越論的な立論の仕方である。そのことは、法そのものの客観性が、絶対性としては理解されていないことに、端的に示されている。

3　法の絶対性

しかし、三島第1論文の理論展開の第3段階は、法そのものの絶対性への方向が登場するのであり、つぎにこの展開を検討せねばならない。まず、前述の三島による論述の部分をカウフマン自身の言葉で、より詳細にみていくことにする。

「以上のことによって今や、法の歴史的な被制約性の問題は、まったく別の方向性を得ることになる。それは、つねに妥当するとされてけっして妥当することのない自然法をめざすのでもなく、法の定立を時間の流れの中での脈絡のない悪意的な並べ立てとみなす、無時間的な法実証主義をめざすのでもない。むしろそれは、まさにこの対立性を克服しようとするものであり、つまり、法そのものにおいて、すなわちその存在論的構造において、絶対性と相対性、恒常性と発展性、永遠性と歴史性が、両極的力として作用しているのではないかと問いかけるものであろう」[16]。

ここにいう「以上のこと」とは、とりわけ、「やはり俗世の世界に属して

---

15) Ibid., 注（3），S. 13，［訳19頁参照］．
16) Ibid., 注（3），S. 16 f.，［訳23頁以下参照］．

いる法もまた、相対性と絶対性との間に立脚点をもたねばならない」[17]ということを意味している。第2段階での法の客観性の認容に、第3段階では、法の絶対性の認容が付け加えられるのである。法の客観性のみを認めることに対して、カウフマンはつぎのように自問する。

「つねにまた再三にわたり新たに芽生える『永遠の法』への要請を、単なる思弁的な熱狂として片づけてよいのか」[18]。このような法の絶対性は、たしかに全面的に肯定されることはない。しかし、絶対性への方向性、両極のひとつとしての絶対性が、法の客観性を超える形で導入されるのである。

このような絶対性の導入は、客観性の導入以上に理論的に不安定である。たしかに、認識論上の非経験論の立場からすれば、歴史的な事実としての法定立にみられる、法の事実上の認識が相対的であると示すことは、法そのものの相対性を示しているわけではない。しかし、そうした立場に立っても、その経験的主張は、せいぜい法そのものの非相対性ないし客観性を超越論的に措定できるだけで、その絶対性を立証できるものではない。

法認識の相対性が法そのものの相対性を立証しえないということは、法の経験的な認識が法そのものの構造とは別の問題の次元にあるということを意味するにすぎず、そのことでもって、法があくまで経験的で相対的であるか、法そのものが絶対的であるかを決定することはできない。カウフマンが前述のように、法についての「事実上の所与の経験的な変遷」と法そのものの「存在論的な歴史」とを区別している議論は、法を経験の領域のみで認める経験論を否定する態度の表明を意味しているにすぎない。

問題は「『永遠の法』への要請」という歴史的事実をもって、部分的にではあっても法の絶対性を認めうるかということである。これとの関連で、カウフマン論文のすでに紹介した議論（前述126頁以下参照）、経験的な問題の次元で、形而上学的な問題の次元に関連する議論がみられたことに言及せねばならない。これは、本章の冒頭で紹介した法意識の問題である。

第2論文が紹介するように、カウフマンは、歴史性の意識に完全に依拠し

---

17) Ibid., S. 16, 注（3）．［訳23頁参照］．
18) Ibid., S. 13, 注（3）．［訳20頁参照］．

て、客観的な価値尺度を歴史的な相対主義に委ねてしまうことができないこともまた、ナチスについてのわれわれの経験が教えるところであるとした。これは「『永遠の法』への要請」のひとつの例である。しかし、この法意識をも、客観的な価値尺度を掲げる自然法論を証明するもの、普遍的法構造の立証をめざすものとして受け取ることはできない。この議論は、自然法論という立場に賛同する経験的な意識の確認であって、カウフマン自身もこれと並んで同時に、自然法論を拒否するという対立的意識をも事実として示している。それは、自然法論の退潮をもたらした法学界の一般的な意識であって、ひとつには自然法的原則が実定法化され、自然法を改めて主張する必要がなくなったという意識であり、他のひとつは、超実定的な価値尺度を援用することへのためらいの意識である。

つまり、カウフマン自身の認識論からすれば、法意識のディレンマとして言及した、自然法論に向かう意識と歴史主義に向かう意識のいずれもが経験の地平にあり、法そのものに到達しないということになる。以上の論述からすれば、三島第1論文にみられる第3段階への理論展開を、論理的な導出関係として把握することは適切ではない。法認識の相対性ないし歴史性を主張する見解によって、法そのものの相対性が立証されたわけではないという主張から、法の非相対性ないし客観性が導き出せるとしても、法の絶対性は導き出せない。

ここでの議論においては、そうした論理的関係の欠如は、決定的に重要な法の絶対性についての法哲学的な主張から、論理的な前提を奪い、それを孤立させることを意味している。では、その主張は形而上学的な問題の次元で、どの程度に説得的に語られうるのか。

第3節　法の存在論的構造

以上の論述からすれば、カウフマンの唱える法の存在論的構造論そのものの説得力が問題であるということになる。そこでは、法においては、絶対性と相対性、恒常性と発展性、永遠性と歴史性が両極的力として作用しているとする主張が中心となっている。このような法の存在規定は、三島第2論文

も指摘するように、基本的にトマス・アクィナスについての一定の解釈に影響されているといえる。

　「アクィナスにおいては、法はつねに具体的・内容的な存立、われわれが今日いうところの実定的な存立を意味している。したがって、かの一般的な原理は自然法ではなく、自然法則である。……またトマスは、自然法において一貫して変動的なもの、歴史的状況とともに変化するものをみたのであって、新スコラ学派が固執しがちなかの硬直した原理法をみたのではない。これら一般的で不変の原理が、具体的で歴史的な、とはいえ客観的な事態と結びつけられるところで初めて、自然法が成立する。この過程でつねに本質的な役割を果たすのは、人間の本性であり事物の本性であるが、ここでもまたトマスはこの『本性』のもとで、人間や事物の不変の実体のみならず、まさに歴史的に変遷可能な具体的な状況性（Befindlichkeit）をも理解している」[19]。

　このような自然法のイメージは、明言されるように、現代的には実定法のそれである。上記の法の存在論的構造における「絶対性と相対性、恒常性と発展性、永遠性と歴史性」の両極性は、ここにいわれる「不変の実体」と「変遷可能な状況性」とに対応している。カウフマンの議論の展開によれば、この両極性はまず実在一般の構造として敷延されるのである。

　「法は一つの実在である。いわばそれは世界内的な存在者であり、それには一定の仕方で存在が帰属し、それはこれこれの構造をもったものとして実在的に現存する。あらゆる実在的な事物は、それ自身の中に本質（Essenz）と現存（Existenz）、可能態（Potentialität）と現実態（Aktualität）、本質性（Wesenheit）と現存在（Dasein）といった二面性を具えている。……実在的な存在は、その本質内実が肉体的な担い手に基礎づけられ、これに背負わせられることによって、独自の現存形式をもつ」[20]。

　このような実在の存在論的構造は、再び法との関連でつぎのように具体化される。「現実に現存在する法のこうした肉体は、われわれがその実定性と

---

[19]　Ibid., 注（3），S. 6 f.［訳9頁以下参照］．
[20]　[21]　Ibid., 注（3），S. 18,［訳28頁参照］．

呼ぶところのもので」[21]あり、「法の実在は法的本質性と法的現存という、法内容の正当性と実定性という二重性の中で存立する」[22]。このような法の本質と現存との間には存在論的な差異があり、本質は可能性としてのみ存在し、この両者には緊張関係が存在するのである。

　法の存在論的な構造が以上のように提示される時、最終的に、このような構造論によって法の普遍性と歴史性との「相補的関係づけ」がなされたのかを問わねばならない。ここに示された実在一般の存在論的構造は、前述のアクィナスの存在論の基本構造を引き継ぐもので、その本質哲学（Wesensphilosophie）の枠内に留まることは明白である。カウフマンは、幾度も伝統的なトミズムの原理論的な自然法論を批判するにしても、その原理論は法実在の一方の極である本質としてやはり維持され、しかも、その実在の実質的な内容を導くものとして、全体的には現存という極よりも優先されているように思えるのである。

　そのことは、現代歴史主義の先鋭的な論者であるマルティン・ハイデッガーの所説と対比させる時、明らかとなろう。三島第2論文は、前記のようなカウフマンの主張をつぎのようにまとめている。「同じく世界内存在としての人間がその本質としての魂と実存（現存在）としての身体との緊張統一（相互に異質的なものの動的合一）」として存在しているように、特殊＝人間的事象としての法もその本質としての自然法性（Naturrechtlichkeit──自然法的内容）と実存としての実定性（Positivität）との緊張統一として存在している」[23]。

　人間存在のこの「世界内存在」という特徴づけは、誤解を招きやすい。すでにみたカウフマンの論述のなかに、法は「世界内的な存在者」という言葉があったが、人間もまたこうした「世界内的な存在者」であって、それはハイデッガーのいう「世界−内−存在」ではけっしてない。これは、「現存在（Dasein）」と呼ばれる人間のあり方を示すもので、存在者を超越して存在了解的であることから、自己を超越する側面をもつ[24]。しかも、この「世界−

---

22) Ibid., 注（3）、S. 19, ［訳30頁参照］.
23) 「〈自然法論〉と法実証主義の彼方」、注（1）、202頁。これとほぼ同様のまとめが、第1論文にもみられる。「自然法と法の歴史性の問題」、注（6）、384頁参照。

内-存在」は決定的に時間性の内部の存在である。

「現存在の歴史性についてのテーゼは、無世界的な主体が歴史的というのではなく、世界-内-存在として存在しているものが歴史的なのである。……現存在の歴史性は、本質的に世界の歴史性である」[25]。ハイデッガーにとって、人間の本質はこうした現存在のあり方、すなわち実存（Existenz）にあるとすれば、そうした見解は、人間の実在を本質と現存（Existenz）、永遠性と歴史性の統合として把握するカウフマンの見解とは、あまりにもかけ離れたものであろう。ハイデッガーの基礎的存在論における先鋭的な歴史主義でなくとも、歴史主義の立場からすれば、カウフマンの「相補的関係づけ」は、むしろ一方の自然法論にかなり傾斜するものであるといえよう。

おわりに

最後に、三島第２論文の構想をみておき、それに対して本稿での検討にもとづいて論評を加えることにする。第２論文によれば、カウフマンは、法の存在論（認識論を含む）と方法論の分野においてそれぞれ「法の存在論的構造論」と「法律学的ヘルメノイティク」とを提示し、こうした両分野での新たな理論形成を通じて、自然法論と法実証主義との彼方に、「両者の相補的関係づけ」を可能にする学説を展開しようとしている。そして、この第２論文もまた、この学説展開に基本的に賛同し、同様に自然法論と法実証主義との彼方に新たな理論を求めていくといえる。

これを受けて、本章が問題にしたのは、この議論における法の「歴史性」であり、しかも、それを存在論分野での法の存在構造との関連で取り上げた。つまり、本章は三島論文の前半部分で検討される「法存在論」から、法の存在構造において「歴史性」をどのように把握するかという、問題提起を受け取ったのである。

---

24) Vgl. Martin Heidegger, Sein und Zeit, 1927, 7. Aufl.,1953, S. 11 ff.〔桑木務訳『存在と時間・上』34頁以下参照〕．ここではたとえば、「現存在には本質的に、世界の中にあることが属している」(S. 13) とのべられている。

25) Ibid., 注 (24), S. 388,〔訳『存在と時間・下』159頁〕．

この「法存在論」に関する考察の主たる材料には、カウフマンの論文「自然法と歴史性」(1957年) が選ばれているが、第2論文は本論文の所説を、カウフマンの法存在論に関する「思想展開の原点」と位置づけ、そこに提示された法の存在論的構造論の重要性を強調している。すでにみたように、そこでは、歴史と場所を超えた普遍妥当な法原則に固執する自然法論は、「法の歴史的被制約性（歴史性）」の意識の前に挫折するとされる。このように批判される、法原則を掲げる自然法は、第1論文と第2論文ともに、「超歴史的な普遍的法原理の固定化」を計る「絶対主義的自然法」であるとされる[26]。

このように、「法の存在論的構造論」の中心的な課題は、「法の歴史的被制約性」をどのように理解するかということにあった。そのことを第2論文は、カウフマンの全体構想のなかにつぎのように位置づけている。「法実証主義の克服に向けられたカウフマンの関心は、法の歴史的被制約性（歴史性）の問題の解明に、より正確に言えば法の歴史性と自然法的思考との相互媒介の可能性の究明に集約されてゆくことになる」。つまり、法実証主義と自然法論の「相補的関係づけ」は、法の存在構造における歴史性の解明によって行われるということである。

このようなカウフマン論文の全体的構成を、ここでの検討の結果から振り返ってみるなら、歴史的法意識によっていったんは退けられた「絶対主義的自然法」が、アクィナスによる「本質」と「現存」の両極的存在構造論によって、一方の極として復活させられるのだ、ということになる。こうした結論は、歴史を超越した「本質」を否定する歴史主義に対しては、十分な説得力をもつものではなかろう。

また、このことは、本章では取り上げることのできなかったヘルメノイティクとカウフマンの存在論との関係にも影響を及ぼす。たしかに、三島第2論文も、存在論とヘルメノイティクに属する2つの理論を、必ずしも整合的

---

26) 前掲「〈自然法論〉と法実証主義の彼方」、注 (1)、200頁。なお、前掲「自然法と法の歴史性の問題」、注 (6)、383頁以下参照。
27) 前掲「〈自然法論〉と法実証主義の彼方」、注 (1)、200頁。
28) 前掲論文、注 (1)、215頁参照。

おわりに

に捉えることができないのではないか、という疑問を呈している。しかしながら、「一応は」「二本の柱」であるこの両者の関係は、連続的なものとして考えられるとされる。法律学的ヘルメノイティクは、「法存在論からの必然的要請物であり、法存在論の充実化」であり、「『ヘルメノイティッシュな存在論』の法理論的＝方法論的展開」であるとされる。しかし、ヘルメノイティクの代表的論者であるハンス＝ゲオルク・ガダマーは、歴史主義の系譜にあるハイデッガーの後継者と目されているのである。

ともあれ、三島論文やカウフマン論文に導かれ、法実証主義と自然法論の相補的関係づけという課題を継承してきた私にとって、以上の論評は、この課題への独自の回答につながらないかぎり、不完全なままに終わってしまう。この大それた論評によって、私自身もまた、この分を越えた課題につなぎ止められることになった。

第 II 部
法の規範秩序の効力根拠

▼ ▼ ▼

　第1部では、序章で問題にした法規範の体系秩序について、その秩序連関を問うことを通じて存在構造を明らかにしようとした。そうした構造論によって適切と考えられたのは存在論的妥当概念であり、時空的妥当概念であった[①]。この妥当概念は事実的な類型と規範的な類型とを総合した類型に相当するが、本書の本来的な課題である妥当根拠論に関しては、とりわけドイツにおける従来の通説は、規範的な妥当概念に立脚するものであった。前著『法　その存在と効力』では、これら妥当概念の3類型についての詳細な比較検討を行ったが、その結果すでに、存在論的妥当の概念類型の適切性を主張した[②]。したがって以下では、議論をもとに戻して、規範的法秩序の体系連関についての把握を再確認することから始めることにしたい。

　この脈絡で最初に取り上げるのはドイツの規範的妥当根拠論であり、グスタフ・ラートブルフの理論を対象にする。その際、ハンス・ケルゼンの法学的妥当根拠論が検討の出発点となるので、広い意味で規範的妥当根拠論に属するその議論を、再度、概括的に紹介しておくことにする。つぎの第6章と第7章では、日本の法哲学者である尾高朝雄と恒藤恭による妥当根拠論を検討する。これらの理論は規範的妥当根拠論の影響を受けつつ、それなりに法の現実性を少なくとも現象学的に把握するものであり、存在論的な妥当根拠論への道筋にあるといえる。最後の第8章では再びドイツの法哲学者、カール・エンギッシュとハンス・ヴェルツェルの理論を検討するが、とりわけ後者の理論に注目すべきであると考える。

① これについては、前述第 3 章 121 頁以下参照。
② 竹下賢『法　その存在と効力』、253 頁以下参照。

───────────── ▲　▲　▲ ─────────────

第5章　規範的妥当概念と妥当根拠論
――ラートブルフの法哲学――

は じ め に

　すでに前述（要約としては87頁以下参照）で議論したように、個々の法規範は相互連関の中でその意味を受け取るものであって、その相互連関はついには法秩序という統一的な意味連関にまで拡大される。このような意味的統一としての法秩序において、ある法規範の妥当の問題は、法秩序の妥当の連関の問題へと結びつけられる。

　このような規範論理的な妥当は、憲法を頂点とする法秩序の段階構造を含意している。では、憲法自体の妥当は、ある法規範がより上位の法規範の定める妥当の要件を充たすことによって妥当を獲得するという、法学的妥当概念に依拠して根拠づけられるであろうか。憲法の妥当はもはや法学的妥当論によって説明されえないのではないか。

　すでに幾度も言及したハンス・ケルゼンは、こうした法学的妥当論の行詰まりを打開すべく、根本規範論でもって、法学的な妥当の範囲を越えることのない、しかも哲学的に基礎づけられた、法的妥当の根拠を提示しようとした。ケルゼンは妥当連関の原則として、2つの類型、すなわち静態的（statisch）類型と動態的（dynamisch）類型とを挙げる。前者の類型に属するものは実質的妥当原則、後者に属するものは形式的妥当原則と呼ばれる。静態的な原則による規範体系においては、ある法規範はその上位にある規範の内容から論理的演繹によって得られるものを内容とすることによって妥当する。このような実質的な妥当原則は、規範定立の行為を必要としない規範体系に本質的なものであり、他方、規範定立という事実行為を必要とする規範体系にとっては、規範定立を授権する諸規範を通じて妥当連関が成立するという動態的原則があてはまる。この形式的な妥当原則は、実定法の妥当連関

にとって本質的であって、さらに、実定法規範の内容にかかわらず妥当を賦与する。

こうして、実定法の根本規範は、もっぱら動態的原則にしたがって構成される。そのような根本規範とは何か。それは、実定的に制定された規範ではなく、最高のものとして前提された、「思考上の（gedacht）」規範である[1]。そして、その内容は、国家的法秩序の内部では、「人は、憲法が指図するように、すなわち、憲法制定という意思行為の主観的意味に、つまり憲法制定者の指図に合致するように振舞うべきだ」という服従当為である[2]。このように、ケルゼンの根本規範論は、憲法の上位に根本規範なる先験的に前提された、思考上の規範を設定することによって、法学的妥当の思考様式の枠を越えずに、憲法を規範論理的に根拠づけようとするのである。

さらに、ケルゼンは、根本規範は大体において（im großen und ganzen）実効的な法秩序を創出している憲法にのみ関係づけられると主張する[3]。つまり、憲法が創出した全体としての強制秩序が大体において遵守され適用されているという状況にある[4]、そのような憲法のみが根本規範によって妥当を賦与されるのである。ここにおいて、実効性は、妥当の条件となるが[5]、妥当の根拠ではない。このことは、つぎのように説明される。「実定法秩序の諸規範は、その産出の根本規則をなしている根本規範が妥当なものとして前提されているゆえに妥当するのであって、その諸規範が実効的であるゆえに妥当するのではない。しかし、諸規範は、この法秩序が実効的である時にのみ、すなわちその限りでのみ妥当する」[6]。

以上のようなケルゼンの理論は、大体において実効的な強制秩序は法秩序として妥当するということを主張するに留まることによって法学の純粋性を保とうとする。前述（89頁）のように私は、このような純粋性を2つの側面

1） Vgl. Kelsen, Reine Rechtslehre, 2. Aufl., SS. 199, 206.
2） Vgl. ibid., 注（1）, S. 205，この規範の内容については前述89頁をも参照。
3） Vgl. ibid., 注（1）, S. 219.
4） Vgl. ibid., 注（1）, S. 214.
5）「制定行為および実効性は、根本規範において妥当の条件にされている」（ibid., 注（1）, S. 219.）。
6）「実効性は妥当の条件であるが、この妥当そのものではない」（ibid., 注（1）, S. 220.）。

において問題にしたが、それは、(1) 当為の学としての法学の、存在としての実効性からの純粋性と、(2) 学問としての法学の、価値問題からの純粋性とである。(1) については、前章までで時空的妥当概念によって批判した。(2) についていえば、純粋法学は、なぜ実効的な法秩序は妥当するのかを問わない。なぜなら、この問いは、妥当の根拠たる価値の探究を意味し、価値設定が純粋な学問的対象とはなりえないがゆえに、学問としての純粋法学によっては答えられないからである[7]。これに関連して、法価値あるいは法理念を問題にすることになる。

以下では規範的妥当概念の枠内で価値論に依拠する妥当根拠論を展開する、グスタフ・ラートブルフの理論を取り上げることにする。

第1節　法的安定性の妥当根拠論

ラートブルフの妥当根拠論は、妥当根拠を何に求めるかということについて相対立する3つの見解、すなわち、実力説、承認説、および理念説を取り上げており、順次これらに検討を加え、最後に自己の立場である理念説へと論理的に連続的に移行する、という構成になっている。このような理論構成は、理念説の立場からの妥当根拠論のひとつの範型を成してきたように思われる。その理論をより具体的にのべるなら、ラートブルフは、法的妥当を法的安定性の法理念、法価値によって根拠づけようとする。法が大体において遵守されている、すなわち、実効的であるという事実において法的安定性の法理念が現実化されており、この法理念によって法的妥当が根拠づけられる、とする。換言すれば、法的妥当の事態の確定にとって決定的な価値論的根拠は、法的安定性の法理念に求められるのである。

だが、このような妥当の根拠づけは、法的妥当を直接に問題にする場合に、明示的に展開されている、ひとつの理論であるにすぎない。というのは、その理論をより全体的な視野のもとで検討するなら、われわれは、暗示的な、もうひとつの妥当根拠論が展開されているのを見出しうるからであ

---

7) Vgl. Robert Walter, Wirksamkeit und Geltung, 1961, S. 538 ff., bes. S. 540 f.

る。それは、道徳によって法的妥当を根拠づけようとする理論である。人格主義的な立場から主張される、この妥当根拠論は、個別的人格の自律を絶対的な価値と考え、法の義務づける力をこの価値から派生するものとして捉えることによって法的妥当を根拠づけようとするものであり、個別的人格の自律を顧慮することなく、法的安定性の法理念によって法の妥当を根拠づけようとする、前者の妥当根拠論からは区別されるべきものである。

1 法的安定性の概念

　以上のように、妥当の根拠づけについて2つの可能性が、つまり、明示的な妥当根拠論と暗示的な妥当根拠論とを、ともにラートブルフの妥当根拠論として提示しうるのである。私は、この2つの妥当根拠論が、承認説において展開された妥当の確定にとって重要な価値論的な基礎を、ともに提供するものであると考える。このような観点のもとで、秩序の価値および自律の価値の両者による法的妥当の根拠づけが、相互に排他的なものとしてではなく、綜合的に把握されるものとして考えられるのである（この場合、後述のように自律の人格主義的解釈を若干修正するものではあるが）。このことを以下で明らかにしていくわけであるが、そのためには、さしあたり、ラートブルフの理論においてみられる、2つの妥当の根拠づけの可能性を検討する必要があるのである。

　ところで、このように理解した場合、ラートブルフの理論はけっして論理的に整合的なものとはいえないであろう。相互に対立するものとして把握されうる2つの妥当根拠論が展開されているのも、その1例であり、のちにのべるように、正義の把握についても、実質的正義と形式的正義との混同がみられる。私は、この理論におけるこれらの不整合性が、結局、秩序の価値を基底的なものとする法と人格の自律を最高の価値として奉じる道徳とを密接に連関するものとして捉えることに起因している、と考える。ラートブルフについては、すべての精神的なるものが分割不可能な一個の全体であることを熟知するとともに、自身が一個の精神的人格であった、と語られており[8]、これに関連づけて考えるなら、法と道徳との連関およびそれらの間の矛盾は、まさしく人間精神にその全体においてつきまとうものとして理解さ

れうるのである。そして、その理論における不整合性は、人間精神の全体性において把握されるところの法と道徳との連関にもとづいて、つねに法を道徳と結びつけることによって把握しようとする傾向から、生じるものであるように思われる。ここに、のちにのべるようなラートブルフの人格主義法哲学の特色が現われているといえよう。

しかし、ここでは、私は、秩序の価値および自律の価値につながる、妥当の根拠づけに関する2つの可能性を一応相互に独立したものとして構成することに努め、さらに、その際、その理論を私なりにより論理的に整合的なものとして理解しようとした。したがって、以下で紹介するその理論は、私なりに再構成されたものである。というのは、このように、2つの可能性を独立させて取扱うことによって、法と道徳との相異が明らかにされ、さらに、それに依拠することによって、両者の連関がより明確に把握されることになると考えるからである。

ラートブルフによれば、法の概念は、「法理念を現実化するという意味をもつ所与」[9]「法価値、法理念に奉仕するという意味をもつ現実」[10]である[11]。では、法の理念とは何か。法の理念として、第1に、正義

---

8) Vgl. Engisch, Gustav Radbruch als Rechtsphilosoph, 1950, S. 306.
9) Radbruch, Rechtsphilosophie, 1970, S. 95.
10) Ibid. 注 (9), S. 95.
11) このようにラートブルフは、法概念と法理念との関連を認める。「存在」から「当為」は論理的に導出されえないとする方法二元論という、同様の認識論的基礎に立脚しつつ、エンギッシュあるいはマールブルク学派に属するシュタムラーが法理念、法価値を評価規準としてのみ考えてそれを法概念から排除したのに対して、ラートブルフは、西南ドイツ学派に属するラスクを継承して法を「存在」と「当為」の、「現実」と「価値」の中間形態たる「文化」として把握し、法概念を法理念と関係づけて規定する。こうした立場は、「方法三元論 Methodentrialismus」と呼ばれている。(Vgl. Radbruch, Rechtsphilosophie, 注 (9), S. 116 ff. bes. S. 118, und ferner Zong Uk Tjong, Der Weg des rechtsphilosophischen Relativismus bei Gustav Radbruch, 1967, S. 19 ff., bes. S. 30.)
ここで、新カント派の2つの学派の認識論について簡単に触れておこう。一般に、新カント派によれば、現実はいわば混沌であり、その現実に対して認識主体が概念的加工をなすことによって認識対象が形成される。つまり、対象は方法によって規定されるのである。
新カント派のマールブルク学派は、認識における形式と内容の原理的区別を否定して内容もまた形式によって産出されると主張して、認識の先験論理的な純粋形式を探究し

(Gerechtigkeit）という絶対的価値が主張される[12]。しかし、正義の理念は形式的であり、それに内容を与えて法規範を導出するためには、法の目的つまり「法がそれに即して測られるべき超経験的な目的理念」[13]が必要であり、ここにおいて第2の法理念として合目的性（Zweckmäßigkeit）が導入される。このような法の目的は道徳的価値すなわち善の領域に属するものに他ならないのだが、その価値相対主義法哲学は、究極的価値として人格価値、団体価値、あるいは作品価値をそれぞれ主張する3つの相対立する価値観の前で立ち止まる。しかし、「共同生活の秩序としての法は個々人の意見の相違に委ねられたままではありえず、それはすべての者を超えたひとつの秩序でなければならない」[14]。このようにして、法理念の第3の要素として法的安定性（Rechtssicherheit）が要請される。つまり「何が正義であるかが確定され（festgestellt）えないとすれば、何が合法であるべきかが確立され（festgesetzt）ねばならない」[15]のである。そして、このような3つの法理念は法を共同して支配し、しかも相互矛盾の関係に立ちうるものであり、その

ようとする。ここでは、形式は論理的なるものであり、認識はその無限の課題として理念、イデーを有する。(Vgl. Arthur Liebert, Das problem der Geltung, Kantstudien, 1914, bes. S. 16. および高坂正顕『カント学派』、1940年）この学派に属するシュタムラーの法哲学は、法概念を法認識の純粋形式として、法理念を実践的な法的意欲のイデーとして把握し、後者を評価規準としてのみ維持する。(参照、加藤新平「新カント学派」、1960年、とくに90頁以下）

　これに対して、西南ドイツ学派は、形式と内容の区別を固持して、内容を認識対象の形成のために形式が必要とする基体として把握する。ここでは、形式は価値的なるものである。そして、この学派は、基体が価値関係的および没価値的方法によって「文化」および「自然」という対象にまで高められるとして、文化の構成的契機たる価値の探究に重点を置く。ここでは、理念と現実は、マールブルク学派のようにまったく異なった次元に属するのではなく、互いに両者を必要とする結合可能なものであり、文化においてその結合が達成されているのである。こうした認識論を受けて法哲学を展開したラスクは、法哲学の対象である経験的基体としての法が、まったく非合理的な現実というわけではなく、すでに前学問的な概念形成の産物である、と指摘するのである。(Emil Lask, Rechtsphilosophie, 1905, S.308. さらに、加藤前掲論文、121頁以下参照）

[12] Vgl. ibid., 注（9), S. 124.
[13] Ibid., 注（9), S. 147.
[14] Ibid., 注（9), S. 168.
[15] Ibid., 注（9), S. 169.

際、3理念の順位の問題は、再び「決断」の前に立ち止まる相対主義の立場のゆえに、価値論上はどのような解決をも見出しえない[16]。

以上の議論から明らかなように、法の妥当は法的安定性の法理念によって根拠づけられる。「これら〔正義および合目的性〕は法の第2の偉大なる課題であり、しかし、第1の、すべての者によって一様に是認される課題は、法的安定性、すなわち秩序、平和なのである」[17]。そして「実定法の妥当はそれが抗争する法観の間に樹立する平和によって、万人の万人に対する闘争を終結せしめる秩序によって、根拠づけられる」[18] のである。そしてラートブルフは、その妥当根拠論を、妥当根拠を実効性に求める見解から区別して、「法は実効的に実現されうるがゆえに妥当するのではなく、法は、実効的に実現されうる時、その時にのみ法的安定性を保障しうるがゆえに妥当する」[19] とのべる。つまり、ラートブルフは、法が実効的である[20] という状態に法的安定性なる価値理念の現実化をみて、法の妥当を法的安定性によって根拠づけるのである。しかし、この法的安定性は、他の法理念、合目的性および正義とならぶ相対的価値理念にすぎず、後者の2つの法理念にもとづいて評価されて法的妥当が否定されることもありうる。つまり、「法内容が、そのために法的安定性という、すでに制定された法の効力によって保障される価値が、重きをなしえないような程度にまで、不正当、すなわち不正義あるいは不合目的になる場合が考えられうる」[21] とされる。ここでは、正義と合目的性は、カール・エンギッシュの場合と同様①、例外的な場合の否定的規準として主張されるのである。

ところで、法の妥当根拠として主張される法的安定性とは何を意味するのか。ラートブルフは、時代を追って法的安定性の概念の深化、つまり区別に

---

16) Vgl. ibid., 注 (9), S. 169 f. ラートブルフは、この順位問題は国家間および法観に、政党の立場に依存して解決される、とのべている。
17) Ibid., 注 (9), S. 169.
18) Ibid., 注 (9), S. 180 f.
19) Ibid., 注 (9), S. 180.
20) Vgl. Radbruch, Grundzüge der Rechtsphilosophie, 1914, S. 180. ここで、法の実効性は、大なり小なり法の名宛人の服従を生み出す法の能力である、とのべられている。
21) Radbruch, Rechtsphilosophie, 注 (9), S. 282 f.

よる精密化を行っている、と指摘されている[22]。前述の主張は『法哲学』におけるものであって、最終的には『法哲学入門』において、法的安定性は「法による安定」ではなく「法それ自体の安定」を意味するとされる。たとえば殺人、窃盗からの安全は、合目的性の概念にあるいは公共善の概念に包括されるものとして、法的安定性から排除される[23]。このような主張は、合目的性と法的安定性とを区別するラートブルフの立場からすれば、納得のいくものであろう。より詳細には、法的安定性については、つぎのような4つの要求が提示される。すなわち、(1) 法が制定された法であること、(2) その制定法が事実に基礎を置くこと（たとえば一般条項の排除）、(3) その事実が確定可能であること、つまり実際に使用可能（praktikabel）であること、(4) 法が容易な変更から守られていること、である[24]。これらの要求の実行はおそらく法秩序の安定した実現の可能性を意味する。したがって、ラートブルフものべているように、法的安定性の理念は実効性を要求するのである[25]。しかし、すべての実効的法秩序がすでにのべられた4つの要求を完全に満たしているとはいい難いであろう。実効的法秩序は、かの諸要求を大なり小なり満たしているがゆえに、法的安定性の価値を有すると考えうる。このように、ラートブルフのいわゆる法的安定性の理念は、実効的秩序を含む法の安定的秩序への要求として広く理解されよう。

2　法的安定性の実現された秩序について

しかしながら、法的安定性を実現している法秩序とは単なる実効的な秩序を意味するのであろうか。ラートブルフは、この安定的法秩序についてそれ以上の実質的内容を語っている。著書『法哲学』の法理念関連よりのちの章において、法的安定性が法治国家体制を必然的に要求するとしている。つま

---

22) 松尾敬一『ラードブルッフ「法哲学」研究』、1959年、192頁以下参照、および同「ラードブルッフにおける政治的抵抗と法理論の変遷」、1960年、118頁参照。
23) Vgl. Radbruch, Vorshule der Rechtsphilosophie, 1947, S. 30 und ferner derselbe, Der Zweck des Rechts, 1937/38, S. 96 f.
24) Vgl. Radbruch, Vorshule., 注 (23), S. 30.
25) Vgl. ibid., 注 (23), S. 30 f.

り、「法的安定性がその時々の国家権力の法創造に対する権利の根拠であるならば、法的安定性は同様にその国家権力の限界でなければなら」ず、そして、「このような安定性は、国家それ自身がこの法律による拘束から解放されうるとすれば、効果のないものになってしまうであろう」[26]。したがって、「国家に立法の任務を与えるという、その同じ法的安定性の思想が、同様に国家自身の法律への拘束をも要求する」[27]。すなわち、法治国家への義務が法的安定性の理念から導出されるのである。ここでは、法的安定性が看取される秩序は、法治国家原理つまり法による国家の拘束と関連づけられ、同時に法の前の平等なる正義原理と関係づけられることによって[28]、単なる実効的秩序を意味するのではないということが示されている。こうして、国家権力を拘束しない実効的秩序にも法的妥当を認める見解、たとえば、法によって拘束されない専制君主下の実効的秩序にも法的妥当を認めるケルゼンの見解[29] は、斥けられることになる。さらに、ラートブルフによれば、法的安定性の実現された秩序は、批判の自由および宣伝の自由を保証するものでなければならない[30]。つまり、法的安定性の実現は、法治国家体制に留まらず、こうした民主主義的原理によって導かれた秩序において看取されるべきものとされるのである。

　このような法的安定性の把握は、相対主義を前提としなければ、理解しえないように思う。ラートブルフは、価値相対主義に関してつぎのようにのべている。「当為命題は、他の当為命題によってのみ根拠づけおよび証明が可能である。まさにそれゆえに、究極的な当為命題は、証明不可能で、公理的であって、認識することはできず、信奉することだけができるものである」[31] と。そして、このような相対主義は、目的理念の探究において、それぞれ人格価値、団体価値および作品価値を究極的価値とする3つの相対立す

---

26) 27)　Vgl. Radbruch, Rechtsphilosophie, 注 (9), S. 288.
28)　Vgl. ibid., S. 30 f, 注 (9).
29)　Vgl. Kelsen, Allgemeine Staatslehre, 1925, S. 335 f., [清宮四郎訳『一般国家学』、561頁以下]．なお、Engisch, Auf der Suche., S. 75 も、法的妥当を専制君主制下の法秩序にも許容しうると考えるものであろう。
30)　Vgl. Radbruch, Rechtsphilosophie, 注 (9), S. 179. Anm. 2.
31)　Ibid., 注 (9), S. 100.

る価値観の前で立ち止まるのである[32]。しかしながら、ラートブルフは、その相対主義が諸々の究極的態度決定の正当性根拠をすべて同じ程度に疑う懐疑主義ではないことを強調する。その相対主義は、それらのうちのひとつの正当性根拠を固く信じるが、ただそれを証明することができないだけである、という不可知論と結びつくことによって、その正当性を実践において証示しようとする「活動主義（Aktivismus）」を含意している[33]。そしてさらに、このような不可知論は、人倫的人格（sittliche Persönlichkeit）を前提とした相対主義であり、したがって、世界観の主張者の人格を尊重する寛容の精神を内含するものと言いうるであろう。ラートブルフの相対主義は、人倫的人格を前提とするいわば人格主義的相対主義である[34]。人倫的人格の義務としての世界観的な究極的態度決定に関する相対主義は、必然的に人格の尊厳を前提とし、さらに、実践理性によって導かれる人格の決断を保証するものでなければならない。ラートブルフにとっての相対主義は、自律的人格の絶対的価値という隠された前提をもつといえよう。

　ここで再びもとの文脈にもどって、このような自律的人格の絶対性という前提から、すでにのべた、法的安定性の実現された秩序についてのラートブルフの議論を理解することが可能である。自律的人格という前提から、相関概念として人格の自由および平等という実質的正義が導出されることによって、国家を含むすべての法服従者の法の前の平等、あるいは、法による国家の拘束を通じての国民の自由の保障、これらを目指す法治国家的秩序として、また、民主主義的原理によって導かれた、国民の自由な決断および討議による秩序として、法的安定性の秩序が把握されるのである。

---

32) Vgl. ibid., 注 (9), SS. 147 ff. und 168.
33) Vgl. ibid., 注 (9), S. 104.
34) Vgl. Baratta, Relativismus und Naturrecht im Denken Gustav Radbruchs, 1959, SS. 510 f. und 516 ff.　そこではつぎのようにのべられている。「ラートブルフは、かつてのゲーテと同様に、このような高尚なる、つまり人間性および普遍的寛容の理念によって霊感を与えられた、相対主義の見解において、多元性という意味ではなく汲み尽くされえない全体性という意味での人類に自己を同一化する能力を、自らのうちに感じることができた」(S. 511)。結局、バラッタによれば、ラートブルフの相対主義は、ひとつの普遍的真理を目指す人倫的人格の葛藤なのである。

しかし、このように理解した場合、法的妥当を有する秩序について、以上のような把握を可能にする、自律的人格の価値という隠された前提は、実効性を要求する法的安定性の概念に含まれるものではない[35]。それは、むしろ法的安定性と並ぶ法理念たる合目的性、それもラートブルフのいわゆる個人主義の国家観に属するものであろう。したがって、妥当根拠として法的安定性を主張し、妥当の否定的規準として正義および合目的性の否定をもち出すというその立論からすれば、上記のような法的安定性の把握は一貫性を欠くといえる。実質的正義としての自由と平等は、否定的規準として法的妥当に関わるものでなければならない。ラートブルフ自身も、法的安定性についての論述においては、秩序そのものの安定を意味する実効性の価値を十分に強調しているのである。このように考えることによって、法的安定性はやはり、単なる安定的な、実効的法秩序において実現されているとの見解にとどめられるのである。

3 法的安定性の理念と正義の理念との連関

以上のように、法的安定性に妥当の根拠が求められるわけであるが、こうした妥当根拠論は、妥当根拠の実効性説さらには実力説と実質的には何ら変わりがないことになる[36]。実効的な法秩序は圧倒的な実力によって諸個人の意に反しても達成されうる。だが、法的安定性の妥当根拠論は、価値論理的には、実力の背後に安定的秩序という価値の実現をみて、そこに法の義務づける力の根拠を求めるのである。では、法的安定性とはどのような価値理念であるのか。問題は、秩序の価値にある。ここにおいて、古来法の理念として主張されてきた秩序の価値という正義が想起されるであろう。そして、ラートブルフ自身、法的安定性の価値を正義の価値に還元しようとしているのである。

前述のように、著書『法哲学』は法的安定性を法治国家原理に結びつけたが、その際、平等原理としての正義理念に関連づけた。このような関連をラ

---

35) 尾高朝雄「ラートブルフの法哲学」、81頁以下参照。
36) 前掲論文、注（35）、81頁参照。

ートブルフは『法哲学入門』においてより明白に主張している。「法的安定性は、実定法がたとえ不正であっても、その適用を要求するが、不正な法の一様な適用——今日も明日も、誰にも彼にも及ぼす適用——は、正義の本質を成すところのかの平等にはまさしく合致する」[37]。したがって、法的安定性とは平等原理を意味する「正義のひとつのより劣った形式（eine mindere Form）」[38]であり、法的安定性と正義との理念の衝突は、正義それ自身の矛盾に他ならず、その衝突の問題は程度問題として扱われねばならない[39]。つまり、ラートブルフによれば、法的安定性は、正義の理念の一側面ということになる。ここでのべられている平等原理が、法の前の万人の平等という実質的正義であるのか、あるいは単に類型的な一般的取扱いを要求する形式的正義を意味するのか、ということは明らかではなく、問題の余地がある[40]。前述の法治国家についての議論におけると同様に、実質的正義としてこの平等原理を把握することも可能であろうが、ラートブルフ自身が明示的に正義をもっぱら形式的にのみ捉えているがゆえに、ここではこれに整合的に正義を形式的正義として考えることにする。こうして、法的安定性は、正義の類型的平等、つまり等しき者の類型の内部での平等への要求を部分的に充足するところの、法の類型的な平等適用を意味することになる。

このように、法的安定性が法の類型的な平等適用としての正義と理解されるとして、法的安定性は、どのような正義「より劣った」正義なのだろうか。おそらく、その上位の正義とは、正しい、正当な法の平等適用を意味す

---

37) Radbruch, Vorshule., 注（23）, S. 32.
38) Ibid., 注（23）, S. 33.
39) このことによって、目的理念の世界観的対立に関して主張されたはずの相対主義（通例でも、価値相対主義は、目的理念の相対性の主張を意味する）が3つの法理念間の矛盾にももち込まれるという『法哲学』における錯綜が、除去されるであろう。つまり、これによれば、両理念間の対立の解決は、相対主義的決断によってではなく、程度問題として扱われることによってなされる。これについては、加藤新平「法の目的」、1956年、108頁参照。
40) 私は、本文前述の隠された前提が正義の把握にも入り込んで来ることによって、このような不鮮明さが生じるのであると考える。加藤新平「法と正義」、31頁参照。なお、本文では、正義を形式的正義としてのみ理解しているが、このような正義の形式性については、前掲論文、さらに、同『法哲学概論』、452頁以下参照。

るものであろうが、このような正義は、実質的正義を含むものである。この実質的正義を消去して正義を考えると、たしかに、法的安定性と形式的正義とは密接に連関していることがわかる。一方では、法的安定性が、確固たる法規範の制定された状態を要求するとすれば、その状態は、規範の一般的・類型的な規定ということを必然的に伴っているがゆえに、正義の類型的平等と結びつくであろう。ラートブルフ自身、既述（152頁）のような法的安定性の要求のうちの（3）において類型的規定への要求を掲げている[41]。他方では、「各人に彼のものを」という正義が不恣意性を要求する時、確固たる、安定した準則が要請され、正義は法的安定性とより密接に結びつくであろう。正義と法的安定性という両理念の関係をここで明らかにする余裕はないが、結論的につぎのようにいいうるであろう。類型的平等を要求する正義は、必然的に類型的規定とその平等適用への要求を内含する。そのかぎりで、後者の要求を意味する法的安定性は、正義に包括されるのである。

では、以上のように、法的妥当が法的安定性を越えて正義なる価値に根拠づけられるとすれば、正義はどのような仕方で人を義務づけるのか。ラートブルフは、正義が真、善、美と並ぶ絶対的価値であることを強調する[42]。このような議論の背景には、カントの義務についての見解が存するように思われる。つまり、カントは、義務を完全義務としての法義務と不完全義務としての道徳的義務に区別し、前者は、秩序の存立にとって不可欠であるがゆえに後者とは異なって、遵守に関する、服従者の自由な決定を許すことのない絶対的義務であると主張する[43]。こうした議論を背景として、ラートブルフの正義の絶対的価値についての議論を理解することが可能であろう。つまり、法は、秩序あるいは正義の価値を根拠として、法服従者を絶対的に義務づけるのである。

以上、私はラートブルフにおいてみられる法的妥当の根拠づけの第1の可能性を、私なりに再編成した。これによれば、法的妥当は、法的安定性の法

---

[41] なお、Radbruch, Der Zweck des Rechts, 注（23）, S. 97. において、法的安定性と正義の類似点として法規範の一般性（Allgemeinheit）が挙げられている。
[42] Vgl. Radbruch, Rechtsphilosophie, 注（9）, S. 124.
[43] 加藤新平「法と道徳」、1958年、84頁以下参照。

理念によって根拠づけられ、さらに、法的安定性は、殺人、窃盗等からの安全としての「法による安定」を意味するのではなく、「法自体の安定」を意味し、正義理念に包括されるものであろう。このような理論は、法的安定性と合目的性とを区別して、「法による安定」を公共善として後者に含ませるので、妥当を根拠づける法的安定性としては把握しない。しかし、このように再構成された根拠論について、私は法の妥当を根拠づけるものが秩序の価値であるということには異存はないが、そのような秩序の価値はやはり平和という実質的な目的理念を欠きえないと考える。秩序の価値は、相互的な暴力の排除、あるいは法共同体成員の生存の保障を意味する平和を抜きにして考えることはできないであろう。そして、法の妥当根拠としての秩序の価値は、むしろ、第一義的にはこの平和を意味し、秩序が法の秩序であるかぎりで、法的安定性あるいは正義をも意味するのではなかろうか。

ところで、以上のように秩序の価値が実質的な目的理念をも含めて把握されるとしても、妥当根拠としての秩序の価値は、平和より以上の実質的な理念を含むものではなかろう。前述において、目的理念に基づく原理から構成されたものとして、理論の整合性という見地から排除された、法治国家体制あるいは民主主義体制の秩序が、法の妥当のために要求されるということはない。法秩序は、民主主義体制ではなくとも、平和が達成されているとすれば、ひとまず妥当すると考えられるように思う。法的妥当を法治国家体制あるいは民主主義体制に限定することは、妥当の事態を狭く限定しすぎるように思われるのである。

第2節　妥当根拠と道徳的義務

さて、つぎに、ラートブルフの法の妥当根拠に関する理論における第2の可能性、すなわち道徳による根拠づけの可能性について検討することにしたい。この理論では、その可能性はむしろ暗示的にのみ論じられており、明示的には法の妥当は法的安定性に根拠づけられている。しかし、私はここでは、法的安定性による妥当根拠論を無視して、妥当の根拠づけの第2の可能性をラートブルフの議論に即して構成することに努めたい。

第2節　妥当根拠と道徳的義務

　ラートブルフは、『法哲学』において法と道徳の関係について、法的義務が道徳的義務であることなしには義務でありえず、法の義務づける力が倫理的義務から派生することを主張する[44]。「道徳のみが法の義務づける力を根拠づけうる」[45]。では、法的義務はどのようにして道徳的義務に高められるのか。法は、その目的理念として何らかの道徳的価値すなわち善を受け容れることによって、道徳と結びつく。しかし、強制的規範としての法は、倫理的な自律を前提とする道徳規範として義務づけることはできない。だが、法は、それが道徳的善のための行動に権利的性格を与えることによって道徳的義務の履行を助け、そのことを通じて道徳に奉仕し、そのかぎりで義務づける力を獲得する。つまり、「人は彼の権利において……彼の道徳的人格のために戦う」のである[46]。

　ところで、右の主張と平行して「法哲学的政党論」（ここでは法の目的に関する3つの相対立する価値体系を反映する3つの政党イデオロギーが論じられている）において、「人倫的人格」についてつぎのような論述がみられる。つまり、その法哲学的政党イデオロギーの1類型である個人主義的見解は、「人倫的人格になりうるかぎりでの自然的個人」、「人格化された自由」という個人の概念を保持するものであり、法は道徳を直接的に可能にする「内的自由ではなく、前提としてそれに奉仕する外的自由を実現すべきである」という命題を、その見解の核心として維持している、とされる[47]。このような

---

44) Vgl. Radbruch, Rechtsphilosophie, 注（9）, S. 137 ff. und ferner S. 174 f., Anm. 2. そこでは、つぎのようにのべられている。「法を当為されるもの、義務づけるもの、妥当しているものとみなすことは、この妥当を………自律的に、法服従者の人倫的人格の要求として根拠づけることである」（S. 137 f）。こうした議論によれば、法的義務は法服従者の良心における自由決断を通じて義務づける力を獲得する。したがって、確信犯に対して法はその義務づける力を失うことになる。このような見解は、個別的法共同体成員の是認の存否を超えた正義の絶対的価値性格の主張と矛盾するのではないか（なお、Welzel, Gesetz und Gewissen, 1960, S. 389, Anm. 26. は、同様の矛盾を裁判官についての議論との関連で指摘している）。このような結論が早計であるとしても、正義理念と道徳的理念あるいは目的理念との関係が明白でないという批判は可能であろう。
45) Vgl. Radbruch, Rechtsphilosophie, 注（9）, S. 138.
46) Ibid., 注（15）, S. 140.
47) Ibid., 注（9）, S. 158.

命題と前述の法による道徳への奉仕とは、明らかに類似性を有しているように思える。

『法哲学入門』において、こうした平行的議論が「人倫的人格」の概念を媒介として統一される。道徳は、人々の良心において義務づける規範であって、人倫的人格の自律性を前提としている。そして、法は、道徳的義務の履行を可能にするということを通じて道徳に奉仕し、そのことによって妥当する。つまり、ここでも法的義務は、道徳的義務の履行としての行動に権利的性格を賦与して、道徳的義務履行を助けることによって道徳に奉仕し、そのことを通じて義務づける力を獲得するということが、再び主張される[48]。しかし、さらに、自律的人格のための一定程度の外的な保障が、絶対的なものとして主張される。法は、道徳的な義務履行の可能性であり、「それなしには倫理的決断という内的自由がありえないような、その程度の外的自由」[49]である。こうして、自律的人格を可能にする人権の絶対性が主張され、制定法を超える法（übergesetzliches Recht）としての実質的正義論が展開されることになる[50]。「かの外的自由を保障することは人権の本質であり核心である。その結果これらの権利は絶対的な性質のものであるということになる」[51]。ここにおいて、道徳を可能にするために、法は、人格の自律、人格の内的自由を究極的価値とする個人主義的世界観と結びつかねばならない。したがってラートブルフによれば、「自由主義は一定程度において、いかなる見解にあっても、つまり、民主主義的あるいは社会主義的見解にあっても、権威主義的見解にあってさえも、必然的な成素として確認されている」のであっ

---

48) Vgl. Radbruch, Vorschule, 注 (23), S. 39.
49) Ibid., 注 (23), S. 29
50) なお、Radbruch, Fünf Minuten Rechtsphilosophie, in: Rechtsphilosophie, 1945, 注 (9), S. 336, は、制定法を超える法として歴史的事実としての人権宣言を考えているが、こうした人権宣言は、価値理念としての自律的人格の可能性である人権保障から、価値論的には区別されるべきものであろう。しかし、本文の主張から考えて、Baratta, Relativismus und Naturrecht., 注 (34), S. 527, におけるように、ラートブルフの制定法を超える法を事物の本性に定位された「内容可変の自然法（Naturrecht mit wechselnden Inhalt）」として理解することも可能であろう。しかし、この問題には立ち入らない。
51) 52) Radbruch, Vorschule, 注 (29), S. 29

て、「人権の完全な否認は、超個人主義的立場からするにせよ、あるいは超人格的立場からするにせよ、絶対的に不正な法である」とされるのである[52]。

こうした主張と道徳による法的妥当の根拠づけとを合わせ考えるなら、ラートブルフは、道徳を可能にする一定程度の外的自由を保障することを通じて法が義務づける力をもち、したがって、そのような一定の自由主義が法規範の妥当にとって絶対的に必要であることを、認めているように思われる。しかし、かの自由主義は、あくまで一定程度のものであって、それ以上の範囲においては、再び人格価値、団体価値および作品価値をそれぞれ究極的価値とする3つの価値体系が相対立する相対主義の世界が現われるのである。

おわりに

私は、前記のようなラートブルフの見解を、結論的につぎのようにまとめうると思う。法的義務は同時に道徳的義務でなければ義務ではなく、法の義務づける力は道徳によってのみ根拠づけられる。しかし、強制規範としての法は、道徳規範のように自律を通じて義務づける力を獲得することはできない。しかし、法規範は、つぎの2点において、道徳に奉仕することによって道徳規範に高められる。第1点は、法が道徳的善のための行動に権利的性格を与えることによって道徳的義務の履行を助けること、つまり、道徳的行動のための外的自由を保障することを通じて、道徳に奉仕するということである。第2点は、『法哲学入門』において明白に主張されているのだが、道徳のそもそもの存立条件たる人格の自律を可能にするための外的自由を保障することを通じて、道徳に奉仕するということである。ラートブルフは、これらの道徳への奉仕によって、法的義務が義務づける力を獲得すると主張するものであろう。

では、このような道徳への奉仕によって、法の妥当は道徳によって根拠づけられうるであろうか。まず、第1の道徳への奉仕を検討したい。法規範は、形式的正義の要求を充たすとしても、法規範たりえず、その目的として何らかの道徳的価値、つまり実質的正義の現実化をその内容に含まねばなら

ない。このことによって、法規範は何らかの道徳的価値の実現に奉仕し、したがって、法規範を道徳的規範の一種として把握することが可能であろう。しかし、ラートブルフの相対主義からすれば、こうした道徳的価値は相対的である。したがって、一定の道徳的価値の実現を目的とする法規範は、それに対立する道徳的価値を奉じる確信犯に対しては義務づける力をもたないことになろう[53]。しかし、このような帰結は、法的妥当の事態に適合的ではない。ここで、法的義務は、道徳的義務から離れて法的安定性あるいは正義に根拠づけられるか、または相対的な道徳的価値を超えた公共善としての平和に根拠づけられねばならないのではないか。いずれにせよ、法の妥当は秩序の価値に根拠づけられるのであって、これまでの議論と異なる見解は引き出されえない。

　第2の道徳への奉仕を採り上げよう。法規範は、道徳の存立条件たる自律的人格を可能とする外的自由を人権として保証することを通じて道徳に奉仕し、道徳規範に高められる。しかし、その際、保証されるべき自由は「一定程度」であり、それ以上の価値内容については、法は前述の3つの世界観のいずれかに立脚して選択しうるということである。では、ここでは再び法の妥当根拠として秩序の価値が主張されねばならないのではないか。しかしながら、もし道徳による法的妥当の根拠づけという方向でこの理論を考えるなら、法秩序は、自律を可能にする一定程度の外的自由を保障するがゆえに、全体として義務づける力を獲得するというようにも、理解されうるはずである。このようにして、問題の所在は、自律的人格を保障していることによって、法秩序の妥当が根拠づけられるのかということに移る。そして、これについての検討が、以下における課題ともなる。

① 　これについては、後述第8章215頁参照。

---

53)　前出注（44）参照。

第6章　法の理念と政治の理念
── 尾高朝雄「法の『窮極に在るもの』」との関連で──

は　じ　め　に

　1946年に尾高朝雄が公刊した『法の窮極に在るもの』[1]は、1956年の逝去ののちにもさらに読み継がれていった、昭和期の著名な書物である。このような究極的な問いが法哲学の問題提起に属することは、明らかであろうが、公刊の当時、このような問題提起の重要性を、加藤新平は本書への書評の中でつぎのように表現している。
　「凡そ存在の全体的窮極的認識に向ふのは哲学の職分であり、或る文化領域を中心としてかゝる哲学的思索を企てるのは夫々の文化哲学の任務である。……法規範を中心として展開形成される法的文化領域に関してかゝる全体的窮極的認識を企てるのは法哲学の任務である。そして『法の窮極に在るもの』を掴まうとすることは実は法哲学に課せられたかゝる全体的探求の旅路に上ろうとすることに外ならない」[2]。
　私としては、いまなおこうした問題提起の意義を認めるものではあるが、現在においては、その意義を確認すること自体が、法哲学の課題となっていると思われる。問題提起の形而上学的傾向に対抗していえば、本書でいわれる法の「窮極に在るもの」は、その意味合いを用語そのものから直感的に理解できる部分はあるとはいえ、その言葉だけでは明確さを欠いている。法が物体のようにあるのでないかぎり、法の「窮極」を場所として知ることはできず、その用語は比喩としての性格を免れることはできない。
　とすれば、問題提起の意味合いは、著者がそうした言葉で表現しようとし

---
1) 尾高朝雄『法の窮極に在るもの』、1946年、新版1955年、新版再版1965年。本章で参照するのは、新版再版である。
2) 加藤新平「尾高朝雄『法の窮極に在るもの』」、1948年、142頁。

た見解に即して、探っていくしかない。本章の課題は、この探求を通じて一般的に、法の「窮極に在るもの」を問うことが、法哲学的にどのような問題構造をもっているのかを検討し、同時に、それに密接に関連する回答内容と考えられる、法の目的理念と政治との関係について私なりの若干の論評を加えることにある。

第1節　問題提起の意義

　問題提起そのものを問題にすることが、とくに法哲学的に重要なのは、実際、そうした用語の背後にある見解が法哲学の領域で定着しているとはいえず、その用語が専門的にも一定の見解を指し示しているわけではないからである。しかし、法哲学的により重視すべきことは、問いの構造の検討を通じて明らかになる本書の見解が、これまでの法哲学の学説を一歩進めたものだということである。本章の課題設定のもつ本来の意義は、むしろそのことに求められるべきであって、単に「法の窮極に在るもの」の意味合いの明確化にあるのではない。

1　「窮極に在るもの」と「根底にあるもの」

　近年1989年に公刊された井上茂『法の根底にあるもの』[3]は、尾高『法の窮極に在るもの』（以下では『窮極論』と呼ぶ）が回答を与えようとした問題を受け継ぎ、新たな考察を展開している。そこでは、法の根源を法哲学的に問うにあたって、『窮極論』はなお有効な問題設定の枠組みを与えているとされているのである。ここでは、『法の根底にあるもの』が尾高『窮極論』の問題意識をどのように引き継いでいるのかを、示しておくことにしたい。

　『窮極論』の問題意識は、法と政治の関係に関わるものである。まず、これについてみていくことから始めるが、その「はしがき」の冒頭には、同書を生み出したこの問題意識が、きわめて鮮明につぎのように表明されている。

---

[3]　井上茂『法の根底にあるもの』、1989年。

第1節　問題提起の意義　165

「実定法の現象を考察すると、法は政治によって作られるし、また、しばしば政治によって破られる。それを見ると、法の窮極に在るものは政治の力であると考えざるを得ないようになる。単に、法そのものが政治の力によって動かされるばかりでない。それにつれて、法を研究する学問も、政治に対する客観性を維持することができなくなって、政治動向への追随に浮身をやつすようになる。しかし、かくては、法も法学も政治の傀儡に堕してしまう外はない。こういう趨勢に対して、何とかして法および法学の確乎たる自主性を基礎づける道はあるまいか」[4]。

「はしがき」にも示されているように、本書の問題意識を導くのは、時代を反映して、とりわけ第2次世界大戦時のファシズム諸国における法の蹂躙であり[5]、さらには推測されるのは、戦後の日本法学の再建期における、法と法学への政治的イデオロギーの影響という現実であろう。しかし『窮極論』は、政治の力で動かされる法ということから出発しながら、法が「政治の矩」であるということを示すことになる。これによって、法を生み出す政治の背後に再び法が存することになり、それによって法や法学の自主性が確認されるのである。

これに対して『法の根底にあるもの』では、法が「政治の子」であるという事実が前提されながら、その事実を超えて「政治の起因」となる法の基本的な性質が探究されることになる[6]。

「『法は政治の子である』と言われます。政治が法をつくることは、だれにも明らかな事実です。ただ、『政治の子』というのは、おおまかな表現であり、むしろ大切なことが不明なままにつつみこまれていると思われます」[7]。「政治によってつくられる法ではありますが、それが政治とは区別される存在であるのは、法の根元が政治の事実の根底に伏在し働いているものであるからです。したがって、法がなぜ人間の世界に現れたのかを、政治によってつくられるからであると、実社会の事実にもとづいてこたえ

4）尾高前掲書、注（1）、3頁。
5）尾高前掲書、注（1）、4頁参照。
6）井上前掲書、注（3）、2頁以下、227頁参照。
7）井上前掲書、注（3）、2頁参照。

るのでは表面的なことになります。そのこたえは、……法の源泉であり基盤である『母体』にもとめられなければならないからです」[8]。

こうした問題意識の表明は、法を政治から自立させようとする志向が『窮極論』のように目立つものではないとはいえ、基本的にそれと同じ方向を目指している。つまり、両著書ともに法を生み出すものとして政治を把握することから出発し、さらにその政治の根源に法的なものを認知しているといえよう。

2 問題意識からみた法と政治の関係

このように、両著書は出発点としての問題意識とともに、政治の背後に再び法を見出すという回答の方向性についても、意見を同じくしている。以下では、この前者の前提をなす「政治が法をつくる」という見解を、まず取り上げるが、『窮極論』の時代背景から離れて一般論として考えても、法学が考察の対象とする実定法が政治の産物であるという見解は、さしあたり是認されるべきであるように思えるのである。

19世紀中頃にドイツのベルリンで検事であったJ・H・v・キルヒマンは、その後に隆盛をきたした法実証主義の先鞭をつけたのであったが、つぎの言葉はそのモットーとしてすでに周知のものとなっている。「立法者が三つの言葉を訂正すれば、法学の全文庫は紙屑に化してしまう」[9]。そして、革命という、立法よりもはるかに極端な政治行動は、法秩序の根本的な転換を求める。カール・シュミットは『政治神学』において、「法は非常事態における決断に基礎をおく」[10]とのべる。

このように、政治の力によって法が左右されることは、否定することができない。この意味で、法が「政治の子」であるということは、事実として認めざるをえまい。しかし、尾高が問題にするのは、そうした事実を超えて「法としての特性」をさらに見出しうるかどうかということである。その場合、一般の人々はもとより、われわれ法学研究者のうちにも、政治が法を生

---

8) 井上前掲書、注 (3)、3頁参照。
9) これについては、さしあたり八木鉄男『法哲学史』、1968年、86頁以下参照。
10) さしあたり、カール・シュミット『危機の政治理論』、1973年、5頁以下参照。

むという現実の一方で、法がそれを超えた独自の意義をもつはずではないかという想念が、いまも湧き上がることであろう。そうである以上、右の問題意識はなお生きているといえるのである[11]。

では、政治を超えて政治を導く源に法をみることができるのかという、問題への回答における両著書の共通性に注目しよう。『法の根底にあるもの』は、法をつくる「根元」を『窮極論』と同様に「力」と呼び、その力によって法は働き、秩序を実現するとされる。『窮極論』では、「窮極に在るもの」は「実在する人間の関係を有効に規律する力」であり、「法の根底に在って法を動かし、法を通じて自己自らを実現して行くところの創造的な力」である[12]。これに対応して「根底にあるもの」は、「実現性のないような法は法としての資格をもたないとか、法として実現しないものは法であり得ないという見解」[13]を前提にしていて、そのうえでその見解の意味を問うている。

そして、このような「法の実現をみちびき支える力」を、「強制力」という政治の力に求めるのは避けなければならないとされる。それは「原理」の次元に属する法の力に求めねばならず、さらに「その原理の核心であるのが法の根元性である」。そして、「いずれの時代いずれの社会の法の実現もまた、法の根元性の『律する』働きを内につつんでの、その社会なりの形式をとる」とされる。

以上のように「根底にあるもの」は、そこにいう「原理」が事実を超えた次元において求められるが、そのことによって、「根底にあるもの」が「効力（妥当）根拠論」の「根拠」の枠内に納まるものとみることができる。ところで、一般的に法の「窮極に在るもの」を問うという問題提起も、伝統的な法哲学の学説においてはその用語上の類似からしても、法の「効力（妥当）根拠」への問いかけに比することができる。実際そうした問題提起を行う『窮極論』で、「窮極に在るもの」としての法の本質は、「効力の根拠から

---

11) 「恒常的なもの」を法学は目指すべきであるという、若干異なったニュアンスではあるが、田中耕太郎の書評「尾高朝雄教授著『法の窮極に在るもの』」、1947年、49頁は、唯物史観やナチズムの政治的法学との関連で、こうした問題意識に共鳴している。
12) 尾高前掲書、注（1）、7頁参照。
13) 井上前掲書、注（3）、63頁。

切りはなされた規範」には見出しえないとのべられ、さらに本質は「理念」に等置される（詳細については、後述参照）。

このように、「根底にあるもの」としての「原理」が『窮極論』の「理念」にあたるとすれば、両者の議論はともに効力根拠論に相当するものといえよう。その場合に問題になるのは、それらがどのような効力概念を採用しているかということである。それは根拠をどのように提示するかによって決まってくるのであり、たとえば、「根底にあるもの」については、「法の根元性」の意味合いに左右される[14]。

本章は『窮極論』を対象にするが、それが法と政治の関係を問うという問題意識から出発したことを念頭におきつつ、効力根拠の議論とどのような関係にあるかを、以下でみていくことにする。法哲学の現状を大まかにいえば、伝統的な規範主義的効力根拠論の問題提起が一方の側ではこれまで通りに維持されていて、他方の側では、「根拠」が「原因」に変更されることによって、実証主義的に転換されて維持されているといえる[15]。こうした学説の二分状況からすれば、前述の問題提起はその表現からして、これら両者に属することのない問題の新たな局面を開くものと思える。

3 「法の窮極に在るもの」と「法の本質」

『窮極論』が問おうとしている問題が、法の効力根拠論の問題領域でどのような位置を占めているかを示すには、その緒論の二「法の本質・法の形相・法の理念」を検討する必要がある。ここでは、「法の窮極に在るもの」がこれまでの法哲学の言葉で、どのように表現されるかが論述されているので、これに即して、まず問題の構造を明らかにしていくことにする。

上記の緒論の二によれば[16]、「窮極に在るもの」は「法をしてまさに法たらしめているもの、それを度外視しては法を考えることのできぬもの、それなくしては法が法として存在し得ないもの」であり、したがって「法の本

---

14) 以上については、井上前掲書、注 (3)、64頁以下、78頁以下参照。
15) こうした学説の対立状況について、私は事実的妥当概念と規範的妥当概念の対立として説明した。竹下賢『法 その存在と効力』1984年、参照。
16) 本項目の論述については、尾高前掲書、注 (1)、6頁以下参照。

質」であるといってよいとされる。しかし、この場合の「法の本質」は、「法の概念」とは異なるものであるとされる。

多様な法現象を素材として法の特質を捉えて、法をそれ以外の対象から区別するという、法の概念規定の作業によって、この「法の本質」が得られるわけではない。法の本質が把握されるのは、概念上「完全に法たる特質を備えている規範」においてではなく、「実在する人間の関係を有効に規律する力」をもった規範においてである。こうした見解を要約するなら、「法の窮極に在るところの法の本質は、法の根底に在って法を動かし、法を通じて自己自らを実現して行くところの創造的な力を意味する」ということになる（前述167頁参照）。

このように、「法の窮極に在るもの」ないし「法の本質」は、「法の根底に在って法を動かす創造的な力」であり、しかも「法が効力をもつ根拠となる力」であるとされる。そして、こうした「本質」は伝統的な哲学的用語を使えば、アリストテレスの「形相（eidos）」にあたるとされ、「理念（idea）」とも呼ばれるところから、これを法の効力根拠とみなすことができよう。

さらに、この根拠から逆に効力概念をさしあたり二元論的に考えるなら、ここでの効力概念は、法が大体において遵守されているという実効性を意味する事実的な概念ではなく、法の理念が共同体の成員を義務づけるという規範的拘束力を意味する規範的な概念だということになる。しかし『窮極論』によれば、そうした本質としての理念は、プラトンのイデアのように「個物をはなれ、現実を超越して恒存する絶対者」でもなく、カントの「規制原理」やルドルフ・シュタムラーの「法の理念」のように「決して事実となって経験界に現れることのない理念」でもない。

このような「法の本質」は、グスタフ・ラートブルフによる法のつぎのような概念規定をもって表現される。法は「法の理念につかえるという意味をもつところの実在である」。このように、規範主義の傾向の強い妥当概念が退けられる一方で、理念と現実とを一致させ、現実に対する批判の精神を奪い去るヘーゲルの立場も否定される。『窮極論』のいう「法の理念は現実に内在し、現実の法を作り、現実の法を動かす『力』として働いている」。「現実そのものとは一定のへだたりを保って現実の彼方にあるところの理念が、

しかも、なおかつ、現実に内在して現実を動かす力になる」。

以上のように説明された「法の本質」は、法の理念とされるとしても、その理念は現実に結びつけられていて、効力を発揮する力でもある。これによれば、「本質」ないし「理念」は法の効力の根拠となり、「本質」を問う理論は「効力根拠」を問う理論ともなる。この場合、『窮極論』における「本質」論が前提にする効力概念は、超越的な規範主義を拒否して、理念と現実との結びつきを強調することによって、すでに示唆された規範的効力概念から離れることになる。

私は前掲の著書で法の効力について、事実的と規範的な概念に対する存在論的な概念の適切性を主張した。この時空的妥当の効力概念の中心的な意味は、法が義務づける力をもった現実になっているということ、法が「存在する当為」であるということにある[17]。ここで、効力概念の諸類型の適否を改めて論じることはしないが、『窮極論』の立場は、効力概念がこのような存在論的効力概念に接近している点で、私にとって評価すべき理論構成だといえる。

しかし、『窮極論』の効力概念と存在論的効力概念との比較は慎重でなければならず、そのための重要な論点は、ラートブルフの効力概念との関係をどのようにみるかということである。私はラートブルフの効力概念を結局は規範的概念に帰属するものとして、これを批判したのであるが[18]、『窮極論』を全体としてどのように評価するかは、さらに検討されねばならない。そして、『窮極論』の問題提起に含まれている、法と政治の関係への問いはそうした検討にとっての出発点ともなり、つぎにそれについてみていくことにする。

第2節　理念と実力としての政治

以上のように「窮極に在るもの」への問いかけは、法の効力根拠への問い

---

17)　竹下前掲書、注（15）、253頁以下参照。
18)　竹下前掲書、注（15）、とくに167頁以下参照。

かけにあたるものであり、しかも、それは問題の構造を規範主義的にでもなく実証主義的にでもなく捉えている。このような問題設定は、法という対象をあくまで現実の中で把握しようとする考察態度に基づくものであり、そのことは、法を現実の力との関連で認識していくこと、つまり、法を政治と密接に関わるものとみることにつながるといえる。

　そこで、『窮極論』における法と政治の関係を検討していくために、法の「窮極に在るのもの」への問いかけで、出発点になっている「法は政治の子である」という見解の意味合いを、改めて確認しておくことが必要となる。それは、この言い回しで法の根源に、さしあたり「政治」があることが表現されているとしても、それがどのように捉えられているかが問題となるからである[19]。

　同書によれば、一定の理念によって社会構成員の意識が支配的に規定されるときに、社会意識が成立するが、法を制定したり、法の効力を支持したり、また法を破壊したりするのも、すべてその社会意識の力であるとされる。「法を作り、法を支え、もしくは法を破るものは、社会意識の力である」[20]。しかし、社会意識が統一的な社会力として作用するためには、指導による社会構成員の組織化が行われねばならない。ここに、「政治」という動態が看取される。「一定の指導者が一定の理念もしくは目的によって社会意識を統合し、社会大衆を組織的に指導・統制・支配もしくは操縦しつつ、その統合された社会力によって、一貫した目的行動を実践して行くのは、すなわち『政治』である」[21]。

---

19) ただし、『窮極論』は「法は政治の子である」とは表現せず、「政治が法を生む」とか「政治が法の上にある」とかのいい方を使う。「法は政治の子である」という表現は、宮沢俊義「法および法学と政治」、1938年、4頁以下に由来するが、本章ではこの論文には立ち入らない。
20) 尾高前掲書、注 (1)、127頁。
21) 尾高前掲書、注 (1)、128頁。田中耕太郎の書評「尾高朝雄教授著『法の窮極に在るもの』」、注 (11)、51頁によれば、このように「政治は法をつくる」とすることは、別の箇所での「政治が法の理念と現実とを媒介する」という主張と矛盾するとされる。しかし、政治が法をつくるという表現が、理念が社会意識に担われて実定法として現実化される場合、この社会意識を担いうるものにするのが政治である、ということを意味するとすれば、政治が実定法をつくると解することによって両命題は矛盾しないと思われる。

このように、前記の「社会意識の力」は「政治の力」に外ならないとされる。こうした説明にもとづき、より精確にいえば、「はしがき」においてすでにみた、法を「作る」ものでもあるし、「支える」ものでもあるし、「破る」ものでもある政治とは、「政治の力」であって、それは社会意識を統合し、統合された社会力によって一定の目的を実現していく力だということになる。ところで、法を「支える」ものとしての政治は、前述（167頁参照）の「強制力」とも関連する重要な論点である。「強制力」は『窮極論』では、上記の引用における法の「支配」の側面に登場するといえるが[22]、「支える」ものとしての政治には、言及されることはない。したがって以下では、この面をも含む「政治の力」についての議論を、「作る」と「破る」に焦点を合わせて進めていくことにする。

『窮極論』によれば、法をつくる政治の力とは「憲法制定権力」である。憲法は法秩序におけるその他の法律の統一的な根拠であるなら、その憲法を制定する権力は、その法秩序に属するすべての法の根源にあるということになる。この憲法制定権力については学説において、2つの対極的な理解がみられる。一方には、法は力によってつくられるとしても、その力の上にはより高次の法ないし自然法があり、それによって力が正当化されるという、「規範主義」の立場があり、他方には、法をつくる力はどのような法にも準拠せず、正当性についての根拠を必要としないとして、政治的な決定という事実力が憲法制定権力であるという、「決定主義」の立場がある[23]。

しかし、これらの対極的な学説は、この権力という「対象そのものの実体」からすれば、一方は理念の面を他方は現実の力の面を強調する、ともに一面的な理解にすぎない。むしろ、憲法制定権力は「ともに理念であると同時に力であり、理念と力の両面を備えた社会作用の原動者である」[24]。このように政治には、社会意識の統合にみられる「理念としての政治」の側面

---

22) 尾高前掲書、注（1）、128頁では、「民衆の間に蟠踞する反対運動を制圧し、指導者の意志を有無をいわさずに強行するということになると、指導は転じて『支配』となる」とのべられている。
23) 尾高前掲書、注（1）、62頁以下参照。
24) 尾高前掲書、注（1）、84頁。

と、統合された社会力にみられる「実力としての政治」の側面との二側面がある。このことは、法を「破る」ものとしての「政治の力」により明白にみられよう。これには「革命権」と「国家緊急権」という言葉で表わされる2種類の力があるが、これらは当然に実力の側面をもつとともに、前者は国民主権主義ないし民主主義的法治主義の理念、後者は国権絶対主義ないし君権至上主義の理念に結びついている[25]。

　こうした理念内容の類型についてはのちに問題にするとして、政治の理念については一般的につぎのようにのべられる。「政治には理念がある。理念を失っては、政治はその力を発揮することはできない。だから、いかなる政治を取って見ても、必ずその根底には、明確に意識された、もしくは暗黙に認められた、何らかの理念が横たわっている」[26]。しかし、その理念は多元的であり、しかもある理念は他の理念を排斥する傾向にある。「互に他の理念を理念と認めて、その正しさを争おうとするばかりではない。すすんで、敵対する理念の理念性をも否定しようとする」[27]。

　このように多元的な理念のうちで、ひとつが勝利を収めて国家の統一を達成するとしても、それによって、この理念が絶対で必然であることが認証されたわけではない。そうした認証は、政治が理念の対立の契機そのものを含むかぎり、政治によって与えられることはない。ここにおいて、政治と実力との関係が露わになる。「単に理念がかかげられているだけであって、実力がこれにともなわなければ、それは実現され得ぬ理念であり、失敗の政治である。政治のもつ実力は、同一の理念を信奉し、共同の目的を追求して、これを現実生活の中に実現して行くところの、社会大衆の団結力である」[28]。このような実力を備えた「政治の力」が、法を生み出すということである。

---

25)　尾高前掲書、注（1）、88頁以下参照。
26)　尾高前掲書、注（1）、145頁。
27)　尾高前掲書、注（1）、149頁。
28)　尾高前掲書、注（1）、152頁。加藤前掲論文、注（2）、145頁では、尾高の政治の概念が支配権力による統制指導の側面にひきつけて理解されているが、尾高の概念には理念を受け入れる「社会大衆」の主体性の側面も含まれているといえる。

第3節　政治の理念の諸類型

　以上のように、『窮極論』における政治の概念規定によれば、政治とは一定の力であり、それは簡単にいえば、社会意識を統合し、統合された社会力によって一定の目的を実現していく力だということであった。そしてここでは、そうした「政治の力」が、政治という動的な現実の重要な構成要素をなしている理念と実力とによって、より具体的に説明されることになる。つまり、政治のもつ実力は理念を信奉し、それを実現していく社会大衆の団結力であるとされる。

　政治の理念は社会構成員の意識に働きかけ、統合された意識である社会力を実力として、みずからを実現する一定の法秩序をめざす。このように「政治の子」としての法を、まずここでは「理念としての政治」の「子」とみて、政治のその側面についてより詳細に検討していくことにする。その際、効力根拠論との関連で問題にしたラートブルフの説に言及することが必要となる。

1　政治の理念と法の目的理念

　政治が法をつくるということを、政治の理念によって法が生み出されることと理解した場合、この政治の理念は、すでに言及したラートブルフの『法哲学』においては、とりわけ法の実質的な目的理念を意味するものと考えられる。ラートブルフは、法理念である合目的性との関連でこうした目的理念を扱い、それを通じて「政治的なもの」を法の効力根拠論に組み込んでいる。そこでまずこの議論をみておくことにし、その後に『窮極論』の議論に戻って、法と政治の理念間の相互関係を問題にする。

　周知のように、ラートブルフにとって第1に法理念とされるのは正義であるが、その理念は各人にそれぞれふさわしいものを与えるべきであると指図するのみで、何がふさわしいものであるかの判断規準を提示することはない。現実の法秩序が達成されるには、判断規準となる何らかの目的理念を導入することが必要となり、一定の目的理念に適合していることとしての合目

的性が、第二の法理念とされる。

　ラートブルフによれば、こうした法の「超経験的な目的理念」は、法がその実現をめざす「善」という倫理的価値に結びついているが、その倫理的「善」は多様である。しかし、「経験世界の全領域で、絶対的に価値付着の可能な対象は、人間の個別的人格と人間の全体的人格と人間の作品という三種類しかない。われわれはこうしたそれらの基体を尺度にして、個人価値と集団価値と作品価値という三種類の価値を区別することができる。個人価値は倫理的人格である。また、そのようなものが承認されるとしてであるが、全体的人格にとって可能になる価値も、倫理的な種類のものである。美的価値と論理的価値は、学問と芸術の作品において作品価値として明らかとなる」[29]。

　倫理的価値は最後の美的価値と論理的価値をも自己に取り込み、倫理的価値としても、上記の三種の究極価値が区別されることになる。これらの価値のどれに第1位の価値序列を与えるかによって、法観と国家観は個人主義と超個人主義と超人格主義の3種類に分かれ、それらはそれぞれ「自由」と「国民」と「文化」とを究極目的とする。そして政党は、このような3種類の法観と国家観のうち、個人主義と超個人主義の2種類の見解を取り入れて、その理念とすることになる。個人主義には、自由主義と民主主義、また社会的個人主義、さらに社会主義の政党イデオロギーが属しているとされ、超個人主義としては保守主義の政党イデオロデーのみが挙げられる[30]。こうして、法と国家の理念は政治の理念に移行し、ここでは、究極的な価値観の対立に応じて、政治の理念ないし法の目的理念に関して相対主義が成立することになる。

　以上のように、ラートブルフは「超経験的な」倫理的価値の担い手（基体）を、最終的に個人と集団と作品の3者に見定め、そこから演繹的に法な

---

29) Gustav Radbruch, Rechtsphilosohie, 7. Aufl., 1970, S. 147 f., ［田中耕太郎訳『法哲学』、1961年、179頁参照］.
30) Vgl. a. a. O., 注（29）, S. 156 ff., ［田中前掲訳、191頁以下参照］. なお、政党と理念との関係については、政党は利益を追求するが、そのためには理念を利用せばならず、利用するためには理念に仕えねばならないとされる。

いし国家の目的理念を導き出し、さらにそれらを政党イデオロギーとしての政治の理念へとつなげていくのである。このラートブルフの見解に対して、『窮極論』はこれらの目的理念を、法の理念ではなくむしろ政治の理念とみる。

2 『窮極論』の政治の理念

『窮極論』によれば、政治の理念はラートブルフのように法の目的理念から導出されるのではなく、しかもそれは、政治に固有の理念でもない。「政治は、道徳をも、宗教をも、経済をも、文化をも、いずれをも摂って以てその理念とし、その目的とし得るものである」[31]。しかし、それらの理念は政治の理念となることによって、社会意識に働きかける力の部分となり、現実味を帯びることになる。このように尾高の理念論は、ラートブルフのそれに比べ演繹的よりも帰納的であり、より現実的であるといえる。それだけに、その政治の理念論は、歴史の事実を反映させて展開させられている。

まず、革命権と国家緊急権との関連ですでにみたように、現実の学説の展開に関連づけて理念的な立場として、国民主権主義と国権絶対主義とが2項対立的に言及されていた。だが、第2次世界大戦において「民主主義理念」と「独裁主義理念」とが対立するに至るが、これらはつぎのように説明され、国民主権主義と国権絶対主義の対立にそれぞれ対応させられるように思える。「民主主義は『自由』と『平等』とを理念として発達した。独裁主義の政治は、国家または民族の絶対価値をかかげてこれと対抗し、『全体への奉仕』とか『公益優先』とかいうような理念をその行動の規準とした」[32]。

戦争における両者の対立は前者の勝利に終わり、国際社会は「民主主義の理念の勝利によって次第に統一を取り戻しつつある」[33]とされる。そして、そのことが、「政治の力によって法を作り、法を動かすということは、結局、

---

31) 尾高前掲書、注(1)、133頁。このような意味で、法の「窮極に在るもの」が政治であるといえば、法を動かす理念の「多角性」を表現することができるとされる。
32) 尾高前掲書、注(1)、14頁。
33) 尾高前掲書、注(1)、148頁。
34) 尾高前掲書、注(1)、230頁。

『国民の総意』によって法を作り、法を動かすということに外ならない」[34]という見解を導くことになる。

　『窮極論』は一見するところ、このような議論の流れになっているようにみえる。しかし注意すべきは、『窮極論』の内部において、「国民主権主義」と「国権絶対主義」の対立が「民主主義」と「独裁主義」の対立につながらないということである。国民主権主義と国権絶対主義との対立を、『窮極論』において改めて詳細にみていくなら、それらは、国民国家が中央集権を達成して主権国家として自己を確立していく歴史過程での、「二つの矛盾した潮流」として、つぎのように論述されている。

　「一つは、国民の人間個人としての自由を保障するために、国家の権力を法によって制限しようとする動向である。他の一つは、国家の中枢権力をあくまでも強化し、国民の統一を確保して国運の隆盛を図ろうとする潮流である。前者は個人主義・自由主義・民主主義・国民主権主義となって結実し、後者は国家主義・権威主義・君主主義・国権絶対主義として結晶した」[35]。

　しかも、ここではさらに、両者の潮流がともに自然法論、とくにに社会契約説を旗印にしていることが指摘される。このことは政治の力がつねに「規範主義」の側面、理念的な側面をもつという、前述の見解に符合している。このように、『窮極論』においては、国民主権主義と国権絶対主義とを政治の目標を規定する対立的な法観とみなすことができ、それは理念的にいえば、「国民」と「国家」との対立とみられよう。

　これに対して、前出の引用にみられるように、「独裁主義」が「国家」や「民族」の価値理念を掲げるとされるにもかかわらず、尾高はむしろ「独裁主義」を、「国民主権主義」に参入している[36]。国民主権主義のもとにある民主主義は、前述のように、法をつくる力を「国民の総意」にもとめるが、その総意の政治的な把握には2つの方法があるときれる。一方は「国民の中で最も聡明な人の意志」を、他方は「国民の間の多数意見」、とくに「立法

---

35)　尾高前掲書、注（1）、53頁。
36)　尾高前掲書、注（1）、134頁以下など、とくに236頁以下。
37)　尾高前掲書、注（1）、234頁参照。

機関の中での多数決」を「国民の総意」とする[37]。この前者が「国民主権主義」に属する「独裁主義」である。

このように、『窮極論』の政治理念の対立は、「国民主権主義」と「国権絶対主義」との対立を基本にするが、前者ではさらに民主主義と独裁主義とが対立するということになる。前述に関連させるなら、後者は「国家主義・権威主義・君主主義」の立場を含むのに対して、前者では「個人主義・自由主義・民主主義」の立場に、「独裁主義」が加えられることになる。そして、尾高は現代の理念的な問題を、国民主権主義と国権絶対主義との対立ではなく、国民主権主義のもとでの「民主主義」と「独裁主義」との対立にみているのである。

3 価値理念としての「国民」

『窮極論』の政治理念論をこのように理解できるとしても、すでにその論述自体に問題点を指摘することができる。それは、「独裁主義」に関係づけられていた「国家」と「民族」の理念について、前者は明示的に、後者は示唆的に国権絶対主義の理念としても登場するということである。

後者については、ナチスの民族社会主義によれば、「民族主義の法治国家にとっては、民族の生命の維持こそ最高の政治価値であり、最大の法価値であるとされる」[38]。このようなナチスの独裁主義は、国権絶対主義に傾斜して国家緊急権を肯定する世界観として言及されている。さらに、この民族主義は、政治の理念に関する別の視点からもみられていて、のちに検討することにしたい。

前者の「国家」であるが、これは、国民主権主義の「国民」の価値理念に対する国権絶対主義の価値理念である。前述のように国民主権主義は、「国民の人間個人としての自由を保障するために、国家の権力を法によって制限しようとする動向」であり、国権絶対主義は、「国家の中枢権力をあくまでも強化し、国民の統一を確保して国運の隆盛を図ろうとする潮流」であった。前者は「個人主義・自由主義・民主主義」の立場を、後者は「国家主

---

38) 尾高前掲書、注（1）、118頁参照。

義・権威主義・君主主儀」の立場を含む。

　こうした2種の政治イデオロギーは、どのような目的理念につながるのか。一見するところ、理念はそれぞれ「個人の自由」であり「国家の権力」である。問題は、「国民」との関連であり、前者は「個人の自由」の確保を通じて「国民の福祉」の達成を目標とし、後者は「国民の統一」の実現を通じて「国運の隆盛」の達成を目標としているといえる。後者の「国運」にいう「国」は、「国民」ではなく、やはり「国家」と考えられるのであり、これらを理念的にいえば、「国民」と「国家」の対立項である。この場合の「国民」は、「自由」と結びつき「国家」には対立する。

第4節　政治の理念の類型区別

　以上のように、尾高『窮極論』とラートブルフ『法哲学』とでは、政治の究極的な目的理念の類型区別が異なっている。政治イデオロギーにつながるラートブルフの目的理念は「自由」と「国民」であり、尾高のそれは「国民」と「国家」である。以下では、この相違の原因となる類別の理由を取り上げ、これを通じて政治理念の類型について私なりに検討することにしたい。

　『窮極論』を前述のように理解した場合、国民主権主義の理念のもとでの民主主義理念と独裁主義理念の対立は、大戦後の国際的な政治状況において、民主主義理念が独裁主義理念を打破し、これによって、現実政治の目的理念は「国家の権力」に対抗する「個人の自由」に帰着する。この目的理念は、ラートブルフの「自由」の理念に合致するように思えるが、厳密にいえばそうではない。『窮極論』の「自由」は、国民主権主義の「国民」を上位概念としていて、その意味合いを含んでいる。ところが、『法哲学』の「自由」は「国民」と並ぶ理念、すなわち、超個人主義に対する個人主義の目的理念とされている。このように、両者の理念論の比較はかなり複雑である。

1　「自由」と「国民」

　前述のようにラートブルフによれば、「経験世界」において、絶対的な価

値の付着可能な対象は、「人間の個別的人格と人間の全体的人格と人間の作品という三種類しかない」とされ、それらの基体を尺度にして「個人価値と集団価値と作品価値という三種類の価値」が区別される。そして、これらに対応して、法観が個人主義と超個人主義と超人格主義の3種類に区分され、それらにはそれぞれ「自由」と「国民」と「文化」とが究極目的とされるのである。

こうした見解で問題になるのは、ラートブルフの法価値論の方法論である。『法哲学』では、政治に関わる法の目的理念の具体的展開にあたって、その出発点で絶対的な価値の担い手が「経験的世界」に求められている。その結果、前述のように3種類の法観のうち2種類のみが政党イデオロギーとして取り上げられるのは、それらが歴史的に実際に現われたからであるとされる[39]。このような方法論は、より具体的な法の概念規定が法現象からの帰納ではなく、法理念からの演繹であるとする、概念規定についての性格づけには反している[40]。このように、ラートブルフの理念論も政治の理念との関連では、観念的というよりは現実的であり、尾高の理念論における、歴史の事実を反映させた現実性と共通している。

しかし、尾高の場合は、近世以来の思想史の現実において政治化した、2つの自然法論である「国権絶対主義」と「国民主権主義」の対立項から出発して、「国家」と「国民」の価値理念を導き出す。この理念は「絶対主義的君主主義」に対抗する「自由主義的民主主義」という、ヨーロッパ近代史の歴史上の理念に支えられているのに対して、ラートブルフの理念は、絶対的な価値の現実における担い手という、より論理的な類型に由来している。このことからすれば、尾高の方法論はラートブルフのそれよりも現実的だといえる。

ラートブルフは、現実において「個別的人格」と「全体的人格」とがそれぞれ、個人的価値と集団的価値とを担うものとするが、究極の自的が個人主

---

39) Radbruch, Rechtsphilosohie, 注 (29), S. 167 f., [田中前掲訳、179頁参照].
40) Vgl. a. a. O., 注 (29), S. 128 ff., [田中前掲訳、152頁]. しかし、それが純粋な論理的演繹でないことは、「法は法理念に奉仕するという意味をもった現実である」という一般的な概念規定から明らかであり、この「現実」に即して法の概念が探究される。

義的見解にとっては「自由」であり、超個人主義的見解にとっては「国民」であるとすれば、その究極目的は両種の人格の担う価値であるということになる。このように、「自由」と「国民」とはきわめて規範論理的に二分的に構成されている。

　これに対して、現実的である「個別的人格」と「全体的人格」とはどのように理解されるのか。「個別的人格」、つまり「個人」は、「経験的な個性と倫理的な人格との中間に位置する。それは、倫理的な人格になりうるかぎりで、本性的な個人であり、倫理的なものへの可能性の、人格化された総体であり、──人格化された自由である」[41]。このように、「個別的人格」は「倫理への自由」を担う「個性」であり、その形姿は捉えやすい。

　しかし、問題は「全体的人格」であり、それが担う価値を「自由」に対応させて「国民」とした場合、その担い手も「個人」に対する「集団」となり、政治理念との関連では、その「集団」はふたたび「国民」と呼ばざるをえないように思える。ラートブルフ自身は、そのことをどのように説明しているのか。

　超個人主義の政党イデオロギーに属する保守的国家論の見解によれば、「国家は有機体のように秘密に満ちた生命力から形成されている」[42]。そこでは、「民族が支配者を立てるのではなく、支配者が民族の上に立てられる。支配者は個々人の委託によってではなく、全体の名のもとに支配する。支配者は自己への認可を、下から、民族の意志によってではなく、上から、歴史や宗教によって、正統性や神の恩寵によって、指導者のカリスマによって獲得する」[43]。ここには、支配者の承認の根拠、つまり権力の正当化の根拠が、「民族の意志」、つまり「国民」に依存せず、国民から区別された国家そのものに由来することがのべられている。

---

41) A. a. O., 注（29），S. 158，[田中前掲訳、194 頁参照].
42) A. a. O., 注（29），S. 158，[田中前掲訳、200 頁参照].
43) A. a. O., 注（29），S. 158，[田中前掲訳、200 頁以下参照]．本文前述の「個別的人格」との関連では、個人主義の個人は「個性」に結びつけられていて、ここでの特徴づけに矛盾するが、しかし、この場合は「自由」の普遍的価値との関係では「個性化」（人格化）できていないという意味に解することができる。

だが、ラートブルフはこれを支配者の地位の問題とし、個々人の地位の問題から区別する。個々人の地位については、超個人主義は個人主義との対比でつぎのように説明される。「個性のない個人から出発する個人主義の思想は、一貫して考えるなら、国民性のない人類というその最終目標に達するまでは、決定的な終止符を打つことができない。超個人的な見解にとっては、国民の全体という個性において最終目標を達成する」[44]。このように区別された問題をつなげて考えるなら、「国民」に依存することなく権力を有する「国家」が、「国民」という全体において一定の理念を実現するということになる。

2　「国民」と「国家」

ラートブルフにおける超個人主義の政治理念の構造を、このように理解する時、それは尾高の「国権絶対主義」の理念構造と大体において合致する。それによれば、国家の権力を強化して国民の統一を確保し、国運の隆盛を図る立場であったが、ここでは、国家と国民とが区別され、理念的意味での「国家」が「国民」全体を基体として実現されるイメージが浮かび上がる。

ただ、ラートブルフの場合、個人主義などの3種の見解は「法」観であると同時に「国家」観とされているがために、その目的理念に「国家」を挙げることができなくなっているということである。しかし、この場合の「国家」を、一般的に統制や支配に対する服従を軸とした政治社会として理解し、その内部に、一方では、狭い意味での「国家」、権力の主体としての「国家」と、他方では、構成員としての「個人」、その集合としての「国民」とを区別することができるように思う[45]。尾高の「国家」をこのような意味で捉えるとすれば、目的理念として「国家」を掲げることは可能である。実際、歴史的により古い段階では、超個人的な価値の担い手は、「国民」よりもむしろ「国家」に求められてきたといえる。

---

44) A. a. O., 注 (29), S. 158, [田中前掲訳、201頁以下参照]。
45) ラートブルフもとりわけ個人主義的見解との関連で、実質的に「個人」との対比で「国家」に言及していて、この「国家」は狭い意味で用いられている。Vgl. a. a. O., 注 (29), S. 149, 196 f., [田中前掲訳、180頁、196頁以下参照]．

第4節　政治の理念の類型区別

「自由」と「国民」についてこれまで検討したことを考え合わせると、価値の担い手を基体と呼ぶことにして、この基体には「個人」と「国民」とがあり、そこで実現される価値にはそれに対応して「自由」と「国家」とがあるということになる。しかし、これはラートブルフの見解に沿うものであって、尾高の場合は「国民主権主義」のもとで、「国民」が「国家」と並ぶ価値として導入されているのである。

前述のように『窮極論』においては、「国民主権主義」は「国民の個人としての自由を保障するために、国家権力を法によって制限しようとする動向」とされた。この見解を文字通りとれば、目的理念としての「国民」は「自由」に解消されてしまう。しかし、この「国民主権主義」は「自由主義」にのみ結びつけられているのではなく、「独裁主義」にも開かれていたが、それは、「国民主権主義」が「国民の総意」によって法をつくることとされたからであった（前述177頁参照）。そこでは、「国民」は「自由」のような実質的価値理念との関連で解されているのではなく、すでにみた「憲法制定権力」の意味合いで捉えられている。

この「総意」について、その把握の方法を巡って、「独裁主義」と「民主主義」の対立が生まれるが、厳密にいえばそれも「総意」の決定方式の対立であって、実質的な理念に関与していない。だが、「独裁主義」は、現実の政治思想において「プラトンの哲人政治」から「ジャコバン的専制主義」や「ナチスの独裁政治」に至るまでの多様な形態を採るにしても、「国権絶対主義」の理念としての「国家」から区別して示されないかぎり、「国民」の理念は「国家」の理念に包摂され、政治理念の独立した類型とはなりえない。

独立した「国家」の理念は、前述（181頁）のように、むしろラートブルフの超個人主義の政党イデオロギーにおいて、より良く説明されている。そこでは、「支配者は自己への認可を、下から、民族の意志によってではなく、上から、歴史や宗教によって、正統性や神の恩寵によって、指導者のカリスマによって獲得する」とされる。ここでは、「国家」そのものの理念性が、支配者の権力の認証を通じて、つまり権力の権威への転換を通じて語られている。

こうした超個人主義が「国民」を基体として理念の実現を図ろうとすることは、すでにみたところであるが、同じく「国民」を基体としながら、実現

されるべき理念としての「国民」とはどのようなものか。前述（178頁参照）において、『窮極論』がナチスの民族社会主義を取り上げ、民族主義にとっては、民族の生命の維持が最高の政治的法的価値である、とのべていることに言及した。この民族主義は、国権絶対主義に傾斜して国家緊急権を肯定する世界観として言及されているとともに、それは、別の視点からも論じられている。このような民族主義の「民族」が、ここでいう「国民」に相当するように思えるのであり、この別の視点からの「民族」に注目することにする。

『窮極論』は、国家は特殊の共同体であり、「法における特殊の契機は、主として人間の理知では割り切れない歴史の伝統や国民感情の所産である」[46]とする。この特殊の契機を強調する「法における民族主義の立場は、法の根底を民族共同体の特殊なる内部秩序に求めようとする」[47]。そして、このように法の究極にあるものを特殊の内部秩序に求めようとする傾向は、カール・シュミットの「具体的秩序論」に「一つの有力な学問的な表現」を見出したとされる[48]。

このような理念としての「民族」は、『窮極論』においては、さらにラートブルフのいう「文化主義」のもとで、また究極の法理念としての「調和」の素材としての「特殊主義」のもとで言及される。こうして、われわれは「民族」の問題を、『窮極論』にいう「窮極に在るもの」との関連で検討していくことになる。

3 政治の理念の類型区別

以上のように、政治理念について『窮極論』、さらにラートブルフ『法哲学』の議論を検討してきた結果を踏まえ、私なりの一応の結論を示すことにする。それはまず、法の理念構造を考える場合、実質的な目的理念が実現される舞台としての、価値実現の基体の側面と、法や国家によって実現されるべきとされる目的理念の側面を区別すべきであるということである。この場

---

46) 尾高前掲書、注 (1)、211頁。
47) 尾高前掲書、注 (1)、213頁。
48) 尾高前掲書、注 (1)、213頁以下参照。

第 4 節　政治の理念の類型区別　185

合、これら二側面は二元的に分離したものと設定されるべきではなく、その相互性が十分に顧慮されねばならない。こうした立場からすれば、理念論の構成はラートブルフよりも尾高の議論を、それも現実性を優先すべきだということになる。

　このことは、最初にみたように、『窮極論』のそもそも主張するところであった。法の理念は、現実の法を動かす「力」として働いているが、それは現実そのものとは一定のへだたりを保って、しかも、現実に内在して現実を動かす力になるということである（前述 169 頁以下参照）。このように、現実を動かす力となるべき理念は、それが実現される現実の場によって、規定されることにもなる。法という現実は、理念と基体の両側面から構成されているといえ、理念は基体を顧慮して基体は理念に関連づけて、いわば解釈学的（ヘルメノイティシュ）な循環の中で見出されるのである。

　結論的には第 2 に、基体の側面では「個人」と「国民」の 2 者を挙げ、理念の側面では、これまでの検討からは「自由」と「国民」と「国家」とを挙げることができるが、後者の「国民」は前者の「国民」と区別するため、前述との関連で「民族」に名称を変えるのが適当であろう。しかし、国民主権主義である民主主義や後述の公共の福祉との関連で、それを意味する部分として、「国民」を維持することは必要ではないのか。これについては、「社会主義」との関連で登場する「平等」の理念を、理念の側面にさらに追加することによって、対処できると考える。

　ただ、『法哲学』では、こうした思想は「個人主義の一形式」だとされるのに対して、『窮極論』では、「普遍主義」とされるマルクス主義とは別に、「社会主義」は「団体主義」に配属させられている。これとの関係で「ナチズム」や「ファシズム」は、『法哲学』では「超個人主義」に帰属させられ単純であるが、『窮極論』では前述からも分かるように、「文化主義」と「特殊主義」のもとにおかれる。

　問題は、『窮極論』の政治理念論における「文化主義」や「特殊主義」の位置であるが、それを見定めるためには、そののちの議論の流れを追う必要がある。もともとの政治理念の対立項は、「民主主義」と「独裁主義」を含む「国民主権主義」と、「国権絶対主義」という 3 つの政治的イデオロギー

を軸に展開された。しかし、最終的に「法の窮極に在るもの」を決定する段階で、その対立軸は再編成される。

政治の目的理念の多元性のもとで、政治はそれぞれの理念を掲げた対立抗争の過程と化するが、他の契機によって統一に至る過程ともなる。その契機を提供するのが、「政治の矩」である。これとの関連で、法の究極にある理念については、つぎのようにのべられる。

「政治の矩は目的の調和であり、公共の福祉であり、正しい秩序である。それは、外ならぬ法の理念である。政治に正しい方向を与えるものは、かような法の理念である。法の窮極に在るものを求めて政治に到達したこれまでの考察は、ここに更に政治の窮極に在るものを求めて、ふたたび法の理念に立ち戻って来たのである」[49]。

このように、政治の究極にある法の理念は「公共の福祉」や「目的の調和」であるとされ、改めてそうした目的の再編成が行われる。そこに登場するのは、おおよそ4つの対立軸である。それは、ラートブルフを参照した「個人主義」「団体主義」「文化主義」の対立、「普遍主義」と「特殊主義」の対立、「進歩性」と「安定性」の対立であり、それらそれぞれについて調和を図るところに、法の理念の実現があるとされる。ここでは、最初の対立軸の前2者に、「国民主権主義」と「国権絶対主義」の対立が維持されているといえよう。

しかし前述のように、『窮極論』がこれらの類型によって現実の政治イデオロギーを特徴づけているところをみても、きわめて錯綜していて、うまく整理されていないように思える。それよりも、基体の側面と理念の側面を区別して、それを基準に政治イデオロギーを関係づける方が理論的に適切であろう。たとえば、「ナチズム」や「ファシズム」は、「国民」を基体として「民族」と「国家」とを理念としている。しかし、こうした基準はあくまで理念型であって、日本などの現在の先進国の多くで採られている、いわゆる自由民主主義の政治形態など、現実の政治イデオロギーはこれら理念型の混

---

[49] 以上については、vgl. Radbruch, Rechtsphilosohie, 注（29）、SS. 162 ff., 164 ff., ［田中前掲書、198頁以下、200頁以下参照］、および尾高前掲書、注（1）、162頁、167頁以下、213頁以下、224頁以下参照。

合形態である。

おわりに

　『窮極論』の議論について、法の効力根拠論としてどのように評価できるかを、最後に問題にしたい。ここでは、結論的に2つの点を指摘するにとどめるが、第1は、「政治理念の対立を超えて調和をめざす姿勢は、法の理念に合致する」という見解についてである。そうした調和は、具体的には右のように、3つの対立軸に乗っている合計7つの立場を、すべて取り入れた政治形態を実現すべきだということになる。これらをそれぞれどの程度に勘案するかで、千差万別の形態が考えられうることは問題にしないにしても、こうした一定の理念型の複数を組み合わせた政治形態を主張する立場は、やはり、他と並ぶ政治イデオロギーのひとつにすぎないということである。

　現実の法形態は厳密にみれば、たしかに何らかの形で混合形態であろう。しかし、『窮極論』にいう「調和」は、その論調から判断すれば、各理念をほぼ均等に配慮するところに成り立つように思えるのである。しかし、法理念として考えられる「秩序」や「調和」は、むしろこうした混合形態でなくとも、単一の理念型への傾斜のもとで達成される秩序において、実現されているとみることができる。『窮極論』は、政治の抗争で勝ちを制する「強い力」、統一ある社会力として働く政治の力は、「社会の諸目的の調和と、それによる公共の福祉の増進によって」発揮させられるとする[50]。しかし、単一的な理念型に多く依拠する政治イデオロギーも、公共の福祉を推進することはできる。『窮極論』のいう「調和」は、政治の抗争の中になおとどまるものであって、政治を超えたところで達成される「秩序」としての「調和」ではない[51]。

　このように、「窮極に在る」ものとして、「目的の調和」と「公共の福祉」という理念が提示されるのであるが、この理念の内容についての問題は別と

50）　尾高前掲書、注（1）、155頁以下、とくに158頁参照。
51）　加藤前掲論文、注（2）は、『窮極論』が「調和」を相対主義的寛容に結びつけている側面を、正当に批判している（151頁以下参照）。

しても、理念にのみ究極性を認めることは、結局は、「規範主義」の効力根拠論に落ち着くことであって、それはラートブルフの立論と同じである。これに対する批判は、すでに前著でも明らかにしたところである[52]。そして、こうした「窮極に在るもの」についての結論は、理念を「現実の中で働く力」としてみる『窮極論』の立場にも矛盾している。これに対応する存在論的な効力概念によれば、現実における理念を背景にした一定の事態が、法の存立の根源として指示されるのでなければならない。

---

52) 竹下前掲書、注（15）、167頁以下参照。

第7章　法の妥当根拠論と哲学的人間学
―― 恒藤恭の法哲学 ――

はじめに

　法哲学は、まさにその名称からしても、法の世界を対象にして、それを哲学的に考えていく学問である。しかし、より具体的に、その学問的な性格が何かと考えてみるとなると、研究者の間で、それほど意見の一致はみられなくなる。基本的には、対象となる法の世界は、どのようにその範囲を限定されるのか、あるいは、哲学的に考察するというのは、どのような方法を用いることなのかといった疑問に、相異なる解答が出され、その答に応じて相異なる法哲学の成果が示されることになる。

　哲学というものにとっては、ものごとを全体的に、しかも根本的に考えていくという考察態度が特徴になるとすれば、哲学が自己自身の学問的なあり方について考えることは、まさに哲学的であるといえる。そして、法哲学が上のような疑問に答えること自体、それが哲学的である以上、このように成果が個性的であることは、法哲学という学問のいわば宿命ではあろう。

　それでも、成果としての学問内容について、おおまかには2つのタイプを区別することができる。それは、法哲学がこれまたその名称の示すとおり、法学と哲学の境界分野であることに由来している。つまり、法哲学の一定の学説が、その学問的な性格からみて、法学に傾斜しているか、それとも哲学に傾斜しているかで、そのタイプを分けることができる。現在の法哲学の動向は、哲学よりも法学に、あるいはその他の経験科学に傾斜している。これに対して、恒藤恭の法哲学は典型的な形で哲学に顔を向けている。

　日本の法哲学の流れからみれば、第2次世界大戦後、法哲学の傾斜は、それまでの哲学の方向から法学の方向へと転換したのである。そして、このことは、戦後の、より経験主義的な学問観に対応した動向であった。したがっ

て、恒藤の哲学的な法哲学は、その根本的な部分を問題にすればするほど、現代の読者には難解なものになってくる。しかし、ここでは、この法哲学の学問的意義を否定できないという立場から、何とかその内容を伝えることに努めたい。

第1節　法哲学の課題

　ここで問題にするのは、恒藤の法哲学の根底にある哲学であり、それは哲学的な世界観であるといえよう。こうした根底への掘り下げを行うにあたって、まず、恒藤による法哲学の課題設定を取り上げることが必要になる。それは、恒藤によって、哲学や法哲学の課題との関連で世界観が言及されているからである。

　恒藤は法哲学の根本的な課題が、法的な世界観の確立にあるとみている。それでは、法的な世界観とは何か。それを知るには、まず、哲学の課題を知らねばならない。哲学の課題についての一定の理解を前提にして、法哲学の課題が語られている。恒藤によれば、哲学的な考察の根本的な課題は、「世界の真相を徹底的に究明する」[1]ことであって、これによってえられる成果が哲学的な世界観である。すでにのべた現代の学問観からすれば、「世界観」について語るのは、哲学的という以上に形而上学的で、学問的に適切ではないと思われることであろう。その点に関連して、恒藤の見解を読み直すと、法哲学という学問は直接的には、やはり法とは何であるかという法の本質の究明を課題としているとされている。しかも、この「本質」という言葉によって、本質直観を使う本質主義ではなく、法についての経験に立脚した概念を規定することが、指示されていて、このような課題の設定は、現代の動向からしても是認されうるものであろう。それでも、この動向を極端に押し進め、法の本質の究明は、そもそも法哲学の課題とはなりえないという立場が主張されることもある。しかし、通常、その立場にしても、厳格な経験主義に立脚した法の捉え方を前提にしていて、それが方法の部分を問題にしてい

---

1)　恒藤恭『哲学と法学』、1969年、133頁。

るにせよ、法とは何かについての究明にすでに立ち入っているのであって、その意味で、法の本質の究明を行っているとみることができる。

　ともあれ、恒藤の論述に戻るが、そこでも法の本質の究明が法哲学の課題であるとされている。しかし、恒藤は、そうした究明が世界の究明を、したがって世界における人間の考察を抜きにしては成り立たないとみる。だとすれば、法の本質の究明は、「哲学的世界観の立場との緊密な連携をたもつことを要する」[2]。つまり、法の本質について考えたことは、一定の世界観の提示にもなっているということである。

第2節　法的世界観の考察態度

1　形而上学の疑念

　以上のように、法の本質の究明とは、法の観点から世界を考察することであり、同時に、世界の観点から法を考察することなのである。このように究明されて出てくる成果が、まさに「法的世界観」である。こうして、法哲学の根本的な課題は、法的世界観の確立にあるとされる。この場合の「本質の究明」とは、前述において、形而上学的な本質主義から極端な経験主義まで、きわめて広い意味で捉えておいた。しかし、現代の学問的な意識からすれば、究明の具体的な態度が重要である。というのは、これによって、超経験的な考察態度が招来され、法哲学が形而上学に導かれるなら、そのかぎりで、現代的な学問観からは許容されないように思えるからである。したがって、以下で哲学的な世界観をみていくために、まず確認すべき点は、それのもつ学問的な性格だということになる。そうした性格をかなりの部分で規定しているのは、学問上の考察の態度である。恒藤の哲学的な世界観の内容を問う前に、法的世界観を成果として産みだす考察の方法が、形而上学の性質をもつかどうかを問うことにする。

　恒藤によれば、法哲学の課題は法の本質の究明にあり、その成果は法的な世界観の確立であるということになるのだが、これの意味するところを考え

---

[2]　前掲書、注 (1)、135頁。

る場合、まずここでは、形而上学ということの意味合いを、慎重に考えることが必要であろう。たしかに、法的世界観の問題の中心には、法の価値や目的の問題があると考えられ、その問題の考察は形而上学へとつながりうる。だが、形而上学への批判者が通常、念頭におく形而上学とは、こうした価値のうち一定のものを絶対的なものとみる価値絶対主義の立場である。法思想史上の典型を考えるなら、とりわけ自然法論がその立場をとる。

2 自然法論の拒否

こうした自然法論の立場を、恒藤は少なくとも伝統的な思想史上の立場としては、明示的に斥けている。というのは、自然法論のやり方は、人間の生来の本性を措定して、そこから自然法の原則を導き出すのであるが、それは、歴史的所与として歴史的発展に服するところの法現実を、すなわち法の歴史性を無視しているからである[3]。恒藤によれば、法の歴史性とは、法が「普遍的な本質」をたもちながら、社会や時代に応じてさまざまな「形態的な本質」を具現することを意味している[4]。

このような法の歴史性については、法の本質論との関連で後述することにするが、ここで問題にしたいのは、それでも恒藤が「社会的現実を超越して存立する」法を承認し[5]、「自然法の概念」そのものは拒否しない[6]という姿勢をとっていることである。これについては、恒藤が「自然法的立場を全面的に」は受け入れなかったとし、その理由として、前述の自然法論による歴史性の無視のほかに、恒藤による「形而上学的な態度決定の保留」をあげる見解がある[7]。

すでに現代の自然法論は、法の歴史性を理論的に十分に許容しているところである。上の見解は、恒藤の立場が伝統的な自然法的立場を、全面的に

---

[3] 恒藤恭『法の本質』、1968年、注(1)、109頁以下、前掲書32頁。これについては、稲垣良典「恒藤教授の法哲学と価値相対主義」、1970年、121頁参照。
[4] 恒藤恭『法の本質』、注(3)、155頁参照。
[5] 八木鉄男「法の本質について」、1999年、128頁。
[6] 稲垣前掲論文、注(3)、121頁参照。
[7] 前掲論文、注(3)、121頁以下参照。

ではないにしても「部分的には」受け入れているのだと考える。しかし、このように考えることは私にはできない。というのは、自然法論の核心をなす形而上学とは、やはり、「超越的なるものの自明性を承認し、それに基づいて事実的・経験的なるものを解明してゆく」[8]という考察態度をとるからである。つまり、このことが意味するのは、一定の規範や価値理念を超越的なものとしてその自明性を承認して、そのことによって現実的な事態の意義を確定するということであろう。こうした方法的態度には、どうしても超越的なものの絶対的な承認という側面がつきまとう。そうだとすれば、そうした考察態度はやはり、法の歴史性を踏まえて、自然法論の独断を批判するという、恒藤の考察態度には対立していると考えられるのである。恒藤は、一定内容の普遍的な価値理念を把握しうるとする、自然法論の本質主義を否定していると、私には思える。

3 方法二元論の価値論的側面

しかし、恒藤の立場をこのように自然法論から区別したとしても、その考察態度に形而上学的な傾向がないと、断言したことにはならない。それは、前述のように、法的世界観を問題にする場合、価値や目的が問題になることを、恒藤自身が認めているからである。だが、価値や目的についてとは異なる考察が、ここでは注目される。

恒藤によれば、法の本質の究明には、2つの側面がある。哲学的な世界観を構成するために、「世界の真相の究明」を行うのだが、それにとって「人間の存在および活動の真相の究明」という「人間学的な考察」が、「価値論的な考察」とともに不可欠である。ここにいう「人間学的」といわれるのは、つぎの引用からも「現実的で経験的」という意味である。同様に、法的世界観を構成するにあたっても、法についての価値論や目的論とともに、存在論や認識論の考察が求められるのである。このように、法的世界観の立場は、価値論や目的論の立場よりいっそう高次の立場を予想しているとされる[9]。このような立場を、恒藤は哲学的に、また総論的につぎのようにのべ

---

[8] 前掲論文、注 (3)、122頁。

ている。

　「あたかも人間の何たるかを知るためには、人間は何をなすべきであるか、如何ように生きるべきであるかを明らかにすることを要するのと同じように、人間は何をなすべきであるか、如何ように生きるべきかを知るためには、人間の何たるかについての究明をゆるがせにすることをゆるされないのであって、人間に関する存在論的考察、すなわちいわゆる人間学的考察と価値論的または目的論的考察とは、互いに緊密なる連絡においてなされることを要するのである」[10]。

　このような考察態度には、法の世界における「人間の存在」と「実現される価値」の二元性に対応していて、それはいわば方法二元論である。しかし、このように描かれる方法論をもってしても、形而上学への道が避けられたとは、いまだいいがたい。つまり、この方法論の一方に位置する価値論的考察は、超経験的な考察態度をとる形而上学に、なお結びつきうるからである。

第3節　新カント主義からの脱却

　だが、こうした結びつきへの動きは、理論的に阻止される。まず、恒藤自身、研究履歴の初期において新カント主義の法思想の影響を受けたことを認めている[11]。このことを根拠に、方法二元論などの理論内容が、新カント主義の立場に由来するものと判断するとしよう。新カント主義は、周知のように価値相対主義であり、一定の価値が絶対的に承認されるということを、学問的に立証することはできないとする。このようにみる場合、恒藤はこの思想の立場が価値相対主義であることを通じて、自然法論の絶対主義から距離をたもつことになるし、実際、後述のように、複数の法理念が提示されているのである。とはいえ、実証主義の立場にある論者からすれば、ドイツの法

---

9) 10)　恒藤恭『法の基本問題』、1936年、140頁。
11)　前掲書、注 (9)、1頁以下参照。

哲学者、エミール・ラスクやグスタフ・ラートブルフの価値論についても、非経験主義的な側面が問題にされるかもしれない。価値内容が相対主義的に把握されるにしても、それと同時に、各々の価値のもつ、肯定されるべき価値としての資格は、超経験的に措定されている。そのことが、なお疑問視されるところであろう。

しかし、恒藤は、その法哲学が一貫して方法二元論をとるにもかかわらず、「成熟した恒藤法哲学」[12]にあっては、新カント主義を批判するにいたっている。この立場の超経験的な規範主義から脱却したとのべられているのだが[13]、それは価値という資格を絶対的に措定することの否定を含意している。その考察態度は、『法の本質』において簡明につぎのようにのべられている。

「我々は、法の本質の考察を企てるにあたって、実在の世界から懸絶せるものとしての規範の世界もしくは当為の世界から出発すべきではなく、諸種の規範を産出して、その規制に服しながら生成し、発展して行く社会的実在に着眼し、それらの規範の一種類としての法の本質的性格を問題とする態度をとることを要する」[14]。

法の本質論を展開する場合の考察態度について、恒藤はこのように、法の「社会的実在」としての性質を強調する。このような考察態度は、社会的な実在に即した経験的な手法であって、新カント主義にみられる超経験的な規範主義の手法を否定している。しかしそれでも、恒藤法哲学には、後述のように、形而上学、あるいは自然法論の要素が残存しているのではないかとの疑いが、なお根絶しがたいように思える。それに関しては、恒藤法哲学において、むしろ法の本質論を越えた、より根底的な領域での理論展開を問題にせねばならない。

---

12) 加藤新平「あとがき」『法の基本問題』、改版1969年、注 (9)、486頁。
13) 前掲「あとがき」、注 (9)、483頁以下参照。
14) 前掲書『法の本質』、注 (3)、2頁以下参照。

第4節　法の本質論

1　法の歴史性と強制的機能

　上記の根底的な部分の学説は、法の本質論と理論的に連続して展開されている。したがって、これを問題にするためには、その前に、法の本質についての恒藤の学説を、つまり、結局は法的な世界観の確立だとされる法の本質論の具体的な内容を、みておかねばならない。

　その本質論によれば、社会的実在の世界では、人間が生活するための生活規範が、それも個人的と社会的の二極の生活規範がその必然的な構成要素となる。この社会的生活規範である社会規範とは、「社会の成員たる複数の主体に対して共同の実践的規準をあたえるところの生活規範」[15] である。このような社会規範には内的側面と外的側面とがある。前者の側面で働くのが道徳規範であり、法規範は後者の側面で働く。法規範は行為の外面的で客観的な効果を重視し、社会的共同関係の維持と社会的文化の産出に必要な外面的で客観的な諸条件を確保するという目標をもつ。このように、法は外面的な社会規範であるということになる。以上のような法の本質についての説明は、法の普遍的な本質にかかわる。前述のように（192頁参照）、恒藤によれば、法の歴史性とは法が普遍的な本質をたもちながら、社会や時代に応じてさまざまな形態的本質を具現することを意味していた。したがって、法は普遍的な本質を維持しつつ、歴史的に形態的な本質を形成していくのである。

　さらに法規範は、目的論的に検討される。そして、法の機能として、4種のものがあげられるが、それは、第1に評価的機能であり、第2に命令的機能であり、第3に形制的機能であり、最後に強制的機能である[16]。この第4の機能は、後述で問題にすることになるが、それは、法規範がそれに対する違反者に強制または制裁を科するという機能である。こうした法の4機能のうちで最後の強制的機能が、とりわけ強調される。著書『法の本質』の結論

---

15)　前掲書、注 (3)、23頁。
16)　これについては、八木鉄男「法の本質について」、注 (5)、145頁以下参照。

第4節　法の本質論　197

部分に、歴史的な考案も踏まえるような形で、法の普遍的な本質についての中心的な定義が示されているのだが、それによれば、「法は政治的権力の作用によってその実効の確保されるところの社会規範である」[17]とされる。このように、政治権力による、典型的には国家権力による強制が、法の本質の核心部を形成するということになる。

2　社会的実在への注目

こうした結論において、さらに、つぎのようにものべられている。この著書の考察では、法規範だけでなく社会規範一般についても、強制の見地を重くみる立場が採られたが、それは社会的で歴史的な実在の内部に、社会規範の機能を観察するという態度の結果なのである。しかし、こうした強制の要素の重視は、法的規範の拘束力、つまり法の妥当を、もっぱら外的で事実的な根拠にのみ基礎づけることを意味してはいない。このように、恒藤は法の妥当根拠論の展開にあたっては、本質論の考察前提を越えた立場が要求されると主張する。このように法の妥当根拠論が、前記でみた法の本質論の限界を突破する形で、展開されることになる。その根拠論は、本質論の考察を規定する、前提となる立場を越えたところに成立する。

では、本質論の考察の前提は何であったのか。これについては、つぎの論述を紹介することから、始めることにしたい。

「法の存立は深く社会的現実に根ざすものであって、種々の法は、慣習とか、制定法とかというごとき社会的過程に基づいてその存立を獲得し、またそうした社会的過程によって変改されまたはその存立を喪失するにいたるのである。実に、法は社会的実在の一成分として、その内面に存立をたもつことによってこそ、或る観点からすれば『社会的現実を超越する』と言われ値うような仕方で、社会生活の諸部面に向って規制を加え得るのである」[18]。

---

17)　前掲書、注（3）、41頁以下参照。
18)　前掲書、注（3）、2頁参照。

これは、恒藤の法哲学の考察態度を全体的に規定する立場でもあるといえ、その法哲学そのものの核心をなす見解であるともいえよう。このような根本的な見解は、前述（202頁以下）で、新カント主義の超経験的な規範主義への批判との関連で、すでに言及したものである。しかし、「社会的実在」としての法の強調は、そこでは経験主義の重視につながるのに対して、ここでは、経験に内在する法の規範的な側面への注目に向かう。

第5節　法の妥当根拠論

1　本質論の考察前提

このような見解に、法の本質についての考察態度を規定した意味合いを、確認することができよう。その第1は、著書『法の本質』はこの見解に従い、社会的な現実の内部で法の本質を問題にすることになる。恒藤は、法の本質については、「かくあるものとしての法の本質」と「かくあるべきものとしての法の本質」の両者が問題にされうるが、ここでは前者の「あるもの」としての法の本質を問題にするとのべている。第2に、法が社会的な実在であるということは、法が歴史的な存在であるということを意味している。社会的な現実、社会的実在としての法の把握は、「法は社会の歴史的発展の所産である」ということを含意している[19]。法の本質が社会的な実在に即して究明される以上、前述の法の普遍的本質も、形態的本質と同様に「あるもの」の領域に属している[20]。そして第3に、この見解は、法哲学の対象を自然法から離れて実定法に求める姿勢につながる[21]。

法の本質論の以上のような前提には、法の規範的な側面の捉え方について、若干の不明瞭さがみられる。普遍的な本質を社会的実在の内部で探求することや、「かくあるべきものとしての法の本質」を問わないことによって、恒藤の前述の方法二元論に関して（193頁以下参照）、二元論のうちの現実的

---

19)　恒藤恭『法の基本問題』、注（9）、序文参照。
20)　恒藤恭『法の本質』、注（3）、32頁参照。
21)　恒藤恭『法の基本問題』、注（9）、2頁注参照、同『法と道徳』、1969年、109頁参照。

な人間学的考察が全面に出て、価値論的考察が排除され、二元論が放棄されてしまうように思える。ところが、そうはならない。『法の本質』における恒藤の考察前提は、社会的実在への沈潜を特徴としていて、そうした実在からの思弁的な飛躍を抑制するものである。しかし、すでに取り上げたように(前述196頁以下)、同時に法の拘束力との関係では、それが実在の世界にある単純な強制の事実によって、外面的にのみ根拠づけられるべきではないとされている。

2 本質論から根拠論へ

もともと、法哲学の課題である法の本質の究明は、「かくあるものとしての法の本質」を対象とするものの、「かくあるべきものとしての法の本質」をも考慮しなければならない。これについては、つぎのようにのべられている。

「社会的実在の世界の本領は人格的存在者の世界たることに存し、したがって、その内面に与えられる諸々の事物の本質は、価値の観点や理想の観点などとは全く没交渉な考察方法によっては十分に把握され能うものではない。法の本質の考察も、法的なる価値または法律生活の理想の観点を背後に予想しつつ、それとの連携においてなされるのでなければならぬ」[22]。

ここに言及されている、価値や理想の観点からの法の本質考察が、「かくあるべきものとしての法の本質」の考察であることは、明白である。そしてまた、「人格的存在者の世界」が社会的実在の世界の本領とされていることも、注目に値する。ともあれ、法の本質論はその端緒で価値や理想との連関が指摘されているのであるが、それにもかかわらず、法の本質論の内容はすでにみたように、「あるもの」としての法の本質のみが問われることになっている。ところが、結論部分においては、それも法の拘束力の根拠との関連で、価値や理想の観点が再登場することになるのである。

だとすれば、法の本質論と妥当根拠論とは、法の本質論のもともとの考察

---

[22] 『法の本質』、注(3)、12頁。

方法、「かくあるものとしての法の本質」と「かくあるべきものとしての法の本質」とにそれぞれ対応している。そして、法の妥当根拠は、本質論では強制という外的な事実に求められるが、妥当根拠論では、それは内的な価値の領域で探求されるということになる。

3 法の妥当根拠

ところで、この文脈において問題になるのは、本質論で検討されている法の価値や理想である。それは、法の普遍的目的として語られていたのである。これについて恒藤は、法の評価的機能との関連で、それらが、「社会の諸成員の生存の確保、社会的安定の維持、物質的および精神的文化の維持増進、正義の実現」[23]だとしている。このような普遍的目的は、普遍的な本質との関連でのべたように、社会的実在に即して究明された価値目的である。つまり、それは歴史的で社会的な事実から、いわば機能的に導き出された目的内容である。しかし、これとほぼ同様の、社会的安定と文化助成と正義の価値が、「法に価値的な意味を与える法の理念」として超越的な意味合いで掲げられている[24]。このことは、恒藤が法の「かくあるもの」と「かくあるべきもの」とを、表裏一体のものとして捉えていたことの現れであると思う。したがって、さしあたり、これらの普遍的な価値目的に、理想の観点からの法の拘束力の根拠、法の妥当根拠をみることができよう。

『法の本質』以後、恒藤は妥当根拠論を本格的に展開することはなかったが、1940年の論文で「法の規範的性格」について論じている。この論文では、妥当性と実効性という「二様の属性」がともに法の規範的性格の中に包含されてしまう、とのべられている[25]。ここでは、妥当根拠論の枠組みについて、人間学的考察の対極である価値論的考察の方向に、重点が一極集中的に移行しているように私には思える。しかし、私としては妥当根拠の探究は、むしろ移行以前の恒藤の方法的立場、『法の本質』のそれに沿って行うべきであると考えている。こうした妥当根拠の探究方法は、この著書で指摘

---

23) 前掲書、注 (3)、165 頁。
24) 『法の基本問題』、注 (9)、34 頁、38 頁参照。
25) 恒藤恭『法の精神』、1969 年、104 頁以下参照。

されていたことから、読み取ることができる。それは、かくあるものとしての法の本質は、法的価値や法生活の理想の観点を背後に予想しつつ、それとの連携において考察されるのでなければならないということである。そして、こうした見解を支えているのが、最後に取り上げる恒藤の哲学的世界観にほかならない。

おわりに

　法の本質を究明しようとする恒藤法哲学について、以上のように概観する時、私は「かくあるもの」と「かくあるべきもの」の表裏一体が想定されていて、そのことが法の人間学的考察と価値論的考察との「不可分離の関係」[26] を、規定しているとの評価にいたるのである。また、このことが自然法論や新カント主義への批判につながる。だが、こうした批判にもにもかかわらず、その立場は価値論的な考察を維持する。そして、そのことのために、恒藤法哲学の形而上学的な性格という前述（192頁以下）の問題が、再び浮上することになる。このことを検討するには、上記のようないわば存在と当為の表裏一体の想定を、さらに規定する根底的な見解は何かを、明らかにせねばならない。注目すべきは、本章の冒頭で言及したように（191頁参照）、恒藤にとって哲学の課題である世界の究明は、世界における人間の究明であったということである。

　このことは「社会的実在」の概念要素を論じる際に、さらに詳細に展開されている。社会的実在には、一般的要素として、「行為」と「規範」の２つの要素がみられる[27]。つまり、自然的実在に対立する社会的実在の世界は、人間の行動を基本的構成要素にしていて、そうした行動は内部的な意志作用と外部的な身体作用の弁証法的統一であるとされる[28]。このような把握は、まさに社会や法の内面的構成と外面的構成の２観点に、理論的に相通じるようである。さらに、前述では（199頁）、社会的実在の世界の本領は、それが

---

26)　加藤「あとがき」、注（9）、588頁。
27)　『法の本質』、注（3）、31頁参照。
28)　前掲書、注（3）、12頁参照。

人格的存在者の世界であることに存するとされた。そのことによって、人間の内面に与えられる、法のような事物の本質は、価値や理想の観点と無関係に把握できない、ということになる。こうした見解からすれば、右の人間学的考察と価値論的考察とは、具体的な人間存在において、相互制約的に統一的に理解されるのである。

このような人格的存在者の理論こそが、恒藤法哲学の根底に存して、その全体を規制している哲学的な世界観であるといえよう。そうした人格的存在者への法の世界からの通路は、「法的人格者」である。このような法的人格は道徳的人格と同様に、社会的で歴史的な関係の中で活動する実践的主体に帰属する性質である。そして、この道徳的人格は人間に対して全面的な性質として示されるゆえに、法的人格者の活動の背後には、つねに道徳的人格者の活動が観取されるという[29]。

こうした哲学的世界観、むしろ人間観が、形而上学の色彩を帯びていることは、おそらく否定できまい。しかし、法哲学が、このような抑制された価値論としての形而上学をも否定するなら、法の規範的な意味をそれこそ「外面的にのみ」把握するだけに終わってしまうことであろう。

---

[29] 『法的人格者の理論』、1936年、157頁参照。

第8章　承認説の妥当根拠論
―― エンギッシュの法哲学 ――

は じ め に

　第2部の前章までの議論において、ドイツの妥当根拠論とそれに影響を受けた日本の妥当根拠論を検討してきたが、それを通じて、それらの見解が存在論的な妥当概念としての時空的妥当の概念に立脚した理論展開をしていることを確認した。しかし私にとっては、それらの理論は、規範的な現実に関して現象学の次元にとどまるものであり、その存在論的な構造を十分に捉えるものではないと思える。このような問題関心は、法現実の規範的な側面と事実的な側面の二側面に留意した立論を重視するものであるが[①]、その事実的な側面を取り上げる妥当根拠論がこれまで擁護してきたのが承認説である。この承認説は、存在論的な妥当根拠論にとって重要な意義をもつものであり、本章において、エンギッシュの理論に即して、承認説の妥当根拠論に検討を加えることにしたい。

　ここにおいてあらかじめ、承認説についての私なりの基本的な理解を示しておくが、近世啓蒙期以降の法思想史において、妥当根拠論には、2つの主たる学説が見られる。つまり、法共同体成員によって法が承認されているということに、法の妥当根拠を求めるという「承認説」と、法的安定性あるいは正義等の、法の目的理念を根拠として法が義務づける力をもつと考える見解、いわば「理念説」とがある。そして、このような理念説は、何らかの仕方で承認説をみずからのうちに取り込もうとしてきたように思える。私は、この仕方にはさしあたり2つの類型が認められる、と考える。

まず、第1の類型においては、法が妥当しているという事態が、法を承認されるべきであるという事態として把握される、換言すれば、法的妥当を、法を承認すべしという当為として概念規定される。そのことによって、法的妥当の概念においてすでに、事実としての承認から超越的価値への移行がなされているということになる。これに対して、第2の類型は、承認説における妥当根拠としての承認を問題にする。これによれば、承認説が主張するところの妥当根拠としての承認は、純然たる心理的事実としての承認に留まらず、承認されるべき価値を前提とした擬制された承認を意味している、とされる。このことにもとづいて、この類型に属する理念説は、法の妥当根拠を求めて、承認からその前提たる価値理念へと論理上連続的にあるいは発展的に移行するのである。

第1の見解に対しては、法的妥当の概念は、承認されるべきという当為として把握することはできないという批判があてはまるのであるが、この詳細は後述に譲る[1]。ここでは、第2の見解[2]を問題にすることによって、本章における承認説についての理解をのべておくことにする。

(1) 承認について

承認説に対する第2の見解の指摘は、伝統的な承認説の学説に即して考えれば、納得がいくように思われるが、しかし、本章で問題とする承認説にいう承認は、あくまで事実の領域に留まるものとして考えられる。この事実としての承認に対して、承認の当為あるいは承認への要求は、法理念の価値的な資格である。法理念の存在を前提として、それが承認を要求するということにすぎない。したがって、これは、事実としての承認から区別されるべきものである。

(2) このような把握の意義

承認が事実として理解され、承認への要求がそれから区別されることによってはじめて、両者は妥当根拠論において占める理論的位置を明確に維持することになる。つまり、事実としての承認は、精神的な、しかも時空

---

1) これについては、後述208頁および注（10）参照。
2) こうした見解を採るものとしては、Radbruch, Rechtsphilosophie, 1970, S. 178. und Welzel, Macht und Recht, 1959, S. 840.

的に拘束された事態としての法的妥当を、事実の側面において識別するための基準であり、これに対して、承認されるべき法理念は、法が妥当することの（狭義の）根拠である（後述218頁以下参照）。両者は、相互連関においてのみ探究されうるとしても、妥当の事態の確定にとってそれぞれ独自の理論的位置を占めるのである。以上のような観点からして、承認説は、理念説へと発展的に解消されるのではなく、十分なる意義をもって維持されることになる。

このような本章の基本的主張を念頭に置きつつ、承認説の妥当根拠論をエンギッシュの理論に即して具体的に検討することにしたい。このことは、(1) 承認説にいう承認をどのように把握すべきか、および、(2) そのような把握がどのような意義をもつのか、ということを説明することを通じて行われる。(なお、本章の（　）内の数字は、Karl Engisch, Auf der Suche nach der Gerechtigkeit[3] の頁数を示す)

第1節　妥当の識別基準としての承認

ここでの問題は、妥当の事実的な側面をどこに求めるかということにある。エンギッシュは、フッサールの法的妥当の概念をその理論に取り入れ[4]、法的妥当が事実的な側面を有することを認め、法的妥当の実在的識別

---

3) Karl Engisch, Auf der Suche nach der Gerechtigkeit――Hauptthemen der Rechtsphilosophie――, 1971.
4) エンギッシュは、フッサールの法的妥当論をつぎのように総括することによって、自己の立場としている。「法的妥当は、存在ではあるが、感覚的に知覚しうる『自然的な』存在ではないし、また心理的な存在でもなく、精神的存在」であるという、特殊な種類の存在である。さらにそれは、論理的妥当から本質的に区別され、時空的に拘束されている。(Vgl. S. 65)

　以上のように、エンギッシュは基本的にはフッサールの法的妥当論を採用するが、妥当の時間性についてのフッサールのよりのちの著作における把握とは、その理論を異にする。エンギッシュによれば、フッサールは、「法は抽象的時間を有する」(Recht und Welt, Sonderdruck aus Festschrift für Edmund Husserl, S. 12)、「法はそれが妥当することによってそれに独自の時間をもつ。その時間は、われわれが共体験し追体験する歴史的時間から明確に区別されうる」(Zeitschrift für Rechtsphilosophie, V, S. 153) と主

基準は何かという問題設定のもとに、この側面を探究しようとする。

エンギッシュによれば、法的妥当は、それがつねに時間および空間のなかでの存在である以上、「それに即して空間的および時間的な妥当の範囲が看取されるべきところの、何らかの実在的な指標（reales Kennzeichen）をもつにちがいない」(SS. 65-66)。したがって、ここに、この意味での法的妥当の実在的識別基準（reales Kriterium）を探究するという課題が、成立する。この問題は、カール・ラレンツがゲルハルト・フッサールの妥当論について指摘したように、「法的妥当と呼ばれるあの独自の存在の起源、時間的生起、あるいは『産出（Erzeugung）』に関する問題」[5]を意味するであろう。このような探究は、実効性の原因、つまり法が実効的でありうるための原因あるいは要因の探究を意味するのではなく、規範的拘束力をもつ法において、法の妥当（効力）の産出の現実的な指標を探究することである。

エンギッシュにとって、こうした実在的な識別基準の探究は、つぎのような実践的要求によって裏打ちされている。実在的な基準として実効性を採用することの適否について論じている箇所で、法規範については、その妥当が時間的に厳密に確定されることが期待されている、とされる。そして、実効性の始期および終期についての不確実さは、この厳密さへの期待をとうてい充たすものではない、というわけである。このような時間的な確定への要求を背景として、つぎのような主張も理解されうるであろう。「規範的妥当は、どちらか一方（Entweder-Oder）のみを認めるのであって、多いか少ないか（Mehr oder Minder）を認めない。すなわち、法規範は法学的にみて妥当しているか妥当していないかということであって、それは『ある程度まで』妥

張することによって、自然的な時間と異った種類の時間性について語っている。しかし、エンギッシュはそれにしたがうことはできないとする。つまり、空間および時間のなかに位置を占めるすべてのものは、したがって法的妥当もそのことによってすでに「実在」として明示されている。そして、このような実在としての、「法規範の妥当がその中で始まりそして終わるところの時間は、われわれがそこにおいて生きるところの自然的－社会的および同時に『歴史的』時間以外のなにものでもない」のである。(Vgl. S. 66)

[5] Karl Larenz, Das Problem der Rechtsgeltung, 1967, S. 21. なお、ここでラレンツは、妥当根拠の問題は心理学的・社会学的把握にとっては実効性条件の問題、規範的把握にとっては当為の妥当根拠の問題を意味する、とのべている。

当しているということではない」(S. 68) のである。

　さて、エンギッシュは、法的妥当の実在的な識別基準の探究という問題設定のもとに、法が実効的であるという事実をその基準として採用することの適否を検討する[6]。ここでは、ひとまず、この基準を法秩序が大体において実効的であるという、実効性の事実に求めることに、同意がなされる。このことは、大体において遵守されている法秩序は妥当するという常識的法観に沿うものであろう。しかし、エンギッシュは、この「大体において実効的な」という表現が、不鮮明さを免れえず[7]、妥当の確定に役立ちうるものではない[8]、と主張する。さらに、実効性を遵守可能性あるいは適用可能性として把握してそれに妥当を根拠づけるとすれば、そのことは、法的命令に裸の服従を対置することを意味することになり、法的妥当を実力に根拠づける実力説を含意することになろう。しかし、実力は強要することはできても義務づけることはできないのである[9]。(SS. 65-69)

　このようにして、エンギッシュは、妥当の実在的基準としての実効的事実を、承認という大衆心理的事実として構成しようとする。ここにおいて、承認説に属する妥当根拠論が、展開されることになる。それによれば、承認説は、多くの難点をもつものではあるが、「法学者が理解しているような法的妥当の本質に、どのような他の理論よりもよくあてはまるもの」(S. 74) な

---

[6] エンギッシュは、実在的識別基準として実効的事実を取り上げるまえに、法学的探究による基準としての憲法あるいは施行法の存在を採用することの適否について論じている。しかし、それらの法自身の妥当根拠が問われうるのであって、結局、妥当の基準は規範のなかにではなく、実在のなかに求められねばならない、としている。(Vgl. S. 66)

[7] Vgl. Engisch, Literaturbericht: 1.Kelsen, Reine Rechtslehre, S. 597.

[8] エンギッシュは、ガイガーおよびケルゼンの実効性を取り上げて検討している。ガイガーは、実効性を「二者択一的作用の蓋然性」とし、それは数学的な「実効性の量」によって把握されうるとしている②。このような実効性を妥当基準として認めることは、規範的妥当があるかないかのどちらかであるという性格をもつことを否定することになり、適当ではない。また、ケルゼンのように、実効性を遵守あるいは適用と把握して、最少限の実効性を妥当の基準とするとしても、その最少限の妥当が達成される時期に関して不確実さを免れず、その基準は前者と同様に妥当の確定の問題に十分に答えうるものではない、とのべている。

[9] 実力説批判については、さしあたり vgl. Radbruch, Rechtsphilosophie, 注 (2), S. 176 f. und Welzel, Macht und Recht. 注 (2), S. 839.

のである。

第2節　承認説の内容

　では、エンギッシュは承認説を具体的にどのように展開するのか。
　一般に承認説は、規範的妥当を法共同体成員の承認に基礎づける。この承認説は実力説より多くの長所を有する。まず、義務づける力は、実力をもって強制される服従にではなく、自律原理（Autonomieprinzip）につながる一種の同意に基礎づけられる。また、承認は、その対象が倫理的に受け容れられうる規範であるかぎりで、規範の倫理的尊厳を含意しており、規範を法理念に結びつけるものであろう。しかし、このことから承認が、承認されるべきであるという承認の当為あるいは承認への要求を前提とした承認の必然性と理解されてはならない[10]。つまり、「承認説にもとづく……妥当は、承認

---

10)　このことについてエンギッシュはつぎのように論じている。哲学的妥当論においては、妥当を承認への要求、承認されるべきという当為とみなす見解が存している（たとえば、vgl. Victor Kraft, Die Grundlagen einer wissenschaftlichen Wertlehre, 2. Aufl., 1951, S. 205 f.）。このような哲学的妥当概念と結びついて、法的妥当を承認への要求と考える見解がある（エンギッシュはこうした見解の例として Coing, Grundzüge der Rechtsphilosophie, 1950, S. 228, und Fuchs, Die Rechtsgeltung, 1930, S. 125 を挙げている）。この見解にとっては、妥当は承認の必然性に依存している。
　だが、エンギッシュは、このような哲学的妥当論が法命題の妥当の解明には適切でないとする。真なる判断の受容においては、そこに妥当への要求あるいは承認されるべきという当為が存しているとみることは可能であろう。しかし、法的妥当の本質を承認の当為とみる見解が前提としている事態は何か。それは、法規範の中で要求されている、ある行為をなすべしという当為である。したがって、この見解は、行態の当為の承認の当為という、当為の当為を妥当の本質とみなしていることになり、これによれば、承認の当為は再び行態の当為の正当化、根拠づけを必要とする。たとえば、いまここで一定の法規範が行態の当為として妥当しているという事態についての判断は、承認の当為として妥当することが可能である。しかし、問題は、前者の法的妥当、法規範の妥当であって、後者の論理的妥当ではない。このような論理的妥当と法的妥当の相異を看過する、こうした妥当論は、「論理的にあいまい」（S. 76）だとされるのである。
　こうして、承認説は、法的妥当を哲学的妥当に近づけるものとして、見られてはならない。法的妥当は承認の必然性に依存するのではない。法的妥当、すなわち法規範の義務づける力は、直接に、その実在的基準としての事実たる承認に基礎づけられるとされる。(SS. 70-71)

が実在的なもの、すなわちいわゆる『実在心理的な事態』と考えられるときにのみ、理解可能な意味を獲得する、つまり、法規範の妥当は事実としての承認を前提とする」(S. 71)のである。(SS. 69-71)

ところで、承認が何を意味するのかということについては、多くのさまざまな解答が与えられてきた。しかし、いずれにしても承認説は、「それが、われわれ法学者が実定法の命題の『時空的な』規範的妥当として理解するほかないものに、最大限相応するように」(S. 72)、構成されねばならない。つまり、エンギッシュは、「野党的分子 (Abweichler)」「確信犯罪者」「不満分子 (Querulant)」「規範を知らないでいる者」に対しても規範の妥当を主張しうるように、そして、承認が実践的に使用可能な、法的妥当の基礎となるように、承認の概念を緩和し、承認の主体の圏域を限定し、そして承認の対象を限定するのである。(SS. 71-74)

こうした方向で、エンギッシュはどのように承認説を構成するのか。まず第1に、承認の対象は法定立の権威的機関 (Instanz) である。承認の対象は、個々の法規範でもなく、全体としての法規範でもなく、憲法でもなく、規範を定立する任務にある権威的機関である[11]。つまり、「法定立について

---

11) ここで、エンギッシュの根本規範論と権威的機関との関連を紹介しておきたい。
　エンギッシュは、憲法を頂点とする妥当の統一的秩序を支える規範たる根本規範を、その理論に受け容れている。その場合、根本規範はケルゼンとは異なって一定の内実を具備している。エンギッシュは根本規範を、「その力によって一定の種類の憲法（たとえばボン基本法）が規範産出の手続きを個別的に規則づけるところの根本的決断」(Literaturbericht, 注 (7), S. 602) という意味において、あるいは、たとえば議会主義国家における国民議会のような「法創造の任務にある最高の権威的機関を正当化する規則という意味において」(Die Einheit der Rechtsordnung, 1935, S. 11)、理解する。このような根本規範は、形式的意味での憲法すなわち憲法典の規範産出の条件を規定する部分ではなく、そのような規定を条件づける、規範産出に関連したいわば実質的憲法であり、つまり一定の内実を有する具体的秩序に他ならない (vgl. Einheit., S. 12, Anm. 1.)。エンギッシュにとって、根本規範とは、規範産出の条件の最高の源泉たる、実定的な社会的根本決断であり、歴史的、具体的な精神的形象を意味するであろう。
　このように、根本規範は、法定立の任務にある最高の権威的機関を正当化することを通じて、法秩序全体の規範産出の最高の源泉である。そして、これはそれ自体においてさらに妥当根拠を要請する。根本規範は、その承認説において明らかなように、権威的機関が承認をうるということを基礎として妥当を獲得するのである。

正当性を承認されている権威的機関によって、法として定立されているものが、法として妥当する」(S. 74) のである。このことは、制定法についてのみならず、慣習法についてもあてはまる。慣習法については、個々の慣行は、慣行社会一般（この場合にはこれが権威的機関である）が法定立について是認されているゆえに、法として妥当するということである。

　第2に、承認の意味内容が、権威的機関との関連で、制定法に限定された形で語られる。その承認とは、「われわれは、法共同体成員としてわれわれを超えたこのような権威的機関を有し、それが憲法によって指図された立法手続きを踏みさえすれば、その権威的機関に服従せねばならない、ということを了知 (Wissen) した、法的服従への一般的な心構え (Bereitschaft)」(S. 74) を意味する。このような、一般的承認説[12]の類型に属する理論においては、この了知および心構えは立法の権威的機関に対する不安や嫌悪と結びつきうるし、また、「歯ぎしりしてのみ制定された規範に服する者」や「個々の場合に機をみつけて服従しない者」(S. 74) をも承認する者に含ましめることが可能である。結局、こうした承認は、個別的な法服従者を問題としない大衆心理学的な実在なのである。

　第3に、承認の主体は誰か。つまり、法的妥当を根拠づける承認は法共同体成員のどのような部分の承認によって達成されるのか。それは法共同体成員の決定的部分 (maßgebender Teil) であり、多数 (Mehrheit, Majorität) である。(SS. 74-75)

　以上のように、エンギッシュは、法共同体成員の決定的部分があくまで単に実力のもとに屈伏することとは異なった承認を行うところに、法の妥当が存すると主張し、再三再四、実力説からの承認説の区別を強調する。そして、「そのかぎりで、あらゆる法的妥当は、法を定立する権威的機関が国民議会ではなく君主あるいは完全な独裁者であろうとも、民主的に基礎づけられている」(S. 75) とするのである。

---

12) 一般的承認説と個別的承認説とについては、さしあたり vgl. Welzel, Macht und Recht. 注 (2), S. 839 ff.

第3節　理論的基礎について

　エンギッシュは、その承認説が法的妥当と法理念との連関を排除するものではないとしている。その見解によれば、法定立の権威的機関が「ある法理念を志しているという洞察（Einsicht）」（S. 75）が、決定的部分の承認の特徴をなしているとのべる。つまり、「法理念が『正当性』『正義』『人倫』『公共の福祉』『人間の尊厳』『自由』『平等』『秩序』〔のいずれか〕として主張されようとも、権威的機関はつねに、それが法理念をその立法において現実化することに責任を負っているがゆえに、法を定立する機関として承認される」（S. 76）のである。要するに、承認はその対象たる権威的機関がある法理念の実現を目指していることに依存しているのであって、法理念は権威的機関への承認の内容として組み込まれているわけである。

　では、そのために承認がなされた法理念を権威的機関が喪失あるいは否認することによって、それにより制定された法は妥当しなくなるのか。ここにおいて、法理念への実定法の合致に、法的妥当の実在的基準を見出すことの適否が問題となる。しかし、この問題に関するエンギッシュの議論を紹介するまえに、この議論の基礎をなしている方法論的な基本的見解をみておく必要がある。

　第1の基礎は、法概念論と法理念論との区別である。エンギッシュは、法の本質（Wesen）は法の経験的意味および超経験的意味（Sinn）から引き離されて探究されねばならない、と主張する（前者の意味は、経験的に指示されることが可能な立法の目的として、後者の意味は、法の内含する広い意味での価値的趣旨として、理解されるであろう）。なぜなら、法の経験的意味は、事前あるいは事後において（ex ante oder ex post）「無意味（Unsinn）」となりうるもので、とうてい法の本質としての恒常性を保ちえないし、他方、法の超経験的な意味を法の本質に含ましめることは、「法が非合理的な根幹からもまた生育しうる」ということを見逃すものであるからである。しかし、このことによって法の超経験的意味が排除されたわけではない。それは、法の本質から切り離された法の評価規準としてのみ維持される[13]。そして、これの

探究が法理念論である。他方、法の本質とは、法の「現存在（Dasein）」に即して事態的に確定される法のメルクマールの総体であると理解されうるのであるが、これの探究が法概念論である。要するに、法の「本質」と「（超経験的）意味」が区別され、それに対応して、法概念論と法理念論が相互に分離されるのである。(SS. 23-25)

ところで、以上でのべたこととの関連で法的妥当が、取り上げられて問題にされている。法的妥当は「一定の概念的に与えられた基準」に基づいて確定されるのであり、評価的規準としての法理念の否定のゆえに法的妥当を拒否することは、あくまで例外的な場合にすぎない。それを一般的な場合と解して、もし、法理念を法の概念メルクマールとして導入するなら、そのことは「実定法の経験的安固性（Standfetigkeit）を現実になじまない仕方で不確実なものにする」(S. 24) であろう。なぜなら「法の本質に関しては、人は結局は真理を見出しうると期待してよいが、法理念に関しては、せいぜい妥当な（gültig）ことがいわれるにすぎない」(S. 24) からである。このような立場は、法が意識的な人間の創造物として何らかの目的を追求している、ということで満足するのだとされる。

第2の基礎は、こうした議論からも明らかなように、エンギッシュの価値相対主義の立場にある。それは、判断というものを、真理への要求をもつ現実認識、存在判断と、正当性への要求をもつ価値認識、当為判断とに区分し、そして、前者が要求する真理は、具体的な事実確定に十分に根拠づけられうるとする[14]。では、当為判断すなわち評価はどうなのか。正当性への要求を伴って下される評価も、現実認識を前提としており、そのかぎりでそれと結合する。しかし、評価の正当性はその事実確定に根拠づけられるわけではない。評価の核心は、評価の内実によれば、それが「真理および証明可能

---

13) ここでエンギッシュとマールブルク学派のシュタムラーとの類似性が指摘されうる（本文後述215頁参照）。ちなみに、エンギッシュは、シュタムラーの法概念が経験的一般概念の性格をもつものであり、法哲学上役に立つものではないとのべている (vgl. S. 18)。
14)「すべての現実認識は、具体的な事実確定にもとづいており、事実確定にそれらの支柱を見出し、事実確定からその確信力を引き出す。……ある人の知覚に他人の知覚が確固たる相関において対応しており、……そして、そのことに真理への要求を掲げている事実確定は根拠づけられる」(S. 259)。

性の要求をなしうるところの論理的意味での『判断』ではない」(S. 248)、ということに存する。ここに、エンギッシュの存在と当為、現実と価値の二元論が看取される。さらにその立場は、評価が評価主体の「人格の流出(Emanation der Persönlichkeit)」(S. 268) であるがゆえに、単なる恣意ではないとしても相対的にのみ正当であると主張する、価値相対主義の立場である。前述のように、結局、評価についてはせいぜい妥当なことがいわれるにすぎないのである[15]。(S. 246 ff.)

第4節　承認と法理念との関連

以上のエンギッシュの根本的見解を前提にして、前述の承認と法理念との関係についての議論に再び戻ることにする。問題は、法的妥当の基準を実定法が法理念に合致していることに求めうるかどうかということであった。

これに対するひとつの解答は、実在的基準を特定の普遍的法理念との一致に見出すものである。しかしこの見解は、ある特定の普遍妥当的法理念がたとえ存在するとしても、それは認識されえず、学問的に証明されえないとい

---

15) この参照箇所では、あらかじめ価値相対主義を克服する2つの試みが、適切なものではないとして斥けられている。その試みとは、第1に、現実認識の相対性を強調するものである。このような試みは、認識一般の相対性を証明せんとするにすぎず、けっして価値相対主義の克服とはなりえない。つまり、現実認識は、個々の主体の知覚を通じてのみなされうるのであり、それゆえに対象をその自体存在において把握することはできない。換言すれば、現実認識において与えられるのは感覚与件にすぎず、物理的対象あるいは物自体は、直接的には永遠に与えられることはない。こう考えるなら、現実認識も、評価主体との関連で相対性が主張される価値認識と同様に、相対的性格をもつにすぎない。しかし、現実認識と価値認識とのこのような類似性を強調することは、認識一般における自体存在の認識不可能性、つまり認識一般の仮説的性格、あるいは相対性を主張しうるにすぎず、価値認識の相対性を否定して、価値相対主義を克服することはできないのである。

ここで第2の試みが登場する。それは、現実認識がその対象を有するように、価値認識にもその客観的対象を与えるべく、価値の自体存在、自体妥当を主張しようとする。しかし、評価は具体的な心理的事実であっても、価値は具体的ではなく概念の世界に属する。エンギッシュは、価値に現実的対象と同様の自体存在を許容する「プラトン主義」を否定し、価値相対主義の帰結を受け容れるのである。

うことによって斥けられる。つぎに、立法者が自己によって制定された憲法のなかに見出される法理念の枠内で活動していることに、法の妥当力を見出す見解はどうか。しかし、ナチス時代のように、立法者が憲法に固有の法理念に、さらにより高次の法理念にも反する法律を制定しながらも、妥当した法秩序がありえた。

　これらの反論を考慮したうえで、まず承認および妥当に対応する法理念とは何かということが明らかにされねばならない。エンギッシュは、つぎのように答える。そのような法理念とは、立法者が敬意を払ってその現実化に努力するものであって、それは、単に主観的に妥当な法理念に留まらず、「純然たる我意（Eigenwille）ではなく、いずれにせよもっともらしい、論ずるに値するものであり、そして例外的な場合にのみ、より高次の法理念に即して評価されて、内容においてあるいは執行の方法において斥けられるべき法理念」(S. 77) である。(SS. 76-77)

　ここでは、2種類の法理念が採り上げられている。ひとつは、承認に直接関連づけられた法理念であり、他は、より高次の法理念である。これらの法理念は、より具体的にはどのようなものなのか。まず、前者の法理念は、けっして超経験的なものではなく、また、立法者によって制定された憲法の中に見出される、いわば純然たる経験的意味で理解されたものでもないであろう。おそらく、この理念は、法を定立する権威的機関を正当化する、時代の価値的態度決定に含まれた法理念を意味するように思われる[16]。そして、これも、法的現実に即して求められる経験的な性格を有する法理念である。

　つぎに、後者の法理念は、実定法の評価規準としての超経験的価値たる法理念である。このような法理念を、価値相対主義の立場にあるエンギッシュは、どのようにして主張するのか。それについては、法概念の慣行的外延、とくに言語的慣行から出発して、そこにおける理念的側面、評価的側面が注目される。たしかに、「言語的慣行（今の場合、平和な社会を目指している状態のみを『法』と名付ける慣行）は伝統的評価の証明にすぎず、その評価の絶対的妥当性はそれでもってしてもなお証明されてはいない」(S. 283)。しかし、

---

16)　前出注 (11) 参照。

第 4 節 承認と法理念との関連 215

「好意的にかつ寛大に考えてさえももはや『法』とは呼ばれえないものは、法哲学者とは関わりのないものであり、すなわちその熟慮の対象外であるということからすれば、〔これとは逆に〕法哲学者は、とりわけ『人間にふさわしい平和秩序（menschenwürdige Friedenordnung）』としての法の機能を自信をもって考慮に入れてよい。法哲学はマキャヴェリズムではない。そのようにみられるなら、法哲学者もまた、もはや『法』と呼ばれてはならないものには実定法としての妥当を拒否してよいのである」(S. 283)。つまり、エンギッシュは、法概念の慣行的外延に沈澱している経験的な法理念を、法哲学者の「人格の流出」としての評価を媒介にして、評価規準、妥当拒否の規準としての法理念にまで高めるのである[17]。

では、これらの法理念との合致に妥当の実在的基準は見出されるのか。エンギッシュは、このことを否定する。その立場は、けっして法理念との合致を実定的な妥当基準として法概念に付け加えることにつながるものではない。「それ自体においては十分に根拠づけられた法理念」との明白な矛盾を「法的妥当の限界として、したがってその排斥根拠として」(S. 77) 把握することのみを、必然的と考えられる。つまり、法理念は、それとの明白な矛盾が法的妥当の限界となることによって、否定的条件をなすものである。そして、法的妥当の決定的な実定的基礎は、やはり承認にあるとされるのである。以上のように、その理論においては、法的妥当の実在的基準は、ある実定法が一定の法理念に合致していることに見出されるのではなく、事実としての承認に求められるのである。

さて、最後にこのようなエンギッシュの理論に検討を加えることにしたいが、その前にここにおいて、ひとまずその理論の紹介から離れて、エンギッシュの承認説の有意義と思われる点に、簡単に触れておきたい。それは主として以下の 2 点にあると思われる。すなわち、(1) その承認説が、法的妥当の実在的な識別基準の確定という、法実践的な要求に裏打ちされた問題に答えようとするものであり、(2) その理論において構成された承認の事実が、

---

17) エンギッシュは、「平和」と並んで、「正義」をも評価規準たる法理念として主張している（vgl. Auf der Suche., 注 (3), S. 282）。

法的妥当が看取される事実に適合的であるということである。

　上記 (1) について法の妥当根拠が超経験的な法理念に求められるとしても、その妥当が実定法の妥当である以上、それが看取されるべき、実在的な指標が事実的な領域に見出されるはずである[3]。ここに、実在的な識別基準を探究することの意義が存する。さらに、この基準が、法が実効的であるという事実に求められるとしても、この事実が、「大体において実効的な」という表現でのみ特徴づけられるだけであれば、その表現は、不鮮明さを免れえないゆえに、妥当の確定にとって有効なものとはならないであろう。これに対して、エンギッシュの承認説は、より具体的な事実を基準として構成しようとしており、この点においても有意義と思われる。

　(2) についてこの承認説は、アルフ・ロスが個別的な義務意識によって[4]、あるいは、ラレンツが一般的な義務意識によって[18] 構成した承認説よりも、法的妥当の事態をより適切に把握していると考える。ロスにおいてにせよ、ラレンツにおいてにせよ、義務意識を強調して法的妥当の事態を語ろうとすることは、妥当する実効的な法状態を狭く限定しすぎることになろう。明確な義務意識が存していなくても、広く遵守され適用されている法秩序は、義務づける力をもつように思える。やはり、エンギッシュの説くように、承認説をより緩和した形で構成することが必要である。

---

18)「法は、それがきわめて多数の人間によって決定的なものとみなされることを通じて、つまり、彼らがあらゆる場合に強制されていることがなくとも彼らの行為を法に合わせて調整することによって、彼らが法の妥当要求を実践的に承認することを通じて」『実効的に作用する (wirken)』」(Larenz, Methodenlehre der Rechtswissenschaft, 2. Aufl., S. 174)。「実定法が可能な範囲でこの〔正義の〕要求を充足し、それゆえに一般的に『正当なるもの』として感じられているということにのみ、意識におけるそれの妥当も、……根拠づけられる」(ibid., S. 176)。

　ちなみに、ラレンツは、法的妥当を客観的な正義理念と主観的な一般的義務意識との弁証法的統一として把握し、それを存立の側面においては承認、根拠の側面においては正義に基礎づけようとしている。Vgl. Das Problem., 注 (5), bes. S. 19 f, Methodenlehre., 2. Aufl., bes. S. 176, und Wegweiser zu richterlicher Rechtsschöpfung, 1958, bes. S. 305.

おわりに

　本章の議論の中心は、エンギッシュの理論を批判的に検討することにあり、その批判は、その承認説が妥当根拠論を断念していることに向けられる。しかし、この議論に入るまえに、その承認説と、その立場である存在と当為の二元論との関係をどう把握すべきかについて、エンギッシュの議論を紹介しておく必要がある。

　それによれば、存在と当為の二元論に立脚して、つぎのような疑問が提出される。「当為を存在から導出しようとすることが根本的な誤りであるにもかかわらず、（とにかく規範という概念と同時に当為を含意するところの）規範的妥当が、存在に還元される」(S. 71) ことが、どのようにして可能なのか。

　この疑問に、エンギッシュはつぎのような解答を与える。その承認説は、当為それ自体を理論的にあるいは価値論的に存在に基礎づけうると主張するものではない。この説は、法的妥当が「存在する当為 (seiendes Sollen)」であることを、すなわち歴史的な時間および空間において現われる当為を意味しているということを、主張しているにすぎないとされる (SS. 71-72)。存在する当為とは、「大衆心理学的に理解されるべきところの、法共同体成員の事実的な承認に根差しているがゆえに、存在する (seiend) ということであり、しかし……（ある法理念を実在化するがゆえに法を定立する権威的機関に承認が与えられるのだが）その法理念の具体化として、当為なのである」(S. 76)。要するに、エンギッシュによれば、法は、法理念の具体化たる当為として妥当するが、そのような法理念は事実的な承認に対応するものであって、前述のように具体的な法的現実において見出されるものに他ならない。したがって、妥当の実在的な基礎は、あくまで承認に存するのである。

　こうした主張を全体的に概括すれば、つぎのようになろう。エンギッシュは、価値相対主義に立脚して、法理念については相対的にのみ正当なことがいわれうるにすぎないと考え、法の概念メルクマールとしての妥当を高次の法理念に基礎づけることは法の「経験的安固性」を危くすることだとして、法的妥当をこのような法理念に基礎づけることを斥ける。そして、法的妥当

と連関させられる法理念は、承認との対応においてあくまで法的現実のなかに見出される法理念であり、これに対して前述の、高次の法理念は、妥当の否定的規準との関連で妥当に関わるにすぎないのである。これがエンギッシュの結論であるとすれば、ここでは、実在的識別基準として法理念への法の合致が採用されないことによって、同時に、法の妥当根拠として法理念が提示されることも排除されているのである。私は、法的妥当の実在的基準の探究と法的妥当の根拠の探究とが別のものとして対応しつつ両立しうるものである、と考える。法的妥当の実在的基準の探究は、つねに、事実の領域においてなされるものであり、しかも、価値論としての妥当根拠論を背景としている。したがって、この観点のもとでは、実在的識別基準が事実の領域を超えた客観的価値に法が合致することに求められる否かは、問題とはならないのである。

ところで、エンギッシュは、「これ〔法秩序の妥当〕は……当為を存在(承認および遵守という事実)に結合することによって根拠づけうる以外にない」[19]とのべている。この「根拠づけ (Begründung)」ということで考えられているのは、妥当の実在的識別基準である。そして、前述のように、「存在」は、法共同体成員の一般的承認であり、「当為」は、この承認に対応するところの、法的現実において見出される法理念である。このことからして明らかなように、ここでの法的妥当の根拠とは、実在的な基準を意味するのであり、この基準の確定の背景にある、前述でのべた妥当根拠とは異なるものである。この後者の根拠はいわば狭義の根拠である。

では、この狭義の根拠とは何を意味するのか。すでにのべたように、エンギッシュは、「存在する当為」として法的妥当を把握することで、その理論の展開を止めた。しかし、狭義の妥当根拠論は、この「存在する当為」がなぜ義務づけるのかということを、問題にする。なぜ承認によって成立する当為が妥当するのかという理由が示されないかぎり、妥当根拠に関する問いに答えられたことにはならない。つまり、狭義の妥当根拠とは、法が妥当する

---

19) Engisch, Literaturbericht, 注 (7), S. 603. Vgl. derselbe, Die Einheit, 注 (11), S. 12, Anm. 1.

ことの理由を意味するのである。

　こうした妥当根拠の探究ということからすれば、問題は、承認という事実と妥当との関係を価値論的に把握することにある。しかし、エンギッシュは、社会的心理的事実としての承認と法的妥当との相関関係を価値論的に把握することを断念している。このような承認説は、法的妥当の実在的識別基準論に留まり、妥当根拠論を本格的に展開するものではなかろう。実定法の法的妥当は実定法である以上、たしかに実在的な識別基準を有するものではあるが、しかしそのような基準は、法的妥当、すなわち法の義務づける力の基準であるかぎり、価値論としての妥当根拠論を背景として、それとの連関においてのみ探究されうるものであろう。エンギッシュの承認説の背景にもこのような妥当根拠論が存しており、こうした背景のもとにその承認説が構成されたと考えうるのである[20]。

　このような、妥当の基準の確定を規制する価値論的背景の探究は、法が義務づけるという事態についての社会的あるいは伝統的評価を問題とするものであり、さらにそこに論者の評価が介入することは否定しえない。したがって、妥当の確定に評価的要素が混入することを拒絶するエンギッシュの立場からすれば、妥当根拠論の展開の断念は、それはそれで納得のいくものである。しかし、私はそこに留まるわけにはいかない。ヴェルツェルは、「法概念の部分的側面」である法の実効性の領域において、妥当根拠論としての強制説あるいは実力説を拒否するものとして、承認説を評価するが、実定的な法の妥当の確定でもって法的妥当の問題が尽されるものではないと主張する[21]。「他の者がある規範を遵守しているからといって、一体どうしてその規範が私にとって妥当するのか」[22]、「不服従者に対しても法の義務づける力を基礎づけるものは何か」[23]。このことをエンギッシュとの関連でのべるな

---

20) 私は、このことがエンギッシュの承認説のみならず多くの承認説についてあてはまるのではないかと思う。おそらく、承認説の擬制的性格は、法の義務づける力を念頭に置いて法の実効的状態を把握しようとしたことに由来するであろう。承認説の擬制的性格については、vgl. Welzel, Macht und Recht. 注 (2), S. 840.

21) Vgl. Welzel, Die Frage nach der Rechtsgeltung――An den Grenzen des Rechts――, 1966, SS. 13, 21.

22) Welzel, Macht und Recht. 注 (2), S. 841.

ら、社会的心理的事実としての、法共同体成員の決定的部分の一般的承認が、なぜその部分に属さない法共同体成員を一様に義務づけるのか。ここにおいて、問題はエンギッシュが断念した承認と法的妥当の価値論的な結合に存することになる。換言すれば、何ゆえに妥当の実在的な基準が承認という事実に求められるのかということが、問われるのである。

　私は、こうした妥当根拠についての問題への解答を、2つの方向で探究する。ひとつは、妥当根拠は、「大体において遵守されている」という事実あるいは「社会心理的な一般的承認」という事実において看取される価値的側面に求められないか、ということである。他は、法的妥当と自律との連関を明らかにすることである。この自律原理に承認説は密接に結合している。なぜなら、承認説の決定的な論拠は、実力は強制することはできても、義務づけることはできないという見解に存するように思われるからである。

　① 2側面理論については、竹下賢『実証主義の功罪』、1995年、171頁以下、とくに180頁以下参照。
　② ガイガーについては、竹下賢『法　その存在と効力』、135頁以下をも参照。
　③ 前述、第3章むすび、15頁参照。
　④ 竹下賢『法　その存在と効力』、138頁以下参照。

23）　Welzel, An den Grenzen., 注（21）, S. 21.

第9章　人格主義の妥当根拠論
―― ヴェルツェルの法哲学 ――

は じ め に

　第5章において、グスタフ・ラートブルフの理論にみられる、道徳による法的妥当の根拠づけに関する議論を取り上げたが、それは、簡単に要約すれば、つぎのようなことであった。法は、一定の行動を実現するように強制するだけではなく、義務づけるのであって、当為の領域にも属するものである。このような義務および当為の概念は、内的な自由を含意し、道徳の領域に属するものであって、強制を本質的な要素とする法には本来なじむものではない。だが、強制を通じてではあるが、この内的な自由すなわち決断の自由を可能にする外的自由を保障するということによって、法は道徳的義務にまで高められ、同時にその義務づける力を獲得するということである[1]。

　ところで、ハンス・ヴェルツェルは、このような法の義務づける力に着目して、ラートブルフの人格主義的な理論をより整合的な形で発展させ、自律的人格あるいは責任ある人格の絶対的価値を前提とする道徳的義務論に立脚した、人格主義的な妥当根拠論を展開している。そこで、第5章で提起されたうえのような、道徳による法的妥当の根拠づけは可能であるかどうか、換言すれば、法的妥当と人格的自律とはどのような関係にあるのかという問題を、本章ではヴェルツェルの理論との関連で検討することにしたい。

---

1) このような、ラートブルフの理論の理解については、vgl. Engisch, Gustav Radbruch als Rechtsphilosoph, S. 313 f.

第1節　妥当根拠としての平和と義務づける力

　ヴェルツェルは、ラートブルフと同様に、一方では妥当根拠として秩序の価値を提示し、他方では法の義務づける力に注目して人格の絶対性を主張する。そこで以下では、まず、妥当根拠として平和を主張するヴェルツェルの議論を取り上げ、同時に、平和の価値と法の義務づける力との関連をどのように把握しているかについてみていきたい。

　ヴェルツェルは、法が実力でなければならないことを確認する。すなわち、法は、社会的悪を防止して社会成員の生存および安全を保障するために、そして秩序の具体的内容について権威的決定を下して秩序を確立するために、実力を備えていなければならない。その際、留意されるべきことだが、法は単なる実力ではない。「法は秩序づけられた、規則的な実力である。その実力は恣意を排除した実力である」[2]。

　しかし、法は、実力をもって強制する命令としてではなく、法に服する者を義務づける規範として秩序を形成する。では、法は何ゆえに法服従者を義務づけるのか。つまり、法の妥当根拠は何か。妥当根拠の所在について、一般的承認説は、実力説および個別的承認説よりも、つぎの点において優れた理論を展開している。その説は、法が強制によって義務づけるのではないということを把握している点で実力説に、そして法的妥当の事態を適合的に説明するために必要とみなされる、承認という事実の擬制が、承認を個人心理的事実ではなく社会心理的事実として認めるということによって緩和されるという点で、個別的承認説よりも優るのである[3]。

　たしかに、この説は、法的妥当の実効性、事実性の側面において実力説を排除しているという点で評価されるべきであり、たしかに、「一般的承認は実定法の成立の前提のひとつ」[4] であるとしても、しかし、それは、法的妥

---

2)　Welzel, Macht und Recht, 1959, S. 836.
3)　Vgl. ibid., 注（2), S.839 ff.
4)　Welzel, Die Frage nach der Rechtsgeltung――An den Grenzen des Rechts――, 1966, S. 20.

当のひとつの側面である実効性の領域にあくまで留まるものであり[5]、実定法の妥当の規範性、正当性の側面をよく把握するものではない[6]。法は義務づけるためには当為でなければならず、当為はより上位のあるいは価値によってのみ根拠づけられる。法の妥当根拠は経験的実証的にではなく、価値論的に探究されねばならないのである。

すでに指摘されたように、法は社会成員の生存を確保するために実力によってその実現が保証されるものでなくてはならない。このことからすれば、法が実効的であるという事実においてわれわれは価値を見出しうるであろう。つまり、「法秩序が、相互的な身体的暴行という混沌を克服する秩序として与える保護のうちに、個々人を服従へと義務づける第1の、そしてもっとも基本的な法価値が、潜んでいるのである」[7]。このようにして、法の妥当は、法が保障する秩序、平和に根拠づけられることになる。

しかし、ヴェルツェルは、このような主張に留まるのではなく、さらに一歩進めて、法の妥当のために平和より以上のものを要求する。それによれば、「規範的秩序としての法に内在する力には、単なる生存の保護以上のものが潜んでいる」[8]のである。そして、このような「生存の保護以上のもの」を獲得せんがために、まず、義務づける当為そのものの考察を通じて、価値相対主義の主張を超えて超越的当為の客観的存立を証明しようとする。

当為命題は証明不可能であるという価値相対主義の主張は、当為内容にのみ関わるものであって、当為の存立には関わるものではない。価値相対主義は（ここではハインリヒ・リッケルト、マックス・ウェーバー、ハンス・ケルゼンが念頭に置かれている）、「究極的『所与』として当為の存立を『公理的に』前提しており、当為の内容についての理性的な言明の可能性を否定しているにすぎない」[9]。当為の内容については、たしかに相対主義は納得のいくものであろう。つまり、「自然も歴史的発展も、そして自然法則も歴史法則も、

---

5) なお、本文前章のごとく、私は承認説を実効性要因論としてではなく、妥当の実在的基準論として理解している。
6) Vgl. Welzel, Die Frage., 注（4）, S. 13.
7) 8) Welzel, Macht und Recht, 注（2）, S. 842.
9) Welzel, Die Frage., 注（4）, S. 28 f.

ある歴史的状況において何が正当な社会秩序であるかについて、われわれを拘束する解明を、与ええない」[10]。だが、このような相対主義の主張が真理を目指す合理的言明であるとすれば、その言明は、「優越する実力によるあらゆる制約の外部にあって真理にのみ義務づけられている」ということ、換言すれば、「真理への内的な拘束を与える自由」を、前提とするものでなければならない[11]。そのかぎりで「義務づけられていること（Verpflichtetsein）………としての当為」[12] は廃棄されえないのである。

このような当為は「良心においてわれわれにとって知覚可能なものとなる」[13]。しかしながら、「良心は当為の源泉ではなく、当為を知覚する器官にすぎず、良心もまた、真に義務づけるものを把握したという『証明』をなしえないのである」[14]。とはいえ、当為は客観的なものであり、その義務づける力は当為に内在するがゆえに、個人の良心による是認に依存しない[15]、ということが認められねばならない。そして、このことは、「当為体験において、当為はつねに何らかの客観的なるもの、体験の外部に存するものとして考えられている」という、当為体験についての現象的所見によって裏づけられるとされるのである[16]。

第2節　客観的超越的当為について

では、以上のようなヴェルツェルの議論は、客観的超越的当為の存立を十分に合理的に証明しえたであろうか。それによれば、区別しうる若干の観点からこの証明がなされており、したがって、以下では、3つの論点に区別して検討し、うえの疑問に私なりの解答を与えたい。

まず第1に、ヴェルツェルは、前述のように、どのような合理的言明も真

---

10) Ibid., 注（4）, S. 30. なお、自然法の内容の歴史的相対性については、vgl. Welzel, Naturrecht und Rechtspositivismus, 1953, S. 330 f.
11) 12) 13)　Welzel, Die Frage., 注（4）, S. 29.
14)　Welzel, Gesetz und Gewissen, 1960, S. 397.
15)　Vgl. ibid., 注（14）, S. 392.
16)　Ibid., 注（14）, S. 389, ferner vgl. Welzel, Naturrecht und materiale Gerechtigkeit, 4. Aufl., 1962, S. 238.

第 2 節　客観的超越的当為について　225

理への義務を前提としていることを主張することによって、当為の客観的存立を証明しようとする。しかし、前述のエンギッシュの見解[17]は、この証明に対する反論と考えうるものであり、私にとってよりいっそう説得力をもつように思える。この見解によれば、真なる判断は、事実確定によって経験的に基礎づけられるがゆえに妥当するのであって、真理という価値の即自的存在あるいは即自的妥当にもとづいて妥当するのではない、とされる。たしかに、このような議論においても、経験的事実による検証という真理概念の形成は真理の価値妥当を前提としている、といわれるかも知れない。しかし、真理概念において真理が経験的事実に依存させられてしまえば、真なる判断は、真理の即自的妥当にかかわらず、経験的事実に依拠して妥当することになり、真なる判断の妥当は、真理の即自的妥当からの派生的妥当ではないといいうる。エンギッシュのいうように、真なる判断の存在は、真理への義務の存在を証明するものではなく、その判断と相関関係にある経験的事実の存在を証明するにすぎないのである。真理への義務は、判断そのものではなく、むしろ判断の主体に関わり、ここでは、もし真理が価値であるとすれば、人は真理への義務を負う、つまり真なる判断を下す義務を負うということしかいいえない。このような前提がなければ、義務として真なる判断を下すという必要はないであろう。

　第 2 に、法思想史における自然法思想の存在[18]、あるいは良心の呼び声に関する現象的所見を引き合いに出す場合はどうであろうか。たしかに、これらは、道徳感情一般あるいは評価行為一般の主観的あるいは客観的存在の証明にはなりうる。だが、自然法的思考あるいは良心の呼び声という現象は、精神の実証主義化した現代において、個々の人間においてあまり一般的であるとはいえない。それら特定の評価行為に対応するものとして超越的当為の存立を主張することは、不十分であるように思えるのである。

　以上、2 つの点について客観的当為の存立の可能性を検討し、それに否定的な解答を提示したわけであるが、これによって、客観的超越的当為を全面

---

17)　前述第 8 章、212 頁以下参照。
18)　Vgl. Welzel, Naturrecht und materiale Gerechtigkeit, 注 (16), S. 239.

的に否定せざるをえないと考えるのも早計であろう。ヴェルツェルは、「それ〔超越的な、義務づける生の意味〕を前提としてのみ、『正当な』あるいは『正義に適った』秩序について語ること、およびそのような秩序を探究することが有意味なのである」[19]、とのべている。つまり、「正当な秩序について語ること」すなわち評価行為は、超越的当為を前提としてはじめて評価としての意味をもつということである。したがって、つぎに、超越的当為の存立の第3の可能性として、評価行為の意味について検討することが必要となる。その際、われわれは、自然法という超現実あるいは自然法思想という特定の評価行為を対象とするのではなく、評価行為という事実一般に、あるいは文化という現実とりわけ実定的な法および道徳に眼を向けるのである。

　まず、経験的な評価行為一般は、その評価そのものの意味を、それが正当性の要求に服しているということから獲得するのではなかろうか。評価とは、それが普遍的にあるいは少なくとも一定の時代状況において一般的に正当であることを要求しているがゆえに、評価としての意味をもつように思える。このように考えるなら、たとえその正当性の内実が歴史的に変遷しようとも、正当性そのものの要求は、経験的評価にあるいはそれに観念的に対応する価値に意味を与える前提として、措定されざるをえない。そして、このような正当性の要求は、経験的な評価一般の意味を成り立たしめるものとして、それ自体は経験的なものではなかろう。このことから、われわれは、ヴェルツェルの超越的当為を正当性の要求として理解しうるのである。だが、以上の議論は、心理的事実としての評価が評価としての意味をもつためには、正当性の要求としての超越的当為が前提されねばならない、といっているにすぎない。

　つぎに、法あるいは道徳という文化的現実との関連で、評価を問題にしよう。ここで、われわれは、これまでの議論をもう一度振り返ってみよう。すでにのべた法の時空的妥当とは、実定法が時間、空間の限定のもとで義務づける力をもっているという、単なる存在事実に還元されない規範的事態を意

---

19) Welzel, Vom Bleibenden und vom Vergänglichen in der Strafrechtswissenshaft, 1964, S. 16.

味するものであった。同様に、時代の実定的道徳もまたこのような規範的な事態として理解されるであろう。ここで議論を法に限定するなら、法の時空的妥当を認める見解は法をつぎのように把握する。すなわち、法は、時空的に拘束されているがゆえに相対的であるとしても、少なくとも自然的な物理的あるいは心理的事実から区別された有意味的あるいは価値的形象として、その客観的存在性格を有する、と。このように客観的価値的形象としての法を認めるなら、さしあたり[20]、法が有する客観的な価値的意味は、単なる主観的な評価を超えて社会的な広がりをもった、間主観的な、客観的な評価の観念的な対応物だとされよう。つまり、法は時代の価値的な態度決定なのである。このように、法が社会的な評価との関係で把握されるとすれば、前述のように評価一般の有意味性が超越的当為によって与えられるということから、法もまた超越的当為を前提とすることによって有意味的に把握されうることになろう。法は、それが正当性の要求のもとに服しているがゆえに、意味を獲得するのである。

ところで、以上の議論の出発点は、有意味的存在としてつまり義務づける力をもつものとして法を把握したことにあった。したがって、ここにおいても、法が有意味的にあるいは価値的に把えられるためには、超越的当為が前提されねばならない、ということが主張されているにすぎない。しかしここでは、超越的当為の前提は、単なる評価との関連で主張された以上に、いっそう強く要請されるように思う。なぜなら、人間の生を文化として有意味的に把握するためには、超越的当為が必然的に前提されねばならないように思えるからである。ここでは、文化という客観的観念的存在が十全に認識されるための前提として、超越的当為が要請される。たとえ文化一般ではないとしても、少なくとも法および道徳という文化の1領域は、この超越的当為を前提としてのみ十分に把握可能なものとなるように思われる。この趣旨において、ヴェルツェルは、「現存在を超越し、義務づける当為の存立は、有意

---

[20] 法は二重の客観的価値的意味をもつと考えられよう。ひとつは、法一般が秩序の価値を根拠としてもつところの価値的意味であり、他は、法がその具体的内容の側面において評価としてもつところの価値的意味である。法の妥当は第一義的には前者に関わるものであるが、ここでは後者が問題とされている。

味な人間の実存が可能であるための前提である」[21] とのべているのである。

第3節　責任ある人格について

　以上の大雑把な議論を通じてではあるが、一応、ヴェルツェルの超越的当為の理論は、その当為を正当性の要求として理解することによって、賛同しうるように思う。前述のエンギッシュの価値相対主義が、あくまで事実の領域に留まって評価を相対的なものと考えたのに対して、そのような評価の相対性を否定することなく、それを超えて超越的当為が前提されるのである。だが、このことによって価値相対主義が克服されたことにはならない。それが克服されるためには、超越的当為において、何らかの実質的な価値が発見されねばならないのである。これがなされないなら、超越的当為は単なる無意味な仮定になる恐れがあろう[22]。

　しかし、ヴェルツェルは超越的当為の相関概念として自律的人格あるいは責任ある人格（verantwortliche Person）を実質的な客観的価値として主張する[23]。客観的当為は、みずからに内在する性質によって個人を良心において

---

21) Welzel, Naturrecht und materiale Gerechtigkeit, 注 (16), S. 239.
22) しかし、超越的当為を前提することの実践的意義を指摘することは、これとは一応別の問題として考えられる。この実践的意義については、後述230頁以下参照。
23) ヴェルツェルの議論には強調点の若干のずれが見られるようである。より以前の論文では、カントを引き合いに出して客観的実質的価値としての自律が説かれている。そして、たしかに、一貫して義務づける当為の相関概念としての責任ある人格が主張されているが、最近の著作においては、当為内容にかかわることのない「責任ある人格」の価値が強調されているように思う。
　このようなヴェルツェルの強調点の微妙なずれは、つぎのような理由によるのではなかろうか。第1は、自律概念の主観主義的解釈が存することである。ヴェルツェルによれば、自律は、客観的に妥当する実質的な当為内容（すなわち自律的人格の価値）を前提にして、初めて可能である。さもなければ、人がその帰結を一貫してみずからに引き受けさえすれば、あらゆる意思内容が普遍的なものに高められてしまう（vgl. Welzel, Naturrecht und materiale Gerechtigkeit, 注 (16), S. 169 f. なお、ibid., 注 (16), S. 191 において、こうした主張はジャン・ポール・サルトルにみられるとされる）。このような自律の主観主義的解釈は、斥けられねばならない、つまり、自律は、主体による無拘束的な法則の定立と考えられてはならないのである。
　第2に、自律的人格を実質的価値として主張することは同義反復であるという批判

　　　　　　　　　　　　　　　　　　第3節　責任ある人格について　229

も義務づけるのであるが[24]、そのことは自律を通じてなされる[25]。この自律によって「意思が人倫的命令の後ろ楯となることによって、それは人倫的世界秩序の責任ある共同の担い手〔すなわち人倫的人格〕となる」[26]。その際、自律によって受容される当為内容つまり価値内実の絶対性は、良心に直接的に明らかではない。しかし、ここには自律を拘束する客観的な実質的価値が潜んでいる。それは、この自律の主体である実践的人格、つまり自律的人格に他ならない[27]。ヴェルツェルは、このような人格の価値を、責任ある人格としても表現している。その多くの論著において、義務づける当為の相関概念が責任ある人格であり、義務づけることと責任ある人格とは、分かちがたく結びついていることが主張されている[28]。「それ〔当為〕は、——さしあた

――――――――――――
　が、存することである。こうした批判の一例として、カウフマンの見解を取り上げよう。ヴェルツェルは、実質的価値は自律が可能であるための前提であり、そのような実質的価値はカントにおけると同様に自律的人格である、と主張する。これに対して、カウフマンは、自律の前提たる実質的価値が自律的人格であるということは、自律の前提が再び自律であるという同義反復であると批判し、自律は実質的価値としては相対的な価値でしかないと論じている（vgl. Arthur Kaufmann, Recht und Sittlichkeit, 1964, S. 26 f.）。
　要するにヴェルツェルは、自律概念の主観主義的解釈から自己の理論を区別するために、あるいは、同義反復であるという批判に対処するために、「自律的人格」よりもむしろ「責任ある人格」を当為についての内容にかかわらず結びつけることによって、人倫的人格の絶対性を論証しようとしたのではなかろうか。ただ、「自律的人格」も「責任ある人格」もともに当為の客観的存立と表裏一体のものと考えられているのであり、ここではそのことを確認するだけで、これ以上この問題には立ち入らない。なお、この問題については、田中成明「ハンス・ヴェルツェルの人格主義法哲学」、231頁以下参照。
24)　Welzel, Gesetz und Gewissen, 注（14）, S. 392.
25)　自律についてはつぎのようにのべられている。「自律とは、個別的意思を普遍的な人倫的立法の一員にすることであり、それも、人格が人倫的に命じられるものの価値内実をみずから洞察することにもとづいて自己自身を義務づけるようにこの命令を指図する、という仕方でなされる」(ibid., 注（14）, S. 391)。
26)　Ibid., 注（14）, S. 391
27)　義務づける力と自律との関係についてはつぎのようにのべられている。「秩序の義務づける力も、人倫上どのような事情のもとでも侵害されてはならないひとつの善を侵害せよと命じる場合には制限される。この善は同胞の人倫的自律である。人格は、その人倫的自律によって、どのような目的達成にも従属しない固有の価値を取得するがゆえに、人格はこの固有の価値のために他のすべての人格によって尊敬されねばならない」

り、それが何のためにわれわれに要求するかにかかわらず、つまりその内容には依存せずに——要求される者であることについての、すなわちその行為および生の意味に対して責任ある存在としての人間であることについての、言明を含んでいる」[29] のである。このように、「法規範として人間を義務づけようとするあらゆる命令は、人間を人格として承認せねばならない。人間を責任ある人格として承認することは、ある社会秩序がその実力によって強制するのみではなく、法として義務づけようとするときの、その社会的秩序が示さねばならない最少限の前提なのである」[30]。

　このような法的妥当の限界の主張は、ラートブルフの自律的人格の絶対性の主張ときわめて類似している。両者の理論においては、人格の価値を承認しない法秩序は、もはや義務づける力をもたないのである。ヴェルツェルは、ラートブルフにおいて十分に展開されていない理論を明示的なものにし、義務づける当為の客観的存立を前提にして、それとの相関において人倫的人格の絶対性を見出す。これによれば、法秩序が義務づける力をもつためには、単なる生存の保護のための秩序であるに留まらず、人間を責任ある人格として承認せねばならない、とされるのである。

　以上のように、ヴェルツェルの人格主義的妥当根拠論の大筋が理解されるであろう。ではつぎに、以上の議論との関連で、前章までで残された疑問を問題にすることにしたい。つまり、法秩序は、それが人格の自律を保証するがゆえに義務づける力をもつのであろうか。

　ヴェルツェルは、超越的当為と表裏一体のものとして、人格なる実質的価値を強調する。そして、このような人格の価値を否定することは超越的当為を否定することであるがゆえに、法は、当為として存立するためには、人格の価値を承認して、人格の自律を可能にする外的自由を保障せねばならない、とする。このような主張における、当為と人格との連関は、実践哲学的意義における当為の存在性格として理解されよう。つまり、倫理的な当為

(Welzel, Naturrecht und Rechtspositivismus, 注 (10), S. 338)。
28)　Vgl. Welzel, Naturrecht und materiale Gerechtigkeit, 注 (16), S. 239, Macht und Recht, 注 (2), S. 842 f., und Die Frage., 注 (4), S. 30.
29)　Welzel, Die Frage., 注 (4), S. 29 f.

は、相関概念としての義務づけられる人格と結合することなしには、その実践的性格を貫徹しえない。「価値は現実的存在を基盤として顕現すべきである」という「世界観的意義における当為」が、「人間は価値および当為の意識にもとづいて価値の顕現に向って努力すべきである」という「実践哲学的意義における当為」として特殊化されるということである[31]。私は、ここでは、このような意味での当為と人格との連関を、実践哲学的に必然的なものとしてひとまず認めることにする。しかし、そのような連関から、自律的人格を可能にするがゆえに法は義務づける力をもつ、換言すれば法の妥当は道徳によって根拠づけられる、といいうるであろうか。

　結論から先にいえば、人格の自律を可能にする外的自由の保障は、法の妥当根拠ではない。伝統的に、「法の妥当根拠」という言葉で理解されてきたのは、法の義務づける力の価値論理的な根拠（理由）なのであり、ここでは、法が価値論理的意義における当為として成立するかどうかが問題となる。これに対して、人格の自律は、法が実践的意義における当為として存立することに関わるのであり、当為が実践的に存立するための存在論的な根拠として理解されうるように思う。ヴェルツェルも、法的義務の存立のための前提条件として人格の承認を主張することにおいて、このことを認めているように思える。責任ある人格の価値は、法的妥当の根拠（理由）としてではなく、むしろその存立の前提条件あるいは存立根拠として提示される、と解する方が、私には納得がいくのである。そして、このように人格の自律を法的妥当の実践的意義における存立根拠として理解することによって、これとは別にさらに法的妥当の価値論理的な根拠を問うことが可能になるのである。

---

30) Welzel, Naturrecht und materiale Gerechtigkeit, 注（16），S. 239 f.
31) 参照、恒藤恭『法の基本問題』、1936年、改版1969年、2頁および15頁。この論文において当為は、価値論理的意義における当為、世界観的意義における当為、および実践哲学的意義における当為という、3つの意義における当為に分類されているが、本文

第4節　当為内容について

　では、ヴェルツェルは、法的妥当の根拠を何に求めるのであろうか。このことについてのべるために、再びその議論に戻って、まず、当為内容についての見解を紹介することにしたい。

　当為の実質的内容とは何を意味するのか。それは、「現存在の意味を解釈する試み」[32]であり、「根源的意味投企」、「超越的当為を解釈する試み」[33]である。すでにのべたように、その絶対的内容は、認識不可能であって、つねに「試み」であるにすぎない。このような試みそれ自体は人間の自由な選択に委ねられるのではなく、「当為は人間にその現存在の意味投企を要求するがゆえに、人間はその当為からまったく免れることはできない」[34]。そして、こうした超越的当為とは、「正当な正義に適った秩序をその時代において発見せよ」[35]というものである。法的現実については、この当為の呼びかけのもとに、さしあたり立法者による規範制定および一般的法意識における承認という二重の行為が[36]、現存在の解釈としての法秩序を産出する。ここでは、法のひとつの産出前提である一般的承認は、たしかに、「その承認の効果において権力保持者の歴史的に誤った決断に対する矯正手段である」[37]ということによって、決定的な意味をもつ。しかし、このような一般的法意識、国民の法意識も「その存在によって正当なるものではなく………正当なるものを時代の中で定式化しようとするひとつの試みにすぎない」[38]のである。

　だが、たとえそれがひとつの試みにすぎないとしても、正当性の判定が、最終的に良心によって決定されることになってはならない。なぜなら、「良

　のこの箇所の議論は、基本的にはこの分類に立脚している。
32) Welzel, Naturrecht und materiale Gerechtigkeit, 注（16）, S. 243.
33) Ibid., 注（16）, S. 242.
34) Ibid., 注（16）, S. 243.
35) Welzel, Die Frage., 注（4）, S. 31. ヴェルツェルは、こうした命令を内容に関わらない究極的当為として提示しているように思える。
36) Vgl. ibid., 注（4）, S. 30.

心の判定を法律の判定よりも優先させる決定は、超個人的な現世的秩序を原理的に不可能にする」[39] からである。ここでもラートブルフと同様に再び秩序の価値がもち出される[40]。「法とは、正当な社会秩序のための解釈の試みであって、その試みは、われわれの歴史的な実存の変化する諸条件のもとでなされるとともに、普遍的拘束力をもつ規則づけの必要性のもとでなされる、と解されねばならない」(傍点筆者)[41]。つまり、ヴェルツェルは、「超個人的秩序の存立のために、およびこの秩序を信頼する他の法共同体成員の保護のために、法律はその妥当を個々人の良心の是認に依存させることはできない」[42] と主張する。

要するに、法は、現存在の意味解釈であると同時に、超個人的秩序の存立およびこの秩序を信頼する法共同体成員の保護を目的としているのであって、後者にその妥当の根拠が求められる。ヴェルツェルにとっては、法的妥当の本来の根拠は、再び秩序、超個人的秩序の価値に存することになるのである。

第5節　承認説の再検討

われわれは、ヴェルツェルの理論に即して、法の義務づける力の存立根拠を自律に、価値論理的根拠を秩序価値に見出した。前者については、自律原理に立脚して、超越的当為と義務づけられる人格が必然的相関概念であるとして、法が義務づけるためには法共同体成員を人格として尊重することが必要である、と主張される。前述では、当為と人格との連関を一応認めたうえ

---

37) 38)　Ibid., 注 (4), S. 31.
39)　Welzel, Gesetz und Gewissen, 注 (14), S. 397.
40)　なお、ラートブルフの「法的安定性」は法自体の安定であり、殺人や窃盗からの安全としての法による安定は法的安定性から除外される。他方、ヴェルツェルはむしろ後者に重点を置いて秩序の価値を説いている。ラートブルフの晩年の議論において、法による安定の除外は、法の目的としての公共善のための安定を派生的な秩序の価値として捉えたことにもとづくのかもしれない。しかし、通常考えられる秩序は、ヴェルツェルの説く意味での法による安定を第一義的に含むのではなかろうか。これについては、前述第5章157頁以下参照。
41)　Welzel, Vom Bleibenden., 注 (19), S. 24.

で議論を進めたのであるが、しかしながら、私には、超越的当為を認めるとしても、それと自律的人格との連関は、それほど必然的に自明なものとは思えない。以下で、まず、自律原理について見解の対立が存しうることを明らかにし、つぎに、それとの関連で一般的承認説の価値論的背景を検討することにしたい。

ヴェルツェルによれば、一般的承認とは、正当な秩序を発見することを要求する当為のもとでの、国民の法意識における当為内容の解釈の試み、あるいは国民的規模での価値的態度決定、社会的評価なのである。ここでは、超越的当為に対応する義務づけられる主体は、明らかに、個別的人格ではなく超個人的な共同体である。このように、義務づけられる主体として個別的人格ならびに全体的共同体がともに主張されうるとすれば、価値を現実化しようとする当為は個人か社会のどちらに実践的に特殊化されるのかという問題、つまり究極的な価値実現の主体は個人か社会かという問題の成立する余地が生じるであろう。思想史上、自律原理は、本来、人格主義的・個人主義的な立場から主張された価値原理であったことが指摘されている[43]。しかし、個人主義的な人格価値に対立する超個人主義的な共同体価値の存立を自立的価値類型として認めるかぎり[44]、これと対応して個人的な自律と社会的な自律との対立を認めざるをえない。自律原理について個人主義的世界観と超個人主義的世界観との見解の相違が存しうるのである。

このような2つの世界観を徹底させれば、そこから法的妥当についてどのような理解がそれぞれ帰結するであろうか。第1に、個人主義的な世界観は、その核心たる個人の人格的自律を最高の実質的価値として奉じ、同時に個別人格的自律を義務の存立根拠とみなす。このような見解からすれば、人格の自律を必然的な前提とせず、最終的には強制によって実現される法的義務は、強制的義務が形容矛盾であるがゆえに、義務づける力をもちえな

---

42) Welzel, Gesetz und Gewissen, 注(14), S. 399.
43) 自律の概念を倫理学の中心に据えたカントの思想が、根源的な主体性の倫理思想であったことについては、三島淑臣「ドイツ理想主義とフランス革命」、1973年、とくに402頁参照。
44) このことは、すでに、Lask, Rechtsphilososphie, 1923, S. 292 ff. において、法哲学的

い[45]。しかし、この結論は法的妥当の事態に適合的ではなく、個人主義的世界観は緩和されねばならない。だとすれば、道徳的価値の実現の主体である自律的人格を最高の価値としつつ、それを他からの強制の排除によって保障するという意義において、消極的に秩序あるいは平和という超個人主義的な価値が受け容れられ、この価値によって法的妥当が根拠づけられるのである[46]。そして同時に、すでにラートブルフおよびヴェルツェルにおいてみられたように、人格の完全なる自律という価値ではないとしても、そこから派生的な人格の価値を承認することが、法的妥当の存立の前提として維持されるのである。

第2に、超個人主義的な世界観は、個別的人格に対する共同体の優位を、個人的評価に対する社会的評価の優位を価値論的に論断する[47]。これによれば、自律的な社会的評価は、それ自体で義務づける力をもち、妥当する。それゆえに法については、妥当の存立根拠として社会的な自律あるいは一般的な承認が問題とされるにすぎず、妥当根拠についての問いはそもそも成立しないとされる[48]。「法は法であるがゆえに妥当する」[49]のである。しかしながら、個人主義的な世界観が人間の現実の生に直面して超個人主義的な秩序の価値を不可避的に受け容れたのと同様に、超個人主義的な価値観も、社会的評価が個人的評価と無関係に成立するものではない以上、価値論的にアプリオリにその価値観を主張することは、適切ではないといえよう。歴史的現

カント主義と法哲学的ヘーゲル主義との対立として、指摘されている。
45) Welzel, Gesetz und Gewissen, 注 (14), S. 387. なお、強制義務については、田中成明「ハンス・ヴェルツェルの人格主義法哲学」、注 (23)、199 頁以下参照。
46) 個人主義的な世界観によれば、法はその社会的構造のゆえに消極的にのみ価値論的に把握される、ということについては、vgl. Lask, Rechtsphilososphie, 注 (44), S. 297 f.
47) このような傾向にある法哲学的ヘーゲル主義については、vgl. ibid. 注 (44), S. 293 ff.
48) たとえば、Julius Binder, Grundlegung zur Rechtsphilosophie, 1935 はこのような議論を展開している。これによれば、法共同体成員の特殊的意思が自由意思の弁証法的発展を通じて普遍的意思と統一されることによって、法が存立するとき、法は法であるがゆえに妥当する (S. 141 ff.)。したがって、ビンダーにとって妥当根拠についての問題は無意味であるのだが (S. 145)、このような議論における全体主義的世界観は否定しえないように思う。このビンダーの妥当根拠論については、加藤新平「法の妥当根拠と法のイデー (二)」、1942 年、とくに 743 頁以下および 761 頁以下参照。

実における個別的人格の有意味性を認めるなら[50]、それどころか人格的評価の現実性をいささかなりとも認めるとすれば、社会的評価の優越の根拠が提示される必要があり、その際、このような根拠としてここでも主観的評価の分裂・対立を克服する秩序の価値が引き合いに出されるように思う[51]。しかし、この秩序の価値は、消極的にではなく積極的に、つまり超人格的価値の実現に直接結びつくものとして受容されるのである。

以上のように、個人主義的世界観も超個人主義的世界観もその極端な形ではともに法的妥当の事態を適切に把握しうるものではない。結局、法的妥当は、いずれの世界観に立脚するとしても、秩序の価値によって根拠づけられるように思われる。

さて、一般的承認説は、前述の世界観の類型のうち超個人主義的な価値観により結びつきやすいように思われる。ただし、極端な全体主義的見解に立脚して一般的承認説を主張するとしても、すでにみたように、法的妥当を根拠づけるものは、秩序の価値であると考えざるをえない。一般的承認説が超個人主義的な世界観に近づくのは、それが妥当の存立根拠として、人格の自律ではなく社会の自律を主張する点においてである。しかし、一般的承認説が必然的に全体主義的世界観に立脚する、と考える必要はなかろう。むしろ、その説は、法的妥当の事態に適合的な存立根拠として、人格の自律よりも社会の自律を選択した、と考えるのが適当である。この見解は、人格主義的妥当根拠論が秩序の価値を承認して社会的評価の優先をそれによって根拠づけるかぎり、個人主義的世界観とも結びつきうるものである。ただ、一般的承認説は、個別的人格の価値の尊重を法的妥当の必然的存立根拠とは考えないという点で、個人主義的・人格主義的妥当根拠論と異なるように思われる。

このように、一般的承認説は、妥当の存立根拠として国民的な規模での自

---

49) Binder, Grundlegung., 注（48), S. 145.
50) ここでは、Lask, Rechtsphilososophie, 注（44）における、法哲学的ヘーゲル主義についての、つぎのような叙述が想起されるべきである。「19世紀の法哲学全体は、18世紀に闘いとられた、絶対的自己目的としての個人の承認を放棄する必要なしに、社会的諸連関に独自な絶対的意味を主張しようと努力してきた」(S. 293)、「法哲学的ヘーゲル主義の見解によっても、人格の理念は、法秩序の最上級のテロスとして、共同エートスのうちに他とともに存するものでなければならない」(S. 295)。

律、すなわち強制の排除のみを必然的なものと考えるであろう。この説によれば、多数は圧制的にその意思を少数に対して貫徹しうるのである。しかし、このことは、妥当根拠として秩序の価値を主張するだけに留まる見解に等しい帰結を意味するものではない。秩序の価値を提示するだけの見解によれば、力への屈伏あるいは死および肉体的苦痛への恐怖を通じてのみ平和を達成する秩序にも、法的妥当が賦与されるであろう。つまり、「奴隷的服従」[52]においても平和が達成されているがゆえに、そのような法状態も妥当することになるのである。これに対して、一般的承認説は、それが多数の圧制につながるとしても、社会の自律を法的妥当の存立根拠と考えるゆえに、少数者による奴隷的支配においては法はそもそも妥当しないと主張するのである。

　私は、このような一般的承認説によって構成された事実を、法的妥当の事態の実在的識別基準として採用することが、適切であると考える。法的妥当の存立条件たる自律の価値要求が、民主主義体制への要求[53]、あるいは課罰に際しての良心的決断の尊重への要求[54]につながるとは思えない。このような要求を法的妥当が存立するための前提と考えることは、法的妥当の事態を狭く限定しすぎるものであろう。民主主義体制でなくとも、あるいは確信犯に対して特別の法的効果を課する[55]ことがなくとも、一般的に承認された法秩序は義務づけると考えうるのではなかろうか。それはともあれ、一般

---

51) ビンダーとの関連では、加藤前掲論文、注（48）、763頁参照。
52) 今井仙一『政治哲学序説』、1970年、205頁以下、なお189頁以下参照、さらに、丸山真男『増補版・現代政治の思想と行動』、1964年、42頁以下参照。
53) すでにのべたように（前述第5章154頁参照）、ラートブルフは、自律的人格の絶対性から民主主義的要求の充足を法的妥当の条件とみなしているように思える。なお、ラートブルフにおいては、民主主義体制への要求は、明示的には相対主義との連関で掲げられているが、これについては加藤新平『法哲学概論』、525頁以下参照。ちなみに、Welzel, Naturrecht und materiale Gerechtigkeit, 注 (16), S. 261 は、実質的な正当性の認識の相対性という洞察から自己訂正の制度化として民主主義体制を要求するが、これを相互的寛容の思想に基礎づけている。
54) Vgl. Welzel, Naturrecht und materiale Gerechtigkeit, 注 (16), S. 253.
55) 確信犯と名誉拘禁的自由刑との関係については、木村亀二「確信犯人の問題」、1929年、参照。

承認説は、奴隷的支配の貫徹した法状態に妥当を賦与することを妨げる基点を、自律原理に求めているのである。

む　す　び

　1、以上において、ヴェルツェルの理論を検討することを通じて、法の妥当根拠の所在を考察してきたわけであるが、ここで、本章を越えて妥当根拠に関するこれまでの議論を、私なりに要約しておきたい。

　まず、出発点はつぎのような実定法の把握にある。すなわち、「実定法は、その事実的側面を通じて一定の時間および空間的な限定を受けつつ、一定の価値を実現せんとする歴史的現実であって、事実性と規範性という二側面性をもつ」ということである。そして、このような実定法の把握にもとづいて、さらに、実定法が義務づけている事態としての妥当は、実定法の存在形式あるいはあり方として理解され、時空的妥当と呼ばれたのである[1]。

　では、妥当する実定法は、どのような根拠にもとづいて確定されるのか、これが広い意味で、妥当根拠についての問いであるといえよう。こうして、妥当根拠は、つぎのような3つの次元において探究されることになる。

　(1)　法的妥当が時間および空間によって限定された現象であるとするならば、それを識別しうる、実在的基準は何かということが問題とされうる。つまり、法的妥当はどのような経験的事実に即して認識されるのか。やはり、その実在的基準は、法共同体成員の一般承認という事実に求められることが、法的妥当の事態に適合的であろう。ところで、このような実在的基準の設定には、何らかの価値論的考慮が規制的に作用していると考えざるをえない。法的妥当の事実的側面を離れて、この価値論的背景を探ることが、第2、第3の妥当根拠を探求することに他ならない。

　(2)　一定の価値を実現しようとする、実定法の現実は、評価という価値認識論的側面と、その評価に対応する価値の実現を命じる命令という実践的側面をもつ。このような二側面性は、法にかぎらず、実定的な道徳および倫理にも指摘しうるものであろう。つまり、正当性の要求のもとで認識された価値は、実践的必然的に価値実現の主体を通じて世界に顕現されることを要

求するのである。このような事態において、価値実現の主体にとって、自律は決定的な意義を有する。価値実現の主体は、同時に、正当性の要求に服しているという意味で自律的な評価主体であることによって、価値の顕現を命じられる単なる客体から、価値実現へ義務づけられる積極的主体へと転化する。強制から義務は生まれない、自律がなければ義務もない、このような意味において、自律は義務の、したがって法的妥当の存立根拠であるといいうるのである。

ところで、法的価値の実現の主体は、第一義的には、個人よりむしろ社会である。したがって、法的妥当の存立根拠は社会的な自律に求められねばならない。このような見解に対して、一定の法的評価に反対する者には、その評価に対応する価値の実現が強制されるがゆえに、自律は達成されておらず義務は生じない、と反論されるかもしれない。しかし、具体的な人間は個別的存在であると同時に社会的存在であって、ある人が個別的存在として一定の法的評価に対立するとしても、その評価が社会的自律にもとづいて成立しているかぎり、その人に対しても人間の社会的存在性格のゆえに社会的な義務として法が妥当するといいうるのである。

(3) このように主張することは、個々の人間における義務の衝突が可能であることを承認することを意味するが、しかし、その主張によってこの衝突が解消されたわけではない。ところで、法の評価と個別倫理的評価という2つの実質的評価の対立という事態において、法の義務づける力の、すなわち法的妥当の価値論理的な根拠が、対照的に明白に把握されうる。その根拠は、究極的には、両者ともに形式的な基底的価値に帰着すると思われるが、それは、一方にとっては、より正当な秩序をめざす進歩あるいは向上の価値であり、法的評価にとっては、平和および正義という秩序の価値なのである。これについて詳細に立ち入る余裕はないが、それはともあれ法の妥当の価値論理的な根拠は、秩序の価値に存するのである。

2、つぎに、法的妥当の事態を確定する際の規制的な価値原理として、自律原理を主張することの実践的な意義を、支配・服従という政治的関係との関連で明らかにしておきたい。

私は、以上において、法的妥当の根拠を考察するにあたって、法の強制的

性格を離れてもっぱら法の規範的性格に焦点をあわせてきた。しかし、法が実力による強制によって裏打ちされた命令であることは明白であり、このことは、結局、法が国家の権力的支配の一手段であるということを意味するであろう。そして、このような視野のもとでは、法的妥当の根拠に関する問題は、国家権力への服従の根拠についての問題を意味し、政治的義務の問題なのである[56]。

さて、人間の政治生活は支配・服従の関係をその本質としており、実力をもって多数者を少数者が支配すること、これが政治生活の現実であるといえよう。しかし、この関係が永続的であるためには、支配する側は、実力による強制によって動機づけられる服従から、義務としての服従へと変質させることが必要であろう。このような服従義務の根拠として、古来、支配者が被支配者に対して保障する平和と保護の価値が主張されてきたのである。この政治的義務の理論に、法的安定性あるいは平和によって法的妥当を根拠づける理論が対応している。だが、専制的支配と奴隷的服従の状態においても平和が達成されている以上、上記の秩序の価値による妥当根拠論は、このような状態にも法の妥当を認めざるをえず、実質的には実力説と変わりのない理論と理解されても仕方がないのである。

このようにして、ここにおいて、自律原理に基づく承認説を主張することの実践的意義を見出しうるであろう[57]。承認説は、自律を法的妥当の存立根拠として理解し、そしてとくに、一般的承認説は、社会的自律なる価値原理に依拠して奴隷的服従の状態に法の妥当を認めることを拒否しうるのである。

3、結局、法的妥当の事態には、秩序あるいは平和という価値と自律とい

---

56) Cf. Alexander Passerin d'Entrève, The notion of the state, 1967, p. 8.［石上良平訳『国家とは何か』、10頁、なお、同訳書訳者解説、298頁参照］。

57) ここでは、Welzel, Naturrecht und materiale Gerechtigkeit, 注（16）, S. 238 f. における、自律と相関関係にある超越的当為の存立の実践的意義についての、つぎのような論述が想起されるべきである。「もし超越的なるものが存在しないなら、すなわち義務づけられていること、および現存在を超越する当為が心理学的あるいは社会学的事実の幻想的な投影にすぎないとすれば、人間は心身ともに余すところなく優越した権力に引き渡されてしまうであろう」。

う価値とが規制的に作用していると考えられる[58]。私は、法的妥当という精神的事態の確定が、これらの2つの価値を念頭においてこの事態に評価的に関わることによってのみ、なされうるものと思う。そして、一般的承認説によれば、法的妥当は社会的な自律において存立し、そこから由来する社会的評価としての法は、秩序の価値によってその妥当が根拠づけられるのである。一般的承認説をこのように理解するとき、私は、その説が法的妥当の事態に適合的な妥当の識別基準論である、と考えるのである。このような認識に立脚して、不十分ながら本書が示そうとしたことは、法的妥当の根拠は秩序の価値、すなわち平和および正義にあり、妥当の存立根拠は自律であり、そしてさらに、それらの価値を規制的原理として構成される妥当の実在的識別基準は、一般的承認という事実に求められる、ということなのである[59]。

① 時空的妥当については、前述第3章121頁以下を参照。

───────────────

(58) この2つの価値を極端に対立的に現実化すれば、専制的支配と無政府状態という対立図式を考えることが可能であろう。今井前掲書、注（52）、188頁以下参照。
(59) ここでのべたこととの関連で、抵抗権の思想について簡単に触れておく必要がある。なぜなら、法的妥当の問題は、抵抗権の問題と密接に連関しつつ、論じられてきたからである。このことは、法の義務づける力を問題にすることが、自律原理から帰結する人格尊重のための、国家権力との闘争を含意していることから、明らかであろう。自律原理は、一方では承認説あるいは契約の思想を、他方では抵抗権の思想を生み出した。そして、一方の承認説が法の妥当根拠論として自律原理と対極的な形式的な秩序の思想と融和していったのに対して、他方、抵抗権の思想は、自律原理の本来の領域たる個人主義倫理のうちに留まり、秩序の実質的内容に対する抵抗の倫理的権利を主張しているのである。本書が扱った問題は、もっぱら前者に関わるものであって、したがって、法の義務づける力が根拠づけられたとしても、そのことが抵抗権の否定につながるわけではない。さらにいえば、私は、法の妥当根拠と抵抗権の根拠とを異った価値原理に求めうると考えるのであり、そして、人間の実践的生を一元的な価値原理で評価しうるとは考えないのである（小倉志祥『M・ウェーバーにおける科学と倫理』、1971、237頁以下参照）。しかし、妥当根拠論と抵抗権論とを区別しうるといっても、実際には、妥当根拠論に抵抗権の思想が入り込んでいる。法の実質的な内容についてその正・不正を吟味して、不正がはなはだしい場合、その法の妥当を否定するという、ラートブルフ、エンギッシュ等の理論は、抵抗権の思想の枠内にあるといいうるのである。

あとがき

　法秩序の効力根拠を究明しようとする本書の一連の試みには、多くの分岐点がある。すでに幾度も言及したことのある存在論的な妥当概念についても、形而上学としての存在論に踏み込まずに現象学に留まる現実把握もありうるし、理念を超越的に措定して規範的現実を導き出す立場もありうる。本書は法秩序の妥当を現象学的現実として把握することから出発して、存在論的に規範と現象、価値と事実の２極構造として法秩序を捉える。そのことを通じて、妥当根拠に関する承認説が説得力をもって理解されるといえる。

　ただ、この存在論的な展開がかなり大きな分岐点であることは、十分に認識される必要がある。そのことは、カント哲学に関連づけてのみ説明されるとは思わないが、その実践理性の解釈を引き合いに出すことによって理解しやすい。カントの実践理性論を純粋理性論とは異なった非哲学的な余談として受け取る説に対して、純粋理性と並立する理性として実践理性を理解し、しかもそれをむしろ理性の本来的なあり方とする説が対立する。私は後者の説に与するものであって、理性の本質的な使用は、人はどのように行動すべきかを熟慮すべきことにあると考える（このことはカント『純粋理性批判』の哲学の世界概念にも深く関係する）。

　こうした立場は、さらに当為論か価値論かに分岐する。私はハンス・ヴェルツェルと同様に当為論の側に立ち、規範の効力、当為（〜すべし）の拘束力の根拠は想定された超越的当為にあるとみる。私はそれを存在論の理論的前提の設定としてではなく、知情意の綜合的な営為であり、実践的世界への超越的な参入として理解する。そして、それを最終的に支えるのはいわば実存的な決断であり、「無底の底」であろう。こうした法哲学的前提のもとで、法の効力根拠が２極的に解明されることになる。

　このような理解は神秘主義的であり、仏教的であると評されようが、思想はすべて文化的なものだと私は考える。文化の中で形成された思想のうち、何を自分の納得のいくものとして受け容れるかで人の思想は決まる。オラン

ダのハーグの美術館にレンブラントの絵画『解剖講義』があるが、医学者が緊張感をもって見守るのは、光に照らし出された解剖される人体である。ルネサンス以降の西欧絵画で伝承された、理性の表現としての光はこの絵で、事物を分析する科学の象徴ともなる。これに対して、日本の絵画である来迎図はあまねく照らす光の「遍照」を描く。超越的当為を想定する背景に、こうした画想の違いが影響を与えているのかもしれない。

　初出一覧からも分かるように、すでに40年前の論文「法の妥当根拠についての一考察　―戦後西ドイツにおける理論をてがかりとして―」（法学論叢4回連載）が、本書の輪郭を形づくっていた。その後の1985年の著書『法　その存在と効力』は、本論文のうちで法的妥当の概念規定を課題とする部分を詳論するもので、理論展開の順序で最初にくる議論であるのでまず出版した。1995年の著書『実証主義の功罪　―ドイツ法思想の現代史―』（ミネルヴァ書房）は、効力根拠論の研究の途次に興味をもった現代法思想史のテーマについて、書き溜めた論文を公刊した。この時期の予定では、2005年あたりに効力根拠についての論文を1冊にまとめて、完結編にすることを考えていた。ところが、少し前から環境問題に取り組み始めたことや、とりわけ大学行政その他の業務に時間を取られたことにより、その予定を実行することができなくなったのである。

　2005年から10年以上もすぎた今日、この基礎法学叢書において上記の遅延の著書を出していただけたことは、望外の喜びである。これについては、京都大学の亀本洋教授に深甚の感謝の念を表したい（さらに索引の一部の作成もお世話になってしまった）。同教授のお勧めがなければ、本書に所収の諸論文は各個別々に取り置かれるだけであったと思う。本書の作成にあたっては、その準備期間の長さからも研究者はもとよりそれ以外の無数の方々のお蔭をこうむっている。すでに亡き方々を含むこれらの方々には、心よりお礼を申し上げる次第である。また、整理のよくない原稿の編集事務に対して、成文堂の飯村晃弘様に、そして非常に面倒な文献目録と索引の作成に対して、関西大学非常勤講師の玄哲浩君に、また多くの初出論文のスキャナー作業に対して、関西大学修士の木戸正範君に深く感謝する。

最後に、本書の作成の期間、一貫して連れ添ったことになる妻紀子は、日常生活において多々欠陥のある私にとって最大のサポーターであった。家事はもとより、子育てから母親の介護に至るまで世話になったが、それがなければ本書の刊行もなかったように思う。万感の想いと、今後もよろしくお願いしたいという望みを込めて、
　　　　本書を妻紀子に捧ぐ。

2016年7月19日

竹下　賢

━━━━━━━━━▲ ▲ ▲━━━━━━━━━

文献一覧

Baratta, Alessandro, Relativismus und Naturrecht im Denken Gustav Radbruchs, in: ARSP. Bd. 45. No. 4., 1959

Binder, Julius, Grundlegung zur Rechtsphilosophie, Tübingen 1935.

Bochenski, J. M., Europäische Philosophie der Gegenwart, 2. Aufl., 1951 [桝田啓三郎訳『現代のヨーロッパ哲学』（岩波書店 1956年)]

Coing, Helmut, Grundzüge der Rechtsphilosophie (Lehrbücher und Grundrisse der Rechtswissenschaft, Bd. 19), W. de Gruyter 1950

d'Entrève, Alexander Passerin, the notion of the state, Oxford 1967 [石上良平訳『国家とは何か―政治理論序説』（みすず書房 2002年)]

Dreier, Ralf, Hauptströmungen gegenwärtiger Rechtsphilosopie in Deutschland [第2回神戸レクチャー京都講演（1992年9月22日）講演原稿]

——— Der Begriff des Rechts, im Neue Juristische Wochenschrift, 1986, S. 890 ff., jetzt in: derselbe, Recht – Staat – Vernunft ― Studien zur Rechtstheorie 2 ―, Suhrkamp 1991

Engisch, Karl, Die Einheit der Rechtsordnung, Heidelberg 1935

——— Gustav Radbruch als Rechtsphilosoph, in: ARSP. Bd. 38, 1950

——— Literaturbericht: 1. Kelsen, Reine Rechtslehre; in: Zeitschrift für die gesamte Strafrechtswissenshaft, Bd. 75, Heft 4, 1963

——— Auf der Suche nach der Gerechtigkeit – Hauptthemen der Rechtsphilosophie –, München 1971

Fuchs, Albert, Die Rechtsgeltung (Wiener staats- u. rechtswissenschaftliche Studien, Bd. 22), Franz Deuticke 1933

Hart, H. L. A., The Concept of Law, Oxford: Clarendon Press 1961 [矢崎光圀監訳『法の概念』（みすず書房 1976年)]

Hartman, Nicolai, Der Aufbau der realen Welt, W. de Gruyter 1940 [高橋敬視訳『実在的世界の構造 ――一般的範疇論綱要』（京都印書館 1945年)]

——— Zur Grundlegung der Ontologie, Berlin/Leipzig 1935 [高橋敬視訳『存在論の基礎づけ』（山口書店 1942年)]

——— Das Problem des geistigen Seins, 2. Aufl., W. de Gruyter 1949 [縮訳版：高橋敬視『歴史哲学基礎論 ―精神的存在の問題』（晃文社 1948年)]

——— Neue Wege der Ontologie, 3. Aufl., Darmstadt 1964 [熊谷正憲訳『存在論の新しい道』（協同出版 1976年)]

Heidegger, Martin, Sein und Zeit, 1927., 7. Aufl., Tübingen 1953 [桑木務訳『存在と時間・上』（岩波書店 1960年)]

Henkel, Heinrich, Einführung in die Rechtsphilosophie, München 1964

Husserl, Gerhart, Rechtskraft und Rechtsgeltung, Bd. I, Berlin 1925

——— Die Frage nach dem Geltungsgrund des Rechts, in: Zeitschrift für Rechtsphilosophie, Bd. 5, Leipzig: Felix Holldack 1931

——— Recht und Welt, Sonderdruck aus Festschrift für Edmund Husserl, Max Niemeyer 1929; Recht und Welt: Rechtsphilosophische Abhandlunge, Frankfurt am

Main : Klostermann 1964
Kaufmann, Arthur, Naturrecht und Geschlichkeit, in : derselbe, Rechtsphilosophie im Wandel, 1971, 2. Aufl., Carl Heymanns Verlag 1984［宮沢浩一訳「自然法と歴史性」宮沢浩一・塩谷勝久・原秀男訳『現代法哲学の諸問題　法存在論的研究』（慶応大学法学研究会　1968年）所収］
―――― Recht und Sittlichkeit, Tübingen 1964, Recht und Staat in Geschichte und Gegenwart ; 282/283
Kelsen, Hans, Das Problem der Souveränität, Tübingen 1920
―――― Hauptprobleme der Staatsrechtslehre, 2 Aufl., Tübingen 1923
―――― Allgemeine Staatslehre, Berlin 1925［清宮四郎訳『一般国家学』（岩波書店　1971年）］
―――― Der soziologische und der juristische Staatsbegriff, 2 Aufl., Tübingen 1928
―――― Die philosophischen Grundlagen der Naturrechtslehre des Rechtspositivismus, 1928., in : Die Wiener Rechtstheoretische Schule : Schriften［黒田覚訳「自然法論と法実証主義の哲学的基礎」『自然法論と法実証主義』〈ハンス・ケルゼン著作集Ⅲ〉（慈学社　2010年）所収］
―――― Reine Rechtslehre, Leipzig/Wien 1934［横田喜三郎訳『純粋法学』（岩波書店　1935年）］
Kraft, Victor, Die Grundlagen einer wissenschaftlichen Wertlehre, 2. Aufl., Wien : Springer 1951
Larenz, Karl, Wegweiser zu richterlicher Rechtsschöpfung:eine rechtsmethodologische Untersuchung, in Aus : Festschrift für Arthur Nikisch, J.C.B. Mohr 1958
―――― Das Problem der Rechtsgeltung, Wissenschaftliche Buchgesellschaft 1967, Sonderausgabe Libelli, Bd. 253
―――― Methodenlehre der Rechtswissenschaft, 2. Aufl., Springer 1969
Lask, Emil, Rechtsphilosophie, 1905, in : Gesammelte Schriften, Bd I, Tübingen 1923
Liebert, Arthur, Das problem der Geltung, Kantstudien, Ergänzugsheft 32, 1914
Olivecrona, Karl, Law as fact, 2. ed., London : Steven & Sons, 1971［安倍浜男訳『法秩序の構造』（成文堂　1973年）］
Radbruch, Gustav, Grundzüge der Rechtsphilosophie, Quelle & Meyer 1914
―――― Der Zweck des Rechts, in : Der Mensch im Recht, Göttingen : Vandenhoeck & Ruprecht, 1937/38［桑田三郎・野田良之・碧海純一訳『法における人間』ラートブルフ著作集　第5巻（東大出版会　1962年）］
―――― Fünf Minuten Rechtsphilosophie, in : Rechtsphilosophie, 1945
―――― Vorshule der Rechtsphilosophie, 1947
―――― Rechtsphilosohie, 7. Aufl., Stuttgart 1970［田中耕太郎訳『法哲学』ラートブルフ著作集　第1巻（東大出版会　1961年）］
Raz, Josef, The Concept of a Legal System,Clarendon Press 1970
―――― Practical Reason and Norms, Hutchinson 1975
―――― The Authority of Law, Oxford 1979
Rickert, Heinrich, Der Gegenstand der Erkenntnis, 4. u. 5. Aufl., Tübingen 1921［山内得立訳『認識の対象・第2版』（岩波書店　1917年）］

―――― H., System der Philosophie I, Tübingen 1921.
Schmitt, Carl, Über die drei Arten des rechtswissenschaftlichen Denkens, Hamburg 1934 [加藤新平・田中成明訳「法学的思惟の三類型」長尾龍一ほか訳『危機の政治理論』(清水幾太郎責任編集　現代思想 1)(ダイヤモンド社　1973 年)所収]
Schreiber, Rupert, Die Geltung von Rechtsnormen, Springer-Verlag 1966
Stegmüller, Wolfgang, Hauptstömungen der Gegenwartphilosophie, 4. Aufl., 1969 [中埜肇＝竹尾治一郎監訳『現代哲学の主潮流』(法政大学出版局　1978 年)]
Uk Tjong, Zong, Der Weg des rechtsphilophichen Relativismus bei Gustav Radbruch, 1967
Walter, Robert, Wirksamkeit und Geltung, in: Österreiche Zeitschrift für öffentliches Recht, Wien 1961
Welzel, Hans, Naturrecht und Rechtspositivismus, in: Festschrift für Niedermeyer, Göttingen 1953
―――― Macht und Recht, in: Festschrift für Karl Gottfried Hugelmann, Bd. II, Aalen 1959
―――― Gesetz und Gewissen in: Hundert Jahre deutsches Rechtsleben, Bd. I, Karlsruhe 1960
―――― Naturrecht und materiale Gerechtigkeit, 4. Aufl., Vandenhoeck + Ruprecht Gm 1962
―――― Die Frage nach der Rechtsgeltung ― An den Grenzen des Rechts ―, Köln 1966
―――― Vom Bleibenden und vom Vergänglichen in der Strafrechtswissenschaft, Marburg 1964

新正幸「ケルゼンに於ける Rechtsssatz 概念の変遷」福島大学『商学論集』40 巻 1 号 (1971 年)・2 号 (1971 年);新正幸『純粋法学と憲法理論』現代憲法理論叢書 (日本評論社　1992 年) 所収
稲垣良典「恒藤教授の法哲学と価値相対主義」法哲学年報 1969『法思想の諸相』(有斐閣 1970 年)
井上茂『法の根底にあるもの』(有斐閣、1989 年)
今井仙一『政治哲学序説』(清水弘文堂　1970 年)
鵜飼信成『純粋法学」鵜飼信成・長尾龍一編『ハンス・ケルゼン』(東大出版会 1974 年)
小倉志祥『M・ウェーバーにおける科学と倫理』(清水弘文堂　1971 年)
尾高朝雄『実定法秩序論』(岩波書店　1942 年)
―――― 「ラートブルフの法哲学」『ラートブルフ著作集　別巻』(東大出版会　1960 年)
―――― 『法の窮極に在るもの』(有斐閣　1946 年〔新版 1955 年・新版再版 1965 年〕)
加藤新平「あとがき」恒藤恭『法の基本問題』(岩波書店　1936 年〔改版　1969 年〕)
―――― 「法の妥当根拠と法のイデー (二)」法学論叢 46 巻 5 号 (1942 年)
―――― 「尾高朝雄『法の窮極に在るもの』」『季刊法律学』3 号 (秋田屋　1948 年)
―――― 「法と正義―正義論の思想史的素描」法学論叢 58 巻 1 号 (1952 年)
―――― 「法の目的」『法哲学講座第 1 巻』(有斐閣　1956 年)
―――― 「法と道徳」恒藤恭 編『講座　現代倫理 1』(筑摩書房　1958 年)

　　　　　「新カント学派」『法哲学講座第 5 巻上』（有斐閣　1960 年）
　　　　　『法哲学概論』（有斐閣　1976 年）
木田元『現象学』（岩波書店　1970 年）
木村亀二「確信犯人の問題」『刑事政策の諸問題』（有斐閣　1933 年））
　　　　　「自然法と実定法」『法哲学四季報』第 1 号（1948 年）
E. フッサール・立松 弘孝訳『論理学研究 1 　新装版』（みすず書房　2015 年）
C. シュミット・長尾龍一ほか訳『危機の政治理論』（清水幾太郎責任編集『現代思想　1』）
　　（ダイヤモンド社　1973 年）
ソフォクレース・呉茂一訳「アンティゴネー」『世界文学全集 1 　ホメーロス　ギリシャ
　　劇』（筑摩書房　1966 年）所収
高坂正顕『カント学派』（弘文堂　1940 年）
高橋広次『ケルゼン法学の方法と構造』（九州大学出版会　1979 年）
竹下賢「法哲学の現在・ドイツ」阿南成一編『講義法思想史』（青林書院　1984 年）
　　　　　『法その存在と効力』（ミネルヴァ書房　1985 年）
　　　　　『実証主義の功罪　―ドイツ法思想の現代史―』（ナカニシヤ出版　1995 年）
田中耕太郎「尾高朝雄教授著『法の窮極に在るもの』」『法学協会雑誌』65 巻 1 号（有斐
　　閣　1947 年）
田中成明「ハンス・ヴェルツェルの人格主義法哲学　―現代ドイツ法思想史研究ノート」
　　法学論叢 88 巻 1・2・3 号（1977 年）
恒藤恭『法的人格者の理論』（弘文堂　1936 年）
　　　　　『法の基本問題』（岩波書店　1936 年〔改版 1969 年〕）
　　　　　『法の本質』（岩波書店　1968 年）
　　　　　『哲学と法学』（岩波書店　1969 年）
　　　　　『法の精神』（岩波書店　1969 年）
　　　　　『法と道徳』（岩波書店　1969 年）
ドストエーフスキイ・米川正夫訳『カラマーゾフの兄弟』第 2 巻（岩波書店　1928 年）
長尾龍一「法理論における真理と価値　ハンス・ケルゼン研究（四）」『国家学会雑誌』78
　　巻 9・10 号（1965 年）
深田三徳「法規範と法体系」日本法哲学会編『法規範の諸問題　法哲学年報1977』（有斐
　　閣　1978 年）
　　　　　「法の個別化理論と法体系の構造論　―J・ラズの見解の紹介とドゥオーキンの
　　批判を中心にして」『同志社法学』29 巻 6 号（1978 年）
　　　　　『法実証主義論争　―司法の裁量論批判―』（法律文化社　1983 年）
プラトン・田中美知太郎訳『プラトン全集　第 1 巻　クリトン』（岩波書店　1975 年）
松尾敬一『ラードブルッフ「法哲学」研究』（東京出版　1959 年）
　　　　　「ラードブルッフにおける政治的抵抗と法理論の変遷」法哲学年報1959『抵抗
　　権』（有斐閣　1960 年）
丸山真男『増補版・現代政治の思想と行動』（未来社　1964 年）
三島淑臣「自然法と法の歴史性の問題」九州大学『法政研究』第 33 巻 3～6 号（1967 年）
　　　　　「現代自然法論の思想」阿南成一編『法思想史講義』（青林書院　1970 年）
　　　　　「ドイツ理想主義とフランス革命」竹原良文編『フランス革命と近代政治思想の
　　転回』（草薙書房　1973 年）

―――――「〈自然法論〉と法実証主義の彼方 ―アルトゥール・カウフマン―」大橋智之輔・田中成明・深田三徳編『現代の法思想』（有斐閣 1985 年）
美濃部達吉「ケルゼン教授の国法及国際法理論の批評」 国家学会雑誌 44 巻 8 号（1930）、9 号（1930）、10 号（1930）；美濃部達吉『ケルゼン学説の批判』（日本評論社 1935 年）所収
―――――「法律は当為なりや存在なりや」 国家学会雑誌 45 巻 4 号（1931 年）；美濃部『ケルゼン学説の批判』所収
宮沢俊義「法および法学と政治」小野清一郎編『牧野教授還暦祝賀法理論集』（有斐閣 1938 年）；宮沢俊義『公法の原理』（有斐閣 1967 年）
八木鉄男『法哲学史』（世界思想社 1968 年）
―――――「法の本質について」竹下賢・角田猛之編『恒藤恭の学問風景 ―その法思想の全体像―』（法律文化社 1999 年）
横田喜三郎「法律における当為と存在 ―美濃部教授のケルゼンの批評に対して―」『国家学会雑誌』45 巻 2 号（1931 年）・3 号（1931 年）；横田喜三郎『純粋法学論集 I』（有斐閣 1976 年）所収
―――――「法律の妥当性 ―美濃部教授に答えて―」『国家学会雑誌』45 巻 9 号（1931 年）・10 号（1931 年）；横田『純粋法学論集 I』所収

人名索引

【ア行】

アクィナス（Thomas Aquinas）　137-138, 140
新正幸　37, 52, 82
アリストテレス（Aristoteles）　109, 169
稲垣良典　192
井上茂　164-168
今井仙一　237, 241
ウェーバー（Max Weber）　223
ウェルカー（Theodor Welcker）　i
ヴェルツェル（Hans Welzel）　i, 91, 143, 159, 204, 210, 219, 221, 222-228, 240
ウォルター（Robert Walter）　89, 147
鵜飼信成　90
エールリッヒ（Eugen Ehrlich）　4, 98
エンギッシュ（Karl Engisch）　33, 77, 80, 90-98, 124, 143, 149, 151, 153, 203, 205-215, 217-221, 225, 241
小倉志祥　241
尾高朝雄　122, 143, 155, 163-174, 176-179, 182-187
オリヴェクローナ（Karl Olivecrona）　iii

【カ行】

ガイガー（Theodol Julius Geiger）　207, 220
カウフマン（Arthur Kaufmann）　33, 125, 127-128, 130-141, 229
ガダマー（Hans-Georg Gadamer）　141
加藤新平　iv, 5, 150, 156, 157, 163, 173, 187, 195, 201, 235, 237
兼子義人　99
カント（Immanuel Kant）　157, 169, 228
木田元　68
木村亀二　122, 237
キルヒマン（Julius Hermann von Kirchmann）　166
クラフト（Victor Kraft）　208
ケルゼン（Hans Kelsen）　4-5, 17, 24-25, 29, 33, 36-46, 49-54, 57, 62-65, 67, 72-73, 77, 80-90, 95-96, 101, 124, 143, 145-147, 153, 207, 209, 223
コーイング（Helmut Coing）　208
コーエン（Hermann Cohen）　43, 46
コント（Isidore Auguste Marie François Xavier Comte）　103

【サ行】

サルトル（Jean-Paul Charles Aymard Sartre）　228
シュタムラー（Rudolf Stammler）　149, 150, 169, 212
シュテークミュラー（Wolfgang Stegmüller）　102, 104-106
シュミット（Carl Schmitt）　96, 166
シュライバー（Rupert Schreiber）　iv, 85
ソクラテス（Sokrates）　ii
ソフォクレス（Sophokles）　i
鄭鍾勗（Zong Uk Tjong）　149

【タ行】

高坂正顕　68, 150
高橋広次　37
竹下賢　4, 5, 36, 55, 64, 66, 81, 83, 97, 102, 124, 128, 168, 170, 188, 220
田中耕太郎　167, 171
田中成明　229, 235
ダントレーヴ（Alexander Passerin d'Entrève）　240
恒藤恭　143, 189-202, 231
ドゥオーキン（Ronald Dworkin）　31, 80, 98
ドフトエフスキー（Fyodor Mikhaylovich Dostoyevsky）　iv
ドライヤー（Ralf Dreier）　77-81, 98

【ナ行】

長尾龍一　51

【ハ行】

ハート（H. L. A. Hart）　7-9, 14-17, 23, 28-29, 31, 80
ハイデガー（Martin Heidegger）　138-139
バラッタ（Alessandro Baratta）　154
ハルトマン（Nicolai Hartman）　33, 101-102, 105-121
ビンダー（Julius Binder）　235, 236, 237
深田三徳　10, 12-13, 16, 23, 31

フォイエルバッハ（Ludwig A. Feuerbach） 103
フックス（Albert Fuchs） 208
E. フッサール（Edmund G. A. Husserl） 68, 106
G. フッサール（Gerhart Husserl） 123, 124, 205-206
プラトン（Platon） ii, 169, 183
ヘーゲル（Georg Wilhelm Friedrich Hegel） 102, 169
ヘンケル（Heinrich Henkel） 92-93
ボヘンスキー（J. M. Bochenski） 102-107
ホワイトヘッド（Alfred N. Whitehead） 105

【マ行】

松尾敬一 152
丸山真男 237
三島淑臣 125-127, 129-130, 132, 139-141, 234
美濃部達吉 35-36, 46-48, 54-58, 65, 76
宮沢俊義 171

【ヤ行】

八木鉄男 166, 192, 196
横田喜三郎 35-36, 48-49, 55, 58-62, 65-71, 73-76

【ラ行】

ラズ（Josef Raz） 7, 10-17, 23-24, 28-29, 31
ラスク（Emil Lask） 149, 150, 195, 234, 236
ラートブルフ（Gustav Radbruch） 74, 80, 98, 143, 147-162, 169, 170, 174-176, 179-187, 195, 204, 207, 221, 230, 233, 241
ラレンツ（Karl Larenz） 12, 124, 206, 216
リッケルト（Heinrich Rickert） 61, 67-68, 71-72, 74-76, 223
リーベルト（Arthur Liebert） 150
リール（Alois Riehl） 106
ロス（Alf Ross） 216

事項索引

【あ行】

意志作用 Willensakt［ケルゼン］　82-83, 88
1次的存在領域［ハルトマン］　107
『永遠の法』への要請　135-136

【か行】

価値関係　48, 54-55, 61-62, 69
価値絶対主義　192
価値相対主義　153, 213
　――［エンギッシュ］　212-213, 217
　――［新カント主義］　194-195
　――［ラートブルフ］　153-154
価値的妥当性と因果的妥当性［横田］　71-74
価値的妥当性と実定的妥当性［横田］　69-71
慣習法主義　30
観念的存在［ハルトマン］　→　理念的存在［ハルトマン］
観念的存在［横田］　→　3種の存在［横田］
観念的存在と認識論　66-69
観念論と経験論　102-104
帰責 Zurechnung　40-41, 45　→　当為［ケルゼン］
規範［ケルゼン］　38-39, 43, 82　→「当為」規則
　客観的当為としての――　82-84
　――の妥当連関　→　妥当連関
　――の特殊的本質　39　→　当為［ケルゼン］、法の実体［美濃部］
規範［ラズ］　10
規範意識　55　→「法の内容」としての可能［美濃部］、「法規範」の実効性
規範規制的権能［ラズ］　10, 12, 16-17
規範創設的権能［ラズ］　10, 12, 16-17
義務［カント］　157
義務規範［ケルゼン］　49, 51-53, 63, 64
義務賦課規範［ラズ］　11-12, 14, 28
義務賦課法　11-12　→　法の制度的体系［ラズ］
義務賦課ルール　6
共同体価値　234-236
許容的規範［ラズ］　10, 14
許容的法［ラズ］　11-12

具体化の段階構造　24-25　→「妥当連関」の静態的類型
形而上学　103-104, 192
　存在の――［ハルトマン］　105
　恒藤法哲学と――　191-195, 201-202
　――としての認識論と存在論　104-105
現存在 Dasein［ハイデガー］　138-139
現代哲学の主潮流　102-105
権能付与規範（授権規範）　18, 28-29
権能付与規範［ラズ］　10, 12, 14
権能付与法［ラズ］　11-13, 15, 17
権能付与ルール　6-7, 11
憲法制定権力［尾高］　172
権利　18-19
権利［ケルゼン］　25, 51, 53
権利［ハート］　9
行為規範　4-6, 17-19, 28
　――と裁決規範　4-6
行為規範［ハート］　7-8
行為規範［ラズ］　12-13
合憲的妥当 verfassungsmäßige Geltung［シュライバー］　85
合目的性［ラートブルフ］　150-151, 153, 155, 158, 175-176, 179-183
国民
　政治の価値理念（目的理念）としての――　178-179　→「政治」の理念［尾高］
　法（政治）の目的理念としての――　175, 179-183　→　法の理念［ラートブルフ］
国民主権主義［尾高］　173, 176-178
個人主義的世界観　234-235
国家
　政治の価値理念（目的理念）としての――［尾高］　177-179
国家［ケルゼン］　41, 53
国家意思［ケルゼン］　39-41, 43-44
国家行為［ケルゼン］　43-45
国家作用［ケルゼン］　45
国家的意思形成（過程）［ケルゼン］　50
国権絶対主義［尾高］　173, 176-178
個別性［ハルトマン］　109
根本規範［エンギッシュ］　93-94, 209
根本規範［ケルゼン］　29, 45, 71, 87-88, 145

254　事項索引

-146
法規範の段階構造と―― 84-88

【さ行】

裁決規範　4-6, 16, 19, 24, 28
裁決規範［ハート］　7-8, 12
裁決規範［ラズ］　12-13
裁決の内容　5-6
裁決のルール［ハート］　6-8, 11-12
裁決のルール［ラズ］　12-13
産出の認識論［コーエン］　43, 46
3種の存在［横田］　59-60
時間性［ハルトマン］　108
自然法（論）　125-126, 225-226
　　――［アクィナス・カウフマン］　137
　　――［尾高］　172, 177, 180
　　――［カウフマン］　128, 136, 138, 140
　　恒藤法哲学と――　192-194
　　――と法実証主義　126-127
　　――の形而上学的性格　192-193
　　――［三島］　129
実在［横田］　60
実在的存在と観念的存在［ハルトマン］　107 -109
実在的存在の層構造［ハルトマン］　110-112
実在的なものの哲学［ハルトマン］　105-112
　　→ 実在論としての「存在論」
実在の存在論的構造［カウフマン］　137-138
　　→ 法の存在論的構造［カウフマン］
実質的憲法の理論　92-95
実践哲学の復権　78-79
実践理性［ケルゼン］　84
実定法の存在性格　122-123, 238
実力説　147, 155, 207-208, 210, 219, 222, 240
実力による強制　→ 法における強制
社会意識の力［尾高］　171-172
社会規範［恒藤］　196-197
社会的実在［恒藤］　199, 201-202
自由
　　法（政治）の目的理念としての――［ラートブルフ］　175, 179-183
重層構造の規範的諸形態　28-29
収斂 Konvergentz　133-134
授権
　　――と当為［ケルゼン］　54-56
　　――の法規範　47-49
　　法定立への――　47-52
授権規範［ケルゼン］　49-53, 63

　　――の段階構造　64-65
授権法　17, 22, 25　→ 組織規範
　　――の階層結合　17, 20
　　――の段階構造　20-27
承認　→ 自律と承認
　　擬制された――　204, 219, 222
　　事実としての――　204-205
　　人格の――［ヴェルツェル］　230-231
　　妥当の識別基準としての――［エンギッシュ］　205-208
　　――と法理念［エンギッシュ］　213-216
承認説　→ 法の義務づける力
　　――［エンギッシュ］　208-216
　　一般的――　236-238, 240-241
　　一般的――［ヴェルツェル］　234
　　一般的――の価値論的背景　234-238
　　――を取り込んだ理念説の2類型　204
承認のルール　15-16, 23-24
　　――［ハート］　6, 8-9, 12-13, 23, 29
　　――［ラズ］　11, 12-13, 15-16, 23, 29
自律 Autonomie　234
　　個人的――と社会的――　234, 239　→ 個人主義的世界観、超個人主義的世界観
　　人格的――　234　→ 人格価値
　　――の価値　148-149
　　法的妥当の存立根拠としての――　231, 235, 241
　　義務づける力と――　229-230
自律［ヴェルツェル］　228, 229
自律的人格［ヴェルツェル］　→ 責任ある人格
自律的人格［ラートブルフ］　148, 154-155, 159, 160
自律と義務　228-229, 239
自律と承認　208, 220, 240
指令的規範［ラズ］　10-11, 14　→ 法の規範的体系［ラズ］
人格［ハルトマン］　114
人格価値　234-235　→ 個人主義的世界観
人格主義［ヴェルツェル］　→ 責任ある人格・法の義務づける力［ヴェルツェル］
人格主義［ラートブルフ］　148　→ 自律的人格・法の義務づける力［ラートブルフ］
人格的存在者［恒藤］　199-200, 202
人格の流出 Emanation der Persönlichkeit［エンギッシュ］
新カント主義（新カント学派）　103-104, 194 -195

——と恒藤恭　194-196
——の認識論　66, 104, 149-150
心理的存在［横田］　→　3種の存在・実在［横田］
人倫的人格 sittliche Persönlichkeit［ラートブルフ］　154, 159-161
正義［ラートブルフ］　149-151, 153-158
制裁規定規範　15-16
制裁規定法［ラズ］　12, 29
政治　240
政治［尾高］　174
　実力としての——　170-173
　——の力　165, 172
　——の矩　165, 186
　——の理念（理念としての——）　172-173, 176-179
政治の理念［ラートブルフ］　174-175
　——の諸類型　174-179
　——の類型区分　179-187
精神
　客体化された——［ハルトマン］　115-116
　客観的——［ハルトマン］　114-115
　個人的——［ハルトマン］　113-114
　——とより低次の層［ハルトマン］　116-117
　——の実在性［ハルトマン］　112-113
　——の相互関係［ハルトマン］　118-119
精神的存在［ハルトマン］　112-116
　——の3形態　113-116　→　客観的「精神」・客体化された「精神」・個人的「精神」［ハルトマン］
制定法・制定法主義　20-21, 30
制定法の序列関係　21
正当性の要求　238
　——［ヴェルツェル］　226-228
世界-内-存在　138-139
責任ある人格 verantwortliche Person［ヴェルツェル］　228-231　→　法の義務づける力・超越的「当為」［ヴェルツェル］
組織規範　16, 19-20, 22-25, 28-29
存在範疇［ハルトマン］　108-109
存在様相［ハルトマン］　107
存在論
　解釈学的——　120-121, 141
　基礎的——［ハイデガー］　139
　現代哲学における——の位置　101-105
　実在論としての——（実在論的——）［ハルトマン］　105-107, 110

認識論と——　104-105
——の復興　104-105
法の——と法律学的ヘルメノイティク　139-141

【た行】

第1次的規範・第2次的規範［ケルゼン］　40-41
第1次的ルール［ハート］　6-9, 14　→　義務賦課ルール、行為規範
第1次的ルール［ラズ］　14-15
大体において実効的な憲法［ケルゼン］　88-89, 91, 94-95
第2次的ルール［ハート］　6-9, 12, 14　→　権能付与ルール
第2次的ルール［ラズ］　14-15
妥当　25
　規範の——（妥当する規範）［ケルゼン］　38, 57, 83
　規範の——連関［ケルゼン］　83-84
妥当概念
　規範的——　81, 97
　規範的——［ラートブルフ］　153
　時空的——　121-124, 144, 170, 217, 227, 238
　事実的——　81, 97
　存在論的——　→　時空的「妥当概念」
　法学的——　85, 145
　理念的——　81
妥当根拠　238-239
　——としての平和　222-223　→　妥当根拠論［ヴェルツェル］
　——としての実効性　90-92
妥当根拠論
　形式論理的——　→　根本規範・妥当根拠論［ケルゼン］
　実質的——　→　根本規範・妥当根拠論［エンギッシュ］
　——としての実力説　→　実力説
　——としての承認説　→　承認説
　——としての理念説　→　理念説
妥当根拠論［ヴェルツェル］　233
妥当根拠論［エンギッシュ］　93-95
妥当根拠論［ケルゼン］　86-90
妥当根拠論［恒藤］　197-201
妥当根拠論［ラートブルフ］　147-158
妥当連関　24-27
　——の実体的（実質的）類型　→　「妥当連

256　事項索引

関」の静態的類型
　——の静態的類型　24-25　→　「妥当連関」の2類型、具体化の段階構造
　——の手続的類型　→　「妥当連関」の動態的類型
　——の動態的類型　24-25　→　「妥当連関」の2類型
　——の2類型　25-27
秩序ないし平和の客観的価値［ラートブルフ］74
秩序の価値　148-149, 155, 158, 162, 241
　——［ヴェルツェル］　232-233, 236
　——［ラートブルフ］　151, 157-158
抽象的規範［ケルゼン］　43-44
　——の具体化　43-44
超経験的な倫理的価値［ラートブルフ］　153-154, 175-176, 179-182
　——の基体　175-176, 179-182
超個人主義的世界観　235-236　→　共同体価値、個人的「自律」と社会的「自律」、一般的「承認説」
抵抗権　241
哲学的世界観［恒藤］　190-191, 193, 201
哲学的人間学［恒藤］　191, 194, 199, 201-202
哲学の課題［恒藤］　190
当為
　存在する——　seiendes Sollen　170
　存在する——［エンギッシュ］　217-218
　存在する——［横田］　70, 71
当為［ヴェルツェル］　227-228
　義務づけられていること Verpflichtetsein としての——　224
　超越的——　223-228, 230-231
　——の実質的内容　232-233
当為［ケルゼン］　39, 43, 46, 50　→　範疇（思考形式）としての存在と当為［ケルゼン］
　——規則［ケルゼン］　38
当為［新カント主義］　66
当為［恒藤］　231
　実践哲学的意義における——　→　3つの意義における「当為」［恒藤］
　承認の——（承認への要求）　208　→　3つの意義における「当為」［恒藤］
　世界観的意義における——　→　3つの意義における「当為」［恒藤］
　3つの意義における——　231
　——と人格の連関　230-231, 233
当為［横田］　48, 54-55, 60-61

当為命題　25
　——［ラートブルフ］　153
当為命令としての法規範　2, 25
道徳［ラートブルフ］　148, 160
　——的義務［ラートブルフ］　158-162
独裁主義［尾高］　176-178

【な行】

内容と形式［ケルゼン］　42-44
人間学的考察［恒藤］　193-194
人間存在［カウフマン］　138-139　→　現存在
認識論的範疇　67

【は行】

判決
　判例法主義における——　30-31
判決［ケルゼン］　45-46, 51, 63-64
判決［ハート］　8
判決［ラズ］　15, 17
範疇（思考形式）としての存在と当為［ケルゼン］　37-39, 49　→　内容と形式［ケルゼン］
判例法主義　30-31
物理的存在［横田］　→　3種の存在・実在［横田］
平和　151, 157-158, 161-162
変更のルール［ハート］　6, 8-9, 11-12
変更のルール［ラズ］　12-13
法
　観念的存在としての——［横田］　61-63
　規範でない——［ラズ］　10, 12
　規範としての——［ラズ］　10
　客観的精神の一領域としての——［ハルトマン］　115, 118
　公機関への——　16-17　→　裁決規範、制裁規定規範
　公務員への——［ラズ］　12-13　→　承認のルール［ラズ］
　社会心理的存在としての——［美濃部］　58
　社会的実在としての——［恒藤］　195, 197-198　→　法の本質［恒藤］
　精神的存在としての——　94, 97
　精神的存在としての——［ハルトマン］　101-124
　存在としての——　46-58
　当為としての——　36-46

事項索引　　*257*

　　日常生活における——の意味　　1-2
　　法規範としての——　　1-3
　　法秩序としての——　　1-3
法［ケルゼン］　　46　→　規範［ケルゼン］
法［新カント主義］　　67, 102
法［恒藤］　　197
法［ラートブルフ］　　169　→　法概念と法理念［ラートブルフ］
法意識［カウフマン］　→　法の歴史性［カウフマン］
　　——のディレンマ［カウフマン］　　127-128, 131, 136
法概念［ラートブルフ］　　149
法概念と法理念［エンギッシュ］　　211-212　→　法の本質［エンギッシュ］
法概念と法理念［ラートブルフ］　　149
法学の純粋性［ケルゼン］　　89, 146-147
法規［エールリッヒ］　　4
法規［ケルゼン］　　4-5, 39-42, 45, 52
　　——の擬人化［ケルゼン］　　41, 53
　　——の効果［ケルゼン］　→　法の強制作用［ケルゼン］
法規範　　20-22, 25
　　一般的——［ケルゼン］　　44, 50
　　個別的——［ケルゼン］　　44, 45
　　——の効力　　25　→　妥当
　　——の再構成　　3-4
　　——の産出連関［エンギッシュ］　　94
　　——の実効性　　54, 55
　　——の妥当性　　22
　　——の妥当連関　　24-27　→　妥当連関
法規範秩序の構造　　63-66
法規範［恒藤］　　196-197
法規範の重層構造　　2-13, 14-20
法規範の段階構造　　2, 17, 20-27, 53, 85　→　根本規範
法源　　20-21
法実証主義　　79, 125
　　規範的——　　97-98
　　事実的——　　97
　　——と自然法論　→　「自然法論」と法実証主義
　　——とナチズム　　127-128
　　——のルネサンス　　77-78
法創造［ケルゼン］　　44-45, 50-51　→　授権規範
法そのものの存在　　130-134
法体系　　2　→　意味的（有機的）統一体としての「法秩序」
　　——と法観　　29-31
　　——の構造　　17
　　——の統一性［ハート］　　9
　　——の統一性［ラズ］　　11
法秩序　　1-2, 24, 85
　　意味的（有機的）統一体としての——　　2, 85, 145
　　静態的——［ケルゼン］　　44-45, 53
　　動態的——［ケルゼン］　　44-46, 53
　　——の体系的構造連関　　1, 2　→　法規範の重層構造、法規範の段階構造
　　——の段階構造　　24-25, 29　→　法規範の段階構造、法体系
法定立・法定立作用［ケルゼン］　→　法創造［ケルゼン］
法的安定性［ラートブルフ］　　148-158
　　——と正義［ラートブルフ］　　155-158
　　——の実現された秩序［ラートブルフ］　　152-155
法的作用 Rechtsakt［ケルゼン］　　44-45, 49
法的人格者［恒藤］　　202
法的世界観［恒藤］　　191-193
　　——の考察態度　　191-194
法的妥当　　36, 81, 170
　　——の限界［ヴェルツェル］　　229-230
　　——の限界［エンギッシュ］　　215
　　——の根拠としての秩序の価値　→　秩序の価値
　　——の実在的識別基準　　124, 237-238, 241
　　——の実在的識別基準［エンギッシュ］　　205-208, 218-219　→　妥当の識別基準としての「承認」［エンギッシュ］
　　——の条件としての実効性［ケルゼン］　　88-90
　　——の存立根拠としての自律　→　自律
　　——の段階構造　　22
法的妥当［エンギッシュ］　　205-206, 217
法的妥当［G. フッサール］　　123, 205-206
法的妥当概念　→　妥当概念
　　——の3類型　　97
法哲学
　　現代ドイツ——　　77-79
　　——と哲学の一般的動向　　101-102
　　——の学問的性格　　189
　　——の根本課題［恒藤］　　190-191
法における価値・目的の考察［恒藤］　　193-194

258　事項索引

法における強制　220, 240
法における存在と妥当　58-74　→　法の存在［横田］、法の妥当
法における存在と当為　→　法の存在、法の妥当
　──の相関関係［ケルゼン］　73
法の概念［現代実証主義］　79
法の機能［恒藤］　196, 200
法の規範性　81
　──と事実性　77, 122, 238
法の規範秩序　75
法の規範的体系［ラズ］　10　→　指令的規範・許容的規範・権能付与規範［ラズ］
法の義務づける力　170, 203, 216, 218, 221, 226-227, 239, 241
　──［ヴェルツェル］　222-224, 226, 228-230, 233
　──［エンギッシュ］　208, 216
　──［尾高］　169
　──［ラートブルフ］　148, 155, 157, 159-162
法の客観性　120
法の客観性［カウフマン］　132-134
法の窮極に在るもの［尾高］　164-165, 167-169
法の強制作用 Zwangsakt［ケルゼン］　40, 45, 49, 52
法の強制的機能［恒藤］　196-197
法の規律力［美濃部］　56
法の効力　3　→　法の妥当
法の根底にあるもの［井上］　165-168
法の実効性　207
　──［ヴェルツェル］　206-207
　──［エンギッシュ］　94-95, 206-207
　──［ケルゼン］　73　→　「法的妥当」の条件としての実効性［ケルゼン］
　──［ラートブルフ］　147-148, 151-152, 155
法の実体 Rechtssubstanz［美濃部］　46, 56-58
法の実定性 Positivität　121-123
　──［横田］　70-71　→　価値の妥当性と実定的妥当性［横田］
法の実定性と妥当性　122
法の社会力［美濃部］　56-58　→　規範意識・法の規律力・法の遵守・法の適用［美濃部］
法の遵守［美濃部］　57

法の制定　17
　──と適用の相互連関　17
法の制度的体系［ラズ］　10-11　→　義務賦課法・許容的法・権能付与法［ラズ］
法の絶対性［カウフマン］　134-136
法の存在　36
　──［横田］　59-69
法の存在論的構造［カウフマン］　134, 136-138, 140
法の存在論的把握［横田］　70-71
法の妥当　→　法的妥当
　──［ドライヤー］　81
　──［美濃部］　56-57　→　法の社会力・法の実体［美濃部］
　──［横田］　69-74　→　価値的妥当性と因果的妥当性・価値的妥当性と実定的妥当性［横田］
法の妥当根拠　→　妥当根拠
法の妥当性規準［ラズ］　15
法の適用　17
　──［美濃部］　57
　──［ケルゼン］　57
法の内容
　──と実体　54-58
　──としての当為　52-54
法の内容 Rechtsinhalt［美濃部］　46
　──としての可能［美濃部］　47-52, 56
法の認識［カウフマン］　129-136
　──論の形而上学的問題次元［カウフマン］　130-132, 135-136　→　法そのものの存在・法の存在論的構造［カウフマン］
法の普遍性（普遍的妥当性）　125, 130, 138
法の本質［エンギッシュ］　211-212
法の本質［尾高］　168-170
法の本質［カウフマン］　138
法の本質［恒藤］　190-191, 193, 195-201
　──論の考察前提　198-199
法の本質［美濃部］　→　法の実体［美濃部］
法の目的理念［ラートブルフ］　→　法の理念［ラートブルフ］
法の理念　187-188
　──［エンギッシュ］　214-215　→　「承認」と法理念［エンギッシュ］
　──［尾高］　186　→　「政治」の矩［尾高］
　──［ラートブルフ］　149-150, 174-176
法の歴史性　125-127, 131
法の歴史性［カウフマン］　127-128

法の歴史性［恒藤］　192-193, 196-197
法の歴史性［三島］　129-130
　——と普遍性　125-126
方法二元論［恒藤］　193-195　→　法における価値・目的の考察［恒藤］
方法二元論［ラートブルフ］　149
法律行為［ケルゼン］　25, 50, 53, 54
法律行為［ハート］　9
法律行為［ラズ］　13
法律上の力 Rechtsautorität［美濃部］　47,
55

【ま行】

民主主義［尾高］　176-178

【ら行】

理念説　203-204
理念的存在［ハルトマン］　→　実在的存在と観念的存在［ハルトマン］

著者紹介

竹　下　　賢（たけした　けん）
1946年　京都市生まれ
1972年　京都大学法学部卒業
1977年　関西大学法学部専任講師
1987年　京都大学法学博士
現　在　関西大学法学部教授

著　書

『実践地平の法理論』（編著、昭和堂、1984年）
『法　その存在と効力』（ミネルヴァ書房、1985年）
『実証主義の功罪―ドイツ法思想の現代史』（ナカニシヤ、1995年）
『法思想史』（有斐閣Sシリーズ）（共著、有斐閣、1997年）
『トピック法思想―羅針盤としての歴史』（共編著、法律文化社、2000年）
『マルチ・リーガル・カルチャー―法文化へのアプローチ［改訂版］』（共編著、晃洋書房、2002年）
『はじめて学ぶ法哲学・法思想―古典で読み解く21のトピック』（共編著、ミネルヴァ書房、2010年）
『法思想史の新たな水脈―私法の源流へ』（共編著、昭和堂、2013年）
『入門法学―現代社会の羅針盤［第4版］』（共編著、晃洋書房、2014年）
他多数

法秩序の効力根拠　　　　新基礎法学叢書10
2016年10月1日　　初　版第1刷発行

著　者　　竹　下　　賢
発行者　　阿　部　成　一
〒162-0041　東京都新宿区早稲田鶴巻町514番地
発行所　　株式会社　成　文　堂
電話 03(3203)9201　FAX 03(3203)9206
http://www.seibundoh.co.jp

製版・印刷　シナノ印刷　　　　　　　製本　佐抜製本
©2016　M. Takeshita　　Printed in Japan
☆乱丁本・落丁本はおとりかえいたします☆
ISBN978-4-7923-0596-3 C3032　　　　検印省略

定価（本体3900円＋税）

新基礎法学叢書 刊行のことば

　このたび、以下に引用する阿南成一先生の基礎法学叢書（1970年～1998年）刊行のことばの精神を引き継ぎ、新基礎法学叢書の刊行を開始することにした。そのめざすところは、旧叢書と異ならない。ただし、「各部門の中堅ならびに新進の研究者」という執筆者についての限定は外すことにした。基礎法学各部門の「金字塔をめざして」執筆する者であればだれでも書くことができる。基礎法学の研究者層は大変薄いこともあり、それ以外の法学部門の研究者だけでなく、哲学、歴史学、社会学等の専門家、さらには、教養あるすべての人々にも、読んでいただけるような内容になることを期待している。

　　2012年1月　　　　　　　　　　　京都大学教授　　亀 本　　洋

基礎法学叢書 刊行のことば

　現代は《変革の時代》であり、法律学も新たに生まれ変わろうとしている。かかる時代にあって、法哲学・法史学・比較法学・法社会学等のいわゆる基礎法学への関心も高まり、これらの学問の研究は、ますます重要性を加えつつある。

　しかし、いずれの学問分野においても、基礎的研究の重要性が説かれながら、その研究条件は、応用的ないし、実用的研究に比して、必ずしも恵まれていない。このことは基礎法学についても同様かと思われる。

　それにもかかわらず、基礎法学の研究は、こんにちことのほか重要であり、幸い全国各地には基礎法学の研究にたずさわる研究者が熱心に研究活動をつづけている。そこで、ここに《基礎法学叢書》を企画し、これを、基礎法学の各部門の中堅ならびに新進の研究者の研究成果の発表の機会とし、以って基礎法学の発展を期することとした。

　この基礎法学叢書として今後二～三のモノグラフィーを逐年刊行の予定であるが、それらはいずれも基礎法学部門の専門、学術的な研究成果であり、各部門の発展途上における金字塔をめざして執筆されるものである。

　本叢書が基礎法学の発展に寄与できれば幸いである。

　　昭和43年2月　　　　　　　　　大阪市立大学教授　　阿 南 成 一